종교철학

Bernhard Welte
RELIGIONSPHILOSOPHIE
© Verlag Herder, Freiburg im Breisgau 1978

Translated by Oh Chang-Sun
© Benedict Press, Waegwan, Korea 1998

종교철학

1998년 8월 초판 | 2015년 8월 3쇄
옮긴이 · 오창선 | 펴낸이 · 박현동
ⓒ 분도출판사
등록 · 1962년 5월 7일 라15호
718-806 경북 칠곡군 왜관읍 관문로 61
왜관 본사 · 전화 054-970-2400 · 팩스 054-971-0179
서울 지사 · 전화 02-2266-3605 · 팩스 02-2271-3605
www.bundobook.co.kr
ISBN 978-89-419-9817-4 03230
값 12,000원

베른하르트 벨테

종교철학

오창선 옮김

분도출판사

머 리 말

내가 여기에 제시하는 종교철학은 강의들에서 태동된 것이다. 1962년 이후부터 1973년까지 나는 종교철학에 관한 강의들을 정기적으로 해야만 했다. 나는 나의 생각들을 매번 반복하면서 고쳐썼는데 그 결과 이 시기 동안에 새로운 전망들이 늘 또다시 부분적으로 나타났다. 나는 이와같이 불어난 전체 생각을 이번의 간행을 위해 이제 다시 한번 철저하고 면밀히 검토하였다.

친구들, 동료들 그리고 제자들과의 지속적인 대화들을 통해 나는 많은 것을 깨달았다. 그들에게 나는 많은 것을 감사하지 않을 수 없다.

다시 말하면 내가 여기에 제시하는 것은 오랜 기간의 숙고와 많은 대화들의 결실이다.

여기에서 논할 주제들을 나는 부분적으로는 종종 논문들이나 개별 연구들에서 다루었는데, 그것들은 이따금 거기에서 비교적 더 상세히 취급되었다. 그렇기 때문에 나는 적당한 곳에서 감히 그것을 환기시키고 나 자신을 인용할 것이다.

이 종교철학을 완성하면서 나는 종교철학적 문헌과 논쟁할 의도가 없었다. 이것은 다른 저자들이 이 중요한 주제에 공헌한 것을 내가 경시하기 때문이 아니다. 그러나 나는 문제가 되고 있는 사안을 직접적이고 곧바로 사유 안에서 착수하려고 의도하였다. 계몽주의 시기 이후부터 오늘에 이르기까지 종교철학의 가장 중요한 현상들에 대한 훌륭한 문헌 개관들이 쉽게 이용할 수 있는 곳에 있다는 것도 환기되어야만 한다. 쇠에N. H. søe와 특히 트릴하스W. Trillhaas[1]가 *RGG*에서 그리고 그에 대한 보충으로 메츠J. B. Metz[2]가 *LThK*에서 한 상론과 보

---

[1] *RGG* 5. Bd. (Stuttgart ³1961) Sp. 1010-1021.

[2] *LThK* 8. Bd. (Freiburg i.Br. ²1963) Sp. 1190-1193.

고들이 그러한 것들이다. 이 높이 평가될 만한 작업들을 고려해 볼 때에 거기에서 이미 훌륭하게 언급되어 있는 것을 다시 한번 반복한다는 것은 내게는 불필요한 것처럼 여겨진다.

하지만 오늘날의 철학함의 가장 주목할 만한 사조思潮들이 전문영역을 넘어서 공공의 견해를 형성하면서 영향을 미치는 한에 있어서 그것들에 관심을 기울이는 것은 내게는 중요한 것처럼 보여진다. 이것은 특히 비판이론Kritische Theorie과 현대의 실증주의Positivismus에 해당된다. 왜냐하면 이 이론들이 많은 사람들에게 일종의 세계관이 된 한에 있어서 그것들은 종교 문제에 대한 오늘날의 숙고의 전망을 형성하고 있기 때문이다.

사안 자체의 전개로 말미암아 우리가 그것에 대한 이전의 중요한 견해들을 다루게 되었을 경우에 현행의 본문들에서 그것을 환기시키게 될 것이다.

각주들을 교열, 정리 및 보완하고 또한 교정을 본 데에 대해 나는 괴르츠H.-J. Görtz 박사와 슈나이더W. Schneider 씨에게 진심으로 감사드린다.

나는 이 책이 몇 가지 측면에서 유익할 수 있기를 기대해 본다. 계속해서 사유하도록 하는 자극들이 이 책에서 제공되기를 나는 특히 기대해 본다.

1977년 10월 15일, 프라이부륵
베른하르트 벨테

목 차

머리말 …………………………………………………………… 5

제1장: 서론적 물음

① **철학적 사유 전반의 의미에 대해** ………………………… 15
  1. 스스로-생각함 ……………………………………………… 15
  2. 사유의 관심사 ……………………………………………… 17
  3. 본래적 존재와 사실 ………………………………………… 19
  4. 본질적 존재와 비현실적 존재 ……………………………… 21
  5. 철학적 사유의 논증 방식 …………………………………… 22
  6. 철학적 사유의 종결될 수 없는 것 ………………………… 24

② **종교철학의 의미에 대해** …………………………………… 27
  1. 사유의 문제로서 종교 ……………………………………… 27
  2. 종교와 인간의 사유 ………………………………………… 27
  3. 종교에 대한 철학적 반성의 시간 …………………………… 30
  4. 종교에 대한 종교철학의 위험과 유익 ……………………… 32

③ **종교의 예비 개념** …………………………………………… 35
  1. 신에 대한 인간의 관계로서의 종교 ………………………… 35
  2. 종교의 내면성과 외면성 …………………………………… 37
  3. 비판적으로 반성된 종교 …………………………………… 38

④ **현대의 철학적 상황에서 종교와 종교철학** ………………… 41
  1. 철학과 세계관 ……………………………………………… 41
  2. 과학철학과 종교: 비트겐슈타인의 『논고』 ………………… 42
  3. 과학철학과 종교: 칼 포퍼 ………………………………… 46

4. 한스 알베르트의 비판적 합리론 ································ 47
　　5. 비판이론과 종교 ·· 50

제2장: 종교의 원리로서의 신

⑤ 신에게로 향한 첫번째 노정路程의 구상 ························· 57
　1. 현존재現存在 ··· 59
　2. 비-현존재非-現存在 또는 무無 ····································· 61
　　가) 무의 본질 ·· 61
　　나) 무의 경험 ·· 63
　　다) 무의 모호성 ·· 65
　　라) 무의 억압하는 것 ·· 67
　　마) 무의 끝없음과 무조건성 ·································· 68
　　바) 무는 아무런 사물도 또는 주체도 아니다 ········· 70
　　사) 현존재의 타자로서 무 ······································ 70
　3. 의미물음과 의미전제들 ·· 71
　4. 귀결: 무한하고 무조건적인 것이 존재한다 ············· 77
　5. 지금까지 언급된 것에 대한 설명들 ························· 81
　　가) 무한하고 무조건적인 것의 나타남으로서의 무 자체 ········· 81
　　나) 존재자를 뛰어넘어서 ······································· 83
　　다) 현상학적 차이 ·· 85
　6. 이 노정의 비판 ·· 86
　　가) 신학적 비판 ·· 86
　　나) 철학적 비판 ·· 87

⑥ 신에게로 향한 두번째 노정의 구상 ····························· 91
　1. 우리 뒤에 놓여 있는 무無 ·· 91
　2. 무無 그리고 어떤 무엇의 설명 필요성 ····················· 93
　3. 근거들의 대열 ·· 96

    4. 결정적인 "근거-물음" ································· 100
        가) 질문된 것의 보편성 ····························· 103
        나) "물어 알게 된 것"으로서의 "비-존재자"非-存在者 ········· 105
    5. 결론 ··· 107
    6. 근거로서의 신비 ··································· 111
    7. 이 생각의 논리 ··································· 111
7 이전 시대의 견해들에 비추어본 두 구상들 ················· 115
    1. 토마스 아퀴나스의 결과 논증 ······················· 116
    2. 캔터베리의 안셀무스의 존재론적 논증 ··············· 125
        가) 더 큰 것은 생각될 수 없는 그것 ················· 127
        나) 이 생각이 어떻게 사유되게 되는지 ··············· 128
        다) 현실의 입증 ·································· 129
    3. 신존재 증명에 대한 칸트의 비판 ···················· 131
8 절대적 신비의 인격적 특성 ····························· 137
    1. 인격적이란 무엇을 뜻하는가? ······················· 138
        가) 자아실행自我實行 ······························· 139
        나) 시작할 수 있음 ································ 139
        다) 통교通交 ······································ 140
        라) 세계지평世界地坪 ······························· 141
    2. 의미물음과 인격성 ································ 144
    3. 존재자의 근거와 인격적 근본구조 ··················· 148
    4. 초월적 인격성 ···································· 153
9 절대적 신비의 신격神格 ································· 157
    1. 인간적 모델 안에서의 형태와 계시 ·················· 158
    2. 가능성으로서의 신적 발현 ························· 160
    3. 발현적 현상으로서의 거룩한 것 ····················· 164
    4. 현실로서의 신적 발현 ····························· 166

- ⑩ 신의 모습의 역사적 변천 ···················· 169
  - 1. 계시와 벗어남 ···················· 170
  - 2. 모습의 증가 ···················· 172
  - 3. 사회적 신원 확인들과 분리들 ···················· 174
- ⑪ 무신론 ···················· 177
  - 1. 그 성격상 강요하지 않는 구상들 ···················· 178
    - 가) 더할 수 없는 질문들 ···················· 178
    - 나) 무의 모호성 ···················· 179
    - 다) 윤리적 요청 ···················· 179
    - 라) 역사적 회고들 ···················· 181
  - 2. 무신론의 가능한 종류들 ···················· 182
    - 가) 소극적 무신론 ···················· 182
    - 나) 비판적 무신론 ···················· 185
    - 다) 적극적 무신론 ···················· 187
    - 라) 무신론과 변신론辯神論의 문제 ···················· 189

제3장: 종교의 실행자로서의 인간

- 들어가는 말 ···················· 197
- ⑫ 신앙 ···················· 198
  - 1. 신앙과 지식 ···················· 198
  - 2. 신앙과 인격적 자유 ···················· 199
  - 3. 신앙의 모델들 ···················· 200
  - 4. 신뢰함, 긍정, 앞에 내어놓음 ···················· 202
  - 5. 신과 모든 것을 신앙함 ···················· 205
  - 6. 신에 대한 신앙과 악 ···················· 207
  - 7. 신앙과 기적 ···················· 211

기도 — 들어가는 말 ·· 213
⑬ 침묵의 기도 ·· 215
  1. 침묵의 부정적 특성 ·· 216
  2. 잠심潛心으로서의 침묵의 적극적 특성 ······················ 217
  3. 대월對越로서의 침묵의 긍정적 특성 ························· 218
  4. 감사의 회심回心과 종교의 순환 ······························ 219
⑭ 언어로서의 기도 ··· 221
  1. 언어의 신학적 차이와 부정적 언어 ·························· 224
  2. 적극적-상징적 언어 ·· 226
  3. "마음을 쏟아놓음" ·· 232
  4. 언어의 관계적 특징 ·· 236
  5. 대월과 감사 ·· 240
⑮ 예배로서의 기도 I: 회중, 선포 그리고 회중의 기도 ············ 241
  1. 예배회중禮拜會衆 ·· 242
  2. 선포 ··· 245
    가) 선포의 신학적 및 인간학적 극점 ························· 246
    나) 자아와 신의 동일화同一化 ································· 247
    다) 신의 이름을 부름 ·· 248
    라) 위임委任과 기억 ·· 249
    마) 회중과의 언어 공동체 ······································· 251
    바) 선포의 당혹케 하고 마음을 사로잡는 특성 ············· 254
    사) 선포와 회중 ··· 255
  3. 회중의 기도 ·· 256
⑯ 예배로서의 기도 II: 실재 상징적 행위로서의 예배 ············· 259
  1. 실재 상징적 행위로서의 언어 ································· 259
  2. 실재 상징적 행위로서의 예배언어 ··························· 262
  3. 예배의 활동 공간으로서의 거룩한 시간들과 장소들 ········ 266

4. 예배언어의 예식화 ································· 269
   5. 예식적 예배언어의 긴장과 위기들 ················· 270
   6. 예배의 다중적 종합 ······························· 273
17 종교의 폐해(弊害) ································· 277
   1. 폐해가 가능한 이유들 ···························· 277
   2. 공허한 확대 재생산 ······························ 279
   3. 이데올로기로서의 종교 ·························· 281
   4. 종교적 광신 ····································· 284
   5. 종교의 혼합된 현실 ······························ 287

맺는 말: 끝없는 끝맺음 ································· 289

역자 후기 ··· 293

제 1 장

서론적 물음

철학적 사유 전반의 의미에 대해

우리의 출발점은 종교철학이 여하간 철학이라는 사실이다. 그래서 우리는 우선 철학이라는 이것이 무엇이어야만 하는가라는 물음을 다루지 않을 수 없다. 물론 이 물음에 대한 명백한 해답이란, 더욱이 최종적인 해답이란 있지 않다. 철학문제에 있어서 약간의 경험이 있는 사람이라면 누구나 철학이라는 것이 결코 미리 주어지는 어떤 정의定義에 의해서 확정될 수 없다는 것을 안다. 만일 그러한 것이 있다고 한다면, 그것은 말하자면 "메타–철학"Meta-Philosophie에서 얻어진 것이어야 하는데, "메타–철학"이란 존재하지 않으며, 또 존재할 수 없는 것이다.[1]

그럼에도 불구하고 철학이란 무엇인가에 대해 우리는 몇 가지 말할 수 있고 또 말하지 않으면 안된다.

1. 스스로–생각함

우선 철학이란 자기 자신만을 밝힐 수 있고 규정할 수 있다고 말하지 않으면 안된다. 이 해명과 규정은 다시금 인간이 철학하면서 **스스로 생각하는**selber denkt 그 정도로서만 가능한 것이다. 철학이란 철학함이며, 철학함이란 그것이 얼마나 더 상세히 계속해 규정되든 여하간 사유함Denken이다. 더 자세히 말한다면, 철학이란 인간이 스스로 생각하는 거기에서, 그 자신의 능력에서, 그 자신

---

[1] 이러한 생각을 근거로 할 때에, 그외에는 흥미로운 것이기는 하지만 철학적 체계 안에서의 종교철학의 위치에 대한 S. 홀름의 그 견해는 내게는 설득력이 없어 보인다. S. Holm, *Religionsphilosophie* (Stuttgart 1960) 11-63.

의 사고력에서, 그 자신의 근원에서 생기는 것이다. 철학함이란 독창적인 인간 사고가 전개해 나가는 한 출중한 형태이다.

그런 까닭에 철학은 철학적 명제가 어떤 방식으로든 현존하는 것으로서 표상되거나 인지되는 거기에 이미 존재하는 것이 아니다. 그러한 지식이란 다만 어딘가 다른 곳에 있었던 철학에 대한 지식일 뿐이지, 그 자체로 철학은 아니다. 왜냐하면 철학은 오직 사유함 자체의 사건으로서만 생기기 때문이다. 그러한 사건은 때때로 명제들 안에서 파악될 수 있고 또 파악된다. 그러나 결정적인 것은 이 명제들 또는 그밖의 무엇이 철학함의 파악될 수 있는 요소들에서 등장하든간에, 그것들은 현실적이고 생동적인 사유의 요소이며 또 그런 것으로 남으며, 우리가 이를 뒤따라 체험해 봄으로써 또다시 생겨난다는 점이다. 오직 이 점에 있어서만 그러한 요소들은 철학과 같은 어떤 것의 요소들이라고 주장될 수 있는 것이다.

이 근본적인 사정을 숙고하는 사람은 누구나 철학이 동시에 뛰어난 인간사로서 특징지어져 있음을 알게 될 것이다. 철학적 사고 안에서 인간은 그에게 고취된 자신의 사고력에 힘입어 자유롭고 독자적으로 그의 이 힘을 펼쳐나가기 시작한다. 그는 언급되고 있는 것들이 본래 어떠한 것인지 또 세계의 진리가 어떻게 그리고 무엇으로서 그에게 빛을 발하는가를 스스로 보기 시작하는 것이며, 혹은 보고자 하는 그의 원의가 생기는 것이다. 철학하는 자는 우선 외부로부터 그에게 제시된 일체의 의견들과 명제들에 대해 다음과 같이 말할 것이다. 그러한 명제들이 무엇을 뜻하는지 나 스스로 보고 나 스스로 생각하게 놔두시오. 철학함은 인간에게 보증된 자유로운 자아존재Selbstsein의 힘 안에서 이루어진다. 그리하여 그것은 모든 것에 대해 자아존재의 이 자유를 펼쳐나가고 이렇게 하여서 자유롭게 스스로 사유하고 스스로 본다. 그러므로 철학함으로써 인간은 단순히 피상적인 명제들과 견해들로부터 자유롭게 되는 것이다. 그는 "스스로-사유함"에 의해서 자유롭게 되는 것이다. 철학적 사유는 인간 자유의 한 출중한 형태이다.

2. 사유의 관심사

사유함은 여기에서 물론 내재적內在的인 한 과정, 즉 인간 주관성의 일종의 내면 공간 안에서만 진행된다고 할 수 있을 어떤 무엇으로서 이해되어서는 안된다. 오히려 사유함은 인간을 넘어서는 어떤 생동적인 개방성이며, 인간과 세계의, 사유하는 자와 그의 사유의 투명한 공간 안에서 그에게 떠오르고 그를 만나는 그것 사이의 어떤 만남이며, 한편으로는 인간 생과 또 다른 한편으로는 세계의 공간 안에서 사유하는 이 생을 만나는 표징과 신호와 물음과 경탄 사이의 한 대결이다.[2]

그러한 이유로 말미암아 철학의 사유함을 특징지을 수밖에 없는 것은 그것이 문제Sache에 엄격히 매여 있다는 사실이다. 그것이 문제로 삼는 것은 진리와 존재라는 점에서 세계의 모습들에서부터 사유함에 마주해 오는 그것이다. 사유함은 그것을 만나는 진리와 존재의 이 격려에 "부응하여-말하지" 않으면 안되며, 그것에 대해 "책임을-떠맡으면서" 응답하지 않으면 안된다. 책임성으로서 사유함의 자유는 자신의 문제에 매여 있는 것이다.

일반적으로 문제에 매여 있다는 점에서 철학적 사유는 물론 모든 진지한 사유, 예컨대 과학적 사유와 공통점을 가진다. 그러나 그것은 완전히 그리고 오히려 바로 철학적 사유를 위해서도 요구되지 않을 수 없다.

사유함이란 진리와 존재의 격려 속에서 사유되어야 할 어떤 문제에 대해서 사유하는 것이다. 따라서 그것이 확실한 사유가 되는 곳에서 사유는 단지 제 스스로 구상된 형태들의 내부 공간에 계류되어 있지 않다. 그것은 모든 사유에 있어서 저마다 문제가 되는 관심사를 사유하는 것이다. 따라서 전통적인 명제들과 견해들에 대해 철학적 사유가 그토록 자유로운 것이지만, 그것은 문제와

---

[2] 이에 대해 더 자세한 것을 알려면 M. Müller, *Sein und Geist* (Tübingen 1940)을, 그리고 최근의 것으로는 K. Hemmerle, *Thesen zu einer trinitarischen Ontologie* (Einsiedeln 1976)을 참조하라.

그리고 이 문제로부터 철학적 사유에 마주해 오는 그 본질적인 것에 대해 그토록 매여 있는 것이다.

이것은 동시에 철학적 사유가 취하는 일체의 조처들을 그것의 문제에서부터 **입증하지** 않으면 안된다는 것을 뜻한다. 이 의미에 있어서 그것은 논증되고 논증하는 사유이지 않으면 안된다. 철학적 사유의 논증적 성격은 우선 이 사유가 정확히 그의 문제를 주시하고 그 문제로부터 건네진 말을 정확히 듣는다는 데에 있다. 거기로부터 그것이 자신을 드러내는 그것의 근저, 그러니까 자기 스스로를 알리는 것으로부터 그것이 보고 듣는 것을 들어올리지 않으면 안된다. 둘째로 철학적 사유는 그 근저로부터 높여진 것을 조심스레 개념화하고 언어화하지 않으면 안되는데, 이 작업은 다시금 이 개념들과 말들로써 그 근저가, 즉 자기 스스로를 가리키는 것이 그것 스스로에서부터 보여지는 것처럼 보여질 수 있게끔 이루어져야만 한다.[3]

오로지 그러한 논증 절차의 엄격성에 의해서만 철학적 사유는 우연치 않게 늘상 반복해서 그것에 대해 제기되는 정밀과학의 그 비난, 즉 그것이 근거없는 비현실적 사변이라는 비난을 벗어난다. 현실에서 또는 관련 문제의 존재나 진실에 있어 입증되지 않은 머릿속의 구성물이나 모델을 구상하는 것은 재치있는 것일 수는 있겠지만, 본래적 의미의 철학은 아니다.

따라서 사유가 그토록 자유롭고 사유하는 사람 저마다 스스로 책임질 수 있는 것이지만, 그것은 자신의 문제에 엄격히 매여 있는 것이다.

자신의 문제의 존재와 본질 그리고 이로써 또한 그 진리에 마음이 끌리어서 이 문제를 개념화하고자 하는 사유는 인간의 원천적인 자아 및 존재이해를 펼쳐나가는 것으로서 이해될 수 있다. 인간은 현존재하면서 언제나 이미 자기 자신을 그의 거기에(Da) 또는 그의 세계 내에서 이해한다. 동시에 그는 존재함으로 말미암아 자신과 그의 세계를 존재하는 어떤 것으로서 이해한다. 그때문에

---

[3] 이에 대한 자세한 것을 알려면 M. Heidegger, *Sein und Zeit* (Halle 1927) §7. *Die phäno-menologische Methode der Untersuchung*, 27-39; 재인쇄, 『전집』 제2권. F.-W. von Hermann 간행 (Frankfurt a.M. 1977) 36-52를 참조하라.

인간은 자아 및 존재이해로서 현존재한다. 따라서 인간이 사유한다면, 그는 예컨대 이것은 무엇이냐 또는 나는 무엇인가 또는 내가 나의 세계 내에 현존재한다는 이 사실은 무엇인가라고 질문하면서 바로 이 자아 및 존재이해를 펼쳐나가는 것이다. 그는 사유하는 것이며 자신과 그의 세계를 존재하는 어떤 것으로서 존재의 빛 안에서 질문하는 것이다. 오직 이 이유로 말미암아 인간은 그의 현존재의 계기들의 존재에 마음이 끌리어 이 존재와 관계할 수 있는 것이다. 따라서 인간에게 모든 것이 존재의 관점에서 분명해지고 그가 거기에 응할 수 있음으로써 본질 역시 그에게 분명해지는 것이며, 그리하여 그는 본질과 비실재를 구별할 수 있는 것이다. 따라서 질문하는 일체의 사유, 일체의 철학함은 인간 그 자체의 자아 및 존재이해의 전개이다.

그 안에서 자신을 펼쳐나가고 움직일 수 있는 인간에게 주어진 그 자아 및 존재이해는 또한 이성理性이라고도 일컬어진다. 따라서 인간이 철학하면서 그 자신의 이성을 사용할 때에, 그는 그에게 주어진 자아 및 존재이해 안에서 그의 문제에 매여 있는 가운데 그 자신의 원천에서부터 활동하는 것이다. 이 활동이 그 자체로서 전개되어 있는 거기에서 우리는 철학에 관하여 말하고 있는 것이다.

3. 본래적 존재와 사실

물론 철학적 사유가 사유해야 될 문제에 매여 있음은 정밀과학들의 경우와는 다른 종류의 것이다. 그래서 논증의 방식들, 즉 해당 문제의 관점에서부터 증명하는 방식들은 다르고 고유한 성질의 것이다. 이것은 특히 철학적 사유가 관계하는 문제가 정밀과학들의 문제와는 전혀 다른 어떤 특유의 특성을 갖고 있다는 데에서 비롯된다. 따라서 우리가 철학적 사유의 문제를 더 정확히 통찰할 수 있는 정도에 따라서, 우리는 이 사유가 그것의 길과 방법들에 있어서 특유의 성질을 지닌 것일 수밖에 없다는 것을 또한 알게 될 것이다.

우리는 이미 간략히 말했고 그에 대해 약간 더 논하고자 하는 다음과 같은 견해에서부터 출발한다. 즉, 철학적 사유를 특징짓는 것은 그것이 숙고될 필요가 있는 것의 존재 또는 진리(또는 진정한 존재)와 관계한다는 사실이다. 이것은 우리가 이미 보았듯이 본래 인간에게 주어진 자아 및 존재이해가 펼쳐져 나가는 중에 되는 것인데, 그러한 자아 및 존재이해 안에서 우선 그의 세계가 인간에게 그리고 인간 역시 그 스스로에게 열려져 있는 것이다.

　　이 자아 및 존재이해의 빛 안에서 펼쳐져야 할 문제는 문제의 본래적 존재라고 일컬어진다. 즉, 문제의 존재를 본래 특징짓고 그것에 본질적인 그것이라고 일컬어진다. 이 본질적이고 본래적인 존재는 또한 전체적인 것이기도 하다. 즉, 절연되어 있는 일체의 부분 관점들을 극복하고 그것을 망라하는 그것이기도 하다. 그런 까닭에 철학적 사유는 그것의 대상에 대하여 다음과 같이 묻는다. 이것은 전체로 보아 본래 그리고 본질적으로는 무엇인가? 이 문제의 존재와 진리와 본질적 특성은 어떠한 것인가? 마침내 그것은 이렇게 묻기까지 한다. 존재와 진리와 본질은 전반적으로 도대체 어떠한 것인가? 간략히 말해서 철학적 사유는 숙고되어야 할 것의 존재를 질문하면서 추적하여 이 존재와 관계한다. 즉, 사유의 자유를 호출하고 의무지우고 책임지우는 존재자의 존재에 응한다.

　　이와 관련해서 다음과 같은 사실을 지적하는 것이 유익할 것이다. 즉, 사실들을 확인하고 정밀과학들의 경우에서처럼 확인된 사실들을 체계화하는 것이 문제에 매여 있는 사유의 또 다른 방향이다. 이 점에서 그것은 마찬가지로 상당한 정도로 문제에 매여 있는 것이다. 그럼에도 불구하고 이 절차는 본래 또한 사실들이나 사물들 또는 사실들 및 사물들의 연관이라고도 일컬어지는 것에 관여하는 것은 아니다. 확인하는 과학적 사고는 이것 또는 저것이 이러저러한 것이다라는 사실을 확인한다. 그것은 사실적인 "그와같이-있음"So-Sein의 파악할 수 있는 요소들에 상당히 의지하는 것이지만, 다음과 같은 물음에는 관여하지 않는다. 이것은 본래 무엇인가? 파악할 수 있는 모든 것의 기저에는 무엇이 본질적인 것으로서 있는가? 매우 다양하게 파악할 수 있는 요소들에서 개별적으로 파악되는 그것은 전반적으로는 무엇인가? 이것은 그 본래적 본질에 있어서 무엇인가?

그래서 확인하는 사고는 참으로 필요한 사실과학들에 이르게는 하지만, 철학에 이르게 하지는 못한다. 종교의 영역에서 그러한 사고가 적용된다면 그것은 종교학에 이르게 할 것이다. 이것을 안중에 둔다는 것은 종교철학을 위해서는 언제나 유익하고 심지어 없어서는 안될 것이다. 하지만 철학으로서의 종교철학은 또한 이와는 다른 어떤 것이다.

존재하는 그것의 확인할 수 있는 개개의 특징들이나 특성들을 확인하는 것은 본질적으로 개별 과학들의 과제이지 철학이 아니다. 철학적 사유는 자연이나 역사에서 또는 그밖의 어느 것에서이든 어떤 개개의 특징들이 확인될 수 있는가라는 물음에는 상세히 관여하지 않는다. 그러나 그것은 자연이나 역사 또는 그밖의 어느 것이든 이것이 본래 전체적으로는 무엇인가라고 묻는다. 學으로서의 역사Historie에 있어서 역사적임Geschichtlichsein이 그렇듯 자연과학들에 있어서 자연의 존재 그 자체는 좀처럼 주제가 되지 않는다. 그 반면에 그러한 사정들은 바로 철학적 사유의 주제를 이룬다.

4. 본질적 존재와 비현실적 존재

숙고되어야 할 문제의 본래적 존재인 그것에 대한 사유의 질문에는 우리가 특히 주목하고자 하는 그 이외의 특징이 불가분하게 결부되어 있다.

숙고되어야 할 문제의 존재를 숙고한다는 것은 본래적이고 본질적인 존재와 비본래적이고 비현실적이라고 일컬어질 수 있는 것 사이의 구별에 대한 비판적 물음을 포함한다. 존재에 대한 사유가 만일 이 구별을 하지 않는다면, 그것은 자신을 단순한 사실성Faktizität에 매여 있는 것으로 이해하는 것이겠다. 그러나 이것은 사유의 경우가 아니다. 철학적 사유는 사실적인 것을 조망함에 있어서 본질적이고 본래적인 존재와 진리를 찾지 않으면 안된다. 이 존재와 진리는 사실적인 것의 척도들이라는 그것들의 근본 특징을 그 자체로 갖고 있다. 왜냐하면 사실적인 것은 그것이 그 본질 또는 그 본래적 상태대로 존재하느냐에 따라서 측정되어야 하기 때문이다. 이 점에 있어서 사실적인 것은 그 존재 또는 그 진리에 의해서 비판적으로 특징지어진다. 그 까닭에 철학적 사유는 사물들을 그것들이 존재하는 방식 그대로 그저 받아들일 수는 없다. 철학적 사유는 그것이 사물들의 존재를 묻고 이렇게 해서 그것들의 진리와 본질을 질문하면서, 사실적인 것이 거기에 따라서 측정되어야만 하는 그 본질적인 것이 이 사실적인 것과 어떻게 구별되는가를 동시에 묻는다. 따라서 어떤 문제나 어떤 문제 영역을 철학적으로 숙고한다는 것은 또한 언제나 비판적인 숙고가 되지 않을 수 없는 것이다. 그것은 비판을 가능케 해야 하며 본질적 존재와 본질적인 존재관계의 발견으로부터 논증하지 않으면 안된다.

5. 철학적 사유의 논증 방식

이로써 철학적 논증들이 왜 개별 과학들의 논증들과 같은 종류의 것일 수 없는지 또한 명백하게 되었을 것이다. 그것들은 "발견-됨"이라는 확인할 수 있는 사실성으로 말미암아 결정될 수 있는 것이 아니다. 물론 이 사실성은 방법적인 절차에 있어서 상호주관적으로, 학문적으로 보장될 수 있다. 그러나 단순히 발견될 수 있고 확인될 수 있는 사실 이상의 다른 것이 문제가 되는 곳에서는, 본질과 존재가 고려되는 곳에서는, 또 여기에서부터 사실적인 것을 측정할 수 있는 그 척도들이 쟁취되는 곳에서는 그러한 사실성은 복원될 수 있는 일체의 상호주관성Intersubjektivität에 대해 더 이상 똑같은 것일 수 없고 또한 더 이상 의미있는 것도 되지 못한다.

이것은 철학의 사고 과정들이 왜 개별 과학들의 입장에서 보면 충분히 논증되지 못한 것으로 생각되기 쉬운가라는 이유이다.

그럼에도 불구하고 철학적 사유는 이미 말했듯이 자기 방식으로 문제에 매여 있으며 논증적으로 있다. 그것은 자신의 방식으로 엄격한 것이지 않으면 안된다. 이미 살펴보았듯이, 문제에 매여 있는 그것의 논증은 근본적으로는 철학적 사유가 세계의 현상들에서부터 그것에 마주해 오는 본래적 존재를 발굴해 내고 찾아 내어 이를 개념화하고 언어화하면서 그것을 환기시키고자 하는 방식으로 이루어진다. 단순히 실증적으로 눈앞에 놓여 있는 것은 아니지만 그럼에도 불구하고 깊이 생각하는 사유가 볼 수 있는 바로 그것을 발견해 내는 것이 거기에서 중요한 것이다. 만일 그것이 발견되었다면, 물론 이렇게 발견된 본래적 존재를 사유하면서 보아야만 하고, 그리고 그것이 보여졌다면, 그것을 개념 안에서 발굴해야만 한다. 철학적 사유에 의해서 찾아내진 것을 사유하면서 보고 또 발굴하면서 파악하는 데에 철학의 본래적 논증이 있다. 그것의 근거들은 문제의 관점에서부터 명백하게 되었고 명백해질 수 있었던 것에 있다.

 자연이란 본래 무엇인지 또는 예술이란 본래 무엇인지 또는 종교란 본래 무엇인지를 우리는 왜 사유함으로써 분명히 하여 인식할 수 없단 말인가? 왜 그것은 언어화되어 재차 다른 사람들을 비출 수 있을 정도로 인간에게 명백하게 되고 분명해지지 말아야 하는가? 철학적 사유의 엄격함이 성공적으로 명백한 언어가 되었다면, 그것 자체는 할 수 있는 한 그들 자신의 힘으로 보아야만 하는 다른 이들에 대해 재차 분명하게 할 수 있다.

 여기에 덧붙여 늘상 다음과 같이 말해져야만 한다. 아무도 **꼭** 이 방식으로 **보아야만 하는 것**이 아니며, 외적으로 그렇게 하도록 강요될 수 없다. 사유하면서 봄과 그리고 이와 관련하여 본질적인 철학적 사유의 논증 성격은 그것의 문제로 말미암아 강요될 수는 없다. 그런 까닭에 그것은 단순히 임의적인 어떤 것이라는 의미로 주관적인 것이 아니다. 그것의 문제가 "자기-스스로를-알림" Sich-selber-Zeigen에 직면하여 그것은 정당화되지 않으면 안 된다. 이 점에 그것 고유의 엄격함, 근본적으로 그것의 증명과 논증들이 있는 것이다. 그것들은 사유하면서 그리고 "함께-생각하면서" 철학적 사유의 방식으로 볼 수 있고 또한 보고자 하는 사람에게는 자명하다. 둘 다 요구된 것이지만, 그 어느 것도 강제적인 것이 아니다.

6. 철학적 사유의 종결될 수 없는 것

그러한 철학적 사유와 사유하는 논증이 **종결될 수 없다**는 사실이 또한 이와 관련되어 있다. 그것은 결정적으로는 결코 종결되지 않으며 자신의 문제를 끝내지 않는다. 왜냐하면 존재자의 존재는 사유함의 파악방식에는 고갈되지 않는 것으로 이해되기 때문이다.

철학적 사유가 이렇게 종결될 수 없음은 사람들이 언제나 새로운 철학적 길들을 간다는 데에서 나타난다. 그리고 그것은 지난날의 철학적 길들, 예컨대 그리스의 철학자들의 생각들이 늘 되풀이하여 새로운 관심을 끌게 된다는 데에서도 나타난다. 함께 생각하면서 그것들과 더불어 길을 걷는 사람은 누구나 그것들을 통해서 늘상 새로운 것을 보는 법을 배울 수 있다. 그리고 그렇게 해서 동시에 그는 그 자신의 새로운 사유의 길들을 더 잘 걸어갈 수 있게 된다. 진정으로 철학적인 생각들이란 결코 완전히 시대에 뒤진 것이 아니지만, 또한 완전히 완성된 것도 아니다. 이 점에서 그것들은 정밀과학들과 기술의 발전이 갖는 역사성과는 아주 다른 완전히 고유한 종류의 역사성을 갖고 있는 것이다.

이렇게 고갈되지 않음은 곧 극복될 수 있는 철학의 어떤 불완전함을 뜻하지 않는다. 그것은 오히려 철학의 본질에 속한다. 이 점에 있어서 그것은 마찬가지로 옛것이 결코 시대에 뒤지지 않고 새로운 것이 결코 결정적으로 최종적인 것이 아닌 예술과 비슷하다.

이것은 재차 철학의 문제와 사유함의 문제와 관계가 있다. 존재자의 본래적 존재는 고갈되지 않는, 질문할 가치가 있는 것으로 나타난다. 그래서 매번 새롭게 접근할 때마다 새로운 것이 나타나지만, 그 어떤 접근으로도 모든 것이 다 나타나지는 않는다. 사유함의 길들은 그것들이 실현되는 한에 있어서 언제나 제한되어 있다. 존재자의 존재에 의해서 사유함에 열려지는 그 가능성들은 제한되어 있지 않다.

철학은 사유함을 요하는 것을 늘 새롭게 맴돈다. 늘 새롭게 맴돌면서 그것의 문제를 이렇게 접촉함에 있어서 철학은 결코 결말을 보지는 못하겠지만, 그렇다고 결코 비생산적일 필요도 없을 것이다.

보에티우스는 철학이 감옥에 갇힌 그에게 어떻게 위로하는 여인의 모습으로 나타났는지 묘사하였다. 그러한 여인을 만난다는 것은 남자에게는 결코 무익한 것이 아니며, 그에게는 심지어 무한하고 건설적인 의미가 있을 수 있다. 그러나 그는 결코 그것으로 끝나고, 그의 동반녀를, 말하자면 별볼일 없는 것으로 내려놓을 수는 없을 것이다. 만일 그렇게 할 수 있다고 믿는다면, 그는 그러한 만남이 그에게 풍부하게 선사할 수 있는 바로 그 가장 본질적인 것을 잃게 될 것이다.[4]

같은 이유에서 플라톤적 소크라테스는 철학을 지혜sophia와 구별하였다고 하였다. 즉, 그것은 사랑하면서 완성을 열망하는 것이지 완성 그 자체가 아니다.[5] 이 의견에 있어서 아리스토텔레스가 그의 뒤를 따랐음을 우리는 그의 형이상학에서 찾아 읽을 수 있다.[6]

우리가 여기에서 이해한 바대로 철학적인 사유함의 몇 가지 특징들에 주목하게 하는 데에는 이상의 것으로 우선은 족할 것이다. 물론 지금까지 해석된 특징들은 대단히 임시적인 것이고 또한 불완전한 것이다. 그러나 현재의 맥락으로서는 그것들은 충분할 것이다.

---

[4] Boethius, *De consolatione philosophiae*, PL 63.

[5] *Phaidros* 278d.

[6] *Metaphysik* A 2, 982b 28ff.

② 종교철학의 의미에 대해

1. 사유의 문제로서 종교

종교철학이란 종교를 자신의 문제로 삼고 따라서 종교의 본질과 존재방식을 그러한 사유를 통해 밝히려고 노력하는 철학적인 사유함이다. 그러므로 종교철학은 사유하면서 다음과 같은 물음을 파고든다. 종교, 그것은 본래 무엇인가?

2. 종교와 인간의 사유

종교철학이 그것의 문제, 즉 종교를 숙고할 수 있기 위해서는 철학적 사유에 종교가 우선 **주어져** 있을 필요가 있다. 이 단순한 사태는 종교가 전적으로 자신의 뿌리에 존립해 있고 또한 그럴 수 있다는 사실에 기초해 있다. 종교들의 세계를 잠시만이라도 일견해 봄으로써 우리는 그 사실을 알 수 있다. 그리고 그리스도교의 기원들을 일견해 봄으로써 우리는 그것을 더욱더 알 수 있다. 종교는 분명히 철학적 사유에서 기원한 것이 아니며, 철학이 그것을 명확히 동반하지 않고서도 그 오랜 세월 동안 때때로 심도있게 영위되어 왔다. 그러니까 종교는 전혀 철학이 아니며, 오히려 철학의 타자이다.[1]

그렇다면 철학은 어쩌면 종교에 대해서 불필요한 것 같지 않은가? 아니면 결국에는 심지어 위험스럽기까지 한 것은 아닌가? 파스칼이 살았던 시절 이래로

---

[1] H. Duméry, *Phénoménologie et religion* (Paris 1958) 99 참조: Le philosophe arrive toujours après coup, après l'existence, après l'histoire, après le donné. Il ne peut que ressaisir ce qui est déjà là, le sens déjà proféré, déjà institué. 여기서 'après coup'는 격자체로 인쇄되어 있음.

철학자들의 신은 종교와 그리스도교의 신과는, 아브라함과 이사악과 야곱의 하느님과는, 예수 그리스도의 하느님과는 어느 정도 예리하게 대조된다. 변증신학辨證神學은 인간편에서 구상되고 따라서 그 기원이 인간의 사유의 덕분인 그런 종교에 대적해 투쟁하였다.

그것에 대해 무엇을 말할 수 있는가? 종교에 대한 철학적 사유의 관계는 무엇인가? 종교적 삶은 철학에 대해 다양하게 영향을 미쳤으며 또한 철학에 의해서도 영향받고 함께 형성되었다는 사실 역시 여하튼 알 수 있다. 서양의 역사와 서양의 그리스도교 및 그 신학의 역사는 이 연관과 교환에 대한 풍부한 예들을 제공한다. 하지만 그에 대해서 우리는 다음과 같이 말하지 않을 수 없다. 우리가 이 연관을 보는 바로 거기에서 그리스도교, 즉 비록 배타적으로 거기에만 국한되는 것은 아니더라도 우리가 무엇보다도 방향 기준으로 삼고 있는 그 종교는 철학에서 비롯된 것이 아니며, 비록 언제나 똑같이 명백하게 의식하지는 않았을지라도 그 자신의 기원을 늘 의식하였다는 사실도 우리는 알 수 있다.

종교는 전적으로 철학적 사유의 타자로서, 그것과 마주하고 그것보다 이전의 것으로서 그것을 만난다. 그러나 종교는 그것이 아무리 자신의 기원으로부터 살아가고 그것이 어쩌면 신의 선물일지라도 **인간적 사건**과 **인간의 생** 및 현존재의 **형태**로서 실행된다는 사실이 환기되어야만 한다. 그러니까 그것은 인간의 전망 안에서 생긴다. 신앙하거나 기도하거나 예배를 위한 집회를 열거나 등의 행위를 하는 것은 언제나 인간들인 것이다.

그러나 인간의 생과 현존재의 지평 안에서 실행되는 것은 또한 인간의 자아 및 존재이해의 지평 안에서 실행된다. 사람들은 예컨대 신에 대한 그들의 신앙 안에서 어떤 방식으로든 자기 자신을 이해하는 것이며, 그리고 — 비록 명확한 것은 아닐지라도 — 신을 신앙한다는 이것이 무엇인지 이해하고 있는 것이다. 그런 까닭에 인간의 자아 및 존재이해는 종교의 경우에 전반적으로 생동적이다. 종교가 생동적으로 존재하는 거기에는 그것이 아무리 위로부터의 선물이며 이로써 자신의 기원으로부터 존재하는 것일지라도 그것은 매번 자기 자신과 자신의 문제를 존재하는 그것으로서 이해하는 인간적 이해 안에서 언제나 살아간다.

인간이 그의 자아 및 존재이해를 사용한다면, 종교, 그것은 무엇인가라고 그는 묻는 것이며, 그리고 사유하면서 이 물음에 전념하는 것이다. 그러나 종교라는 것의 존재에 대해 이렇게 질문하면서 사유함은 철학적으로 사유함이다. 이 이유에서 종교에 대해 철학적으로 사유함은 그것이 어떤 방식으로 이해되든 종교가 인간에 의해서 이해되는 곳에서는 언제나 가능하다.

이 연관은 인간이 왜 그 자신의 신앙에 대해, 그 자신의 예배와 그 자신에 의해 생활화된 그의 종교에 대해 책임이 있는가라는 이유이기도 하다. 그는 맹목적으로 그리고 적당히 아무런 생각 없이 검토해 보지도 않고 그러한 것에 자신을 내어맡겨서는 안된다. 물론 인간이 종교를 스스로 생산해 낼 수는 없다. 그러나 종교가 인간의 자아 및 존재이해의 매개 안에서 인간적 현존재의 한 형태로서 실행되는 한에 있어서 그는 그것에 대해 책임이 있는 것이다.[2]

인간의 자아 및 존재이해가 종교에서 특유의 방식으로 활성화되어 있기 때문에, 종교는 인간의 언어 안에서, 인간적 범주와 사유 가능성들 안에서 표현되는 것이며, 인간적 실행의 형태들 안에서 영위되는 것이다. 오로지 그러한 이유에서만 종교가 인간의 자아 및 존재이해의 역사적 변천에도 그것의 방식으로 참여함으로써 종교는, 비록 그것의 자아이해의 출처인 신이 불변적이며 인간의 역사를 넘어서 있다 할지라도, 인간적이고 때로는 너무나 인간적인 역사를 가진다는 아주 명백한 사실이 설명될 수 있다.

바로 이 이유로 인간은 늘 반복해서 새로이 다음과 같이 물을 수 있으며 또 물어야만 한다. 종교, 그것은 본래 무엇인가? 그리고 특히 다음과 같이 물을 수 있고 또 묻지 않으면 안된다. 나의 생의 형태로서 실행되는 나의 종교, 그것은 무엇인가? "이다"Ist에 대한 물음은 인간의 존재이해에서부터 생겨나는 커다란 질문이다. 그것은 그것이 문의하고 있는 문제가 비록 철학의 바로 그 타

---

[2] 이에 대해서 저자는 다음의 저서들에서 상세히 다루었다: *Heilsverständnis. Philosophische Untersuchung einiger Voraussetzungen zum Verständnis des Christentums* (Freiburg i.Br.1966) 27ff.와 *Auf der Spur des Ewigen. Philosophische Abhandlungen über verschiedene Gegenstände der Religion und der Theologie* (Freiburg i.Br. 1965)에서 *Die Wesensstruktur der Theologie als Wissenschaft* 351-365.

자이고 그 자신의 뿌리에 존립하고 있다 할지라도 그 구조상 철학적 물음이다.

따라서 종교의 존재에 대한 물음이 가능하다면, 종교의 본질에 대한 물음이 뒤따르는데, 더욱이 자유로운 인간의 사유의 물음으로서 그렇게 제기된다. 종교 역시 그것이 인간의 사유 안에서 생기는 것이므로 단순히 사실적인 것에 불과한 것이 아니다. 종교와 관련해서 인간의 사유의 폭에 사실적인 것을 비판적으로 평가하는 것을 허용하는 철두철미 그것의 본질과 같은 어떤 것이 출현한다.

이 점들이 종교철학을 언제나 가능케 하는 사정들이다.

3. 종교에 대한 철학적 반성의 시간

가능한 것은 물론 무조건 필연적인 것도 아니다. 종교의 본질에 대한 사유의 명시적 물음과 이 물음을 체계적으로 마무리짓는 것은 확실히 어떤 경우라도 부득이하거나 예고된 것은 아니다. 종교는 명시적인 철학 없이도 그것의 생을 형성해 나갈 수 있으며, 흔히 철학이 동반되지 않고서도 살아왔는데, 특히 종교적 삶의 초기의 강력한 시원적始原 단계들에서 그랬다.

그러나 종교가 더 이상 초창기의 시원적 강도를 갖지 못했음에도 사유는 반성으로서 강력하고 자율적으로 전개되어 나갔을 경우에, 종교철학은 예고된 것이며 아무튼 역사적 의식의 그러한 상태와 관련해서 부득이한 것이다. 그럴 경우에 인간은 종교인 그것을 스스로에게 비판적으로 해명하지 않으면 안된다.

이것은 우리 시대에 해당된다. 종교와 그리스도교는 이미 오래 전부터 더 이상 인간의 보편적 현상들이 아니다. 서양이나 동양이나 여전히 종교와 신앙이 존재하며 또 널리 만연된 생각과는 달리 마르크시스트인 가르다프스키의 다음과 같은 말에 동의할 수 있다: "신은 완전히 죽지 않았다."[3]

---

[3] V. Gardavsky, *Gott ist nicht ganz tot* (München 1968).

그러나 물론 종교와 신앙과 그리스도교는 이전의 자명성을 상실하였으며, 현대사회와 현대의 문화적 의식 안에서의 그것의 위치는 상당히 곤경에 처해졌다.

그럼에도 불구하고 이것은 그러한 현상들에 대해 숙고하지 못할 또는 더 이상 숙고하지 못할 아무런 이유가 못 된다. 수많은 사람들이 전수된 그들의 종교적 표상들의 옛 껍질을 떠나버린, 그러니까 종교가 그것의 장소에 다소간 아직 머물러 있는 이들을 위해서도, 그것과 갈라선 이들을 위해서도 위기적인 상황이 되어버린 바로 그런 시대에 그와는 반대로 다음과 같은 물음이 강화되고 더욱더 비판적으로 면밀하게 제기되고 숙고되지 않으면 안된다. 종교, 그것은 본래 무엇인가?

이 특별한 시대사적 상황에서 철학적 사유가 숙고되어야 할 것의 본래적 존재와 본질 그리고 또한 그 권리에 동시에 전념할 수 있고 또한 전념해야 한다는 것은 결정적이지 않을 수 없다. 오늘날 종교라는 단순한 사실 이상의 다른 것이 이전보다는 더 문제이지 않을 수 없다. 종교의 사실로부터 출발해서 비판적으로 종교의 존재와 본질 및 권리에로 자주적이고 사려깊게 파고들어가는 것이 문제이지 않을 수 없다.

만일 종교의 본질적인 것이 성공적으로 조망된다면 사실적인 것이 그에 따라 측정될 수 있고, 또 측정되지 않으면 안되는 그 척도들이 거기에서 얻어질 수 있고 또 얻어져야만 한다. 그리고 이것은 종교가 더 이상 자명한 것이 못 되는 시대에 더욱더 그렇다. 그럴 경우 또한 종교의 영역에서도 있을 수 있는 부당함과 무의미에 대해 종교의 권리와 의미를 해명하는 것이 방법론적으로 가능해지지 않을 수 없다. 그러나 또한 비종교와 비신앙의 마찬가지로 있을 수 있는 부당함과 무의미에 대해 그것을 해명하는 것이 방법론적으로 가능해지지 않을 수 없다.

따라서 우리는 실제적인 종교에 대해서도 만연되어 있는 실제적인 비종교에 대해서도 철학적으로 비판적 토대를 얻고자 노력할 것이다. 이것이나 저것이나 어느 한쪽도 검토하지 않고서는 받아들여지지 말아야 할 것이다.

이 의미에 있어서 이성의 광장 앞에서의 종교의 권리가 문제가 된다.

4. 종교에 대한 종교철학의 위험과 유익

물론 종교철학에 대한 종교편에서의 이론異論들도 있다. 철학이 종교에 위험한 것이 될 수 있지는 않은가? 종교는 그 자신의 기원을 가지고 있는데, 이성과 이성의 철학으로 하여금 자신의 일에 참견토록 해도 좋은가?

이에 대해서 다음과 같이 말할 수 있다. 철학이 부당하게, 즉 그것의 문제의 의미에 반해서 종교에 참견한다면 그것은 실제로 종교에 대해 위험한 것이 될 수 있다. 그러나 철학이 바로 이 문제를 그에게 미리 주어져 있는 것으로서 존중하고 이렇게 미리 주어져 있는 것을 그것의 본질과 관련하여 해명하려고 애쓴다면 그것은 위험한 것이 되지 않는다. 이성과 이성의 철학은 그것들이 종교를 그냥 받아들일 필요가 없으며, 오히려 인간 사유의 자율적 힘으로 그것을 자유롭게 구성해 내거나 파괴까지 할 수 있다고 믿는다면 확실히 부당한 짓을 하는 것이다. 그러나 이성과 이성의 철학이 종교가 미리 주어져 있다는 사실을 고려해 주어져 있는 것으로서의 종교를 인간의 자아 및 존재이해의 힘으로 **뒤따라** 구성한다면 그것은 아무런 부당한 짓을 하는 것이 아닌데, 인간의 그 자아 및 존재이해란 종교가 그 안에서 살아가는 바로 그 요소인 것이다. 이 의미에서 문제가 되는 것은 바로 이 종교의 본래적 존재와 본질을 고려해 이미 주어져 있는 종교를 비판적으로 재구성하는 일이다.

그러한 철학적 재구성은 ― 만일 그것이 올바로 행해진다면 ― 종교에 유익할 수 있을 뿐이며 또한 이렇게 되기를 원한다. 그것은 우리가 살펴보았듯이 당연히 그렇게 비판적일 경우에 더구나 특히 그렇게 되기를 원한다. 왜냐하면 그것은 종교의 본질적 특징들에 대한 그리고 본질과 폐해의 비판적 구분에 대한 그 자신의 안목을 갖고 있기 때문이다. 그리고 종교 자신의 자기 및 존재이해에 따르면 종교는 당연히 인간에 의해서 비판적으로 책임지어져야만 한다. 바로 이 점이 또 다른 한편으로 철학이 존재 및 자아이해를 개념적으로 파악하고 해석하는 한에 있어서 마찬가지로 철학의 역량에 속하듯이 종교적 삶의 문제에 함께 속한다.

그런 까닭에 비판적인 철학적 반성을 **단념하고** 비반성적으로, 직접적으로 종교적 삶을 살고자 하는 것 역시 위험하다는 사실을 우리들은 잊어서는 안된다. 우리들이 이 비판적인 철학적 반성을 단념한다면, 특히 종교의 시원적 힘이 약해지고 사유가 고도의 반성력을 갖게 되었을 때에 종교는 쉽사리 그것의 본질에 더 이상 부합하지 못하는, 반성되지 않고 제어되지 않은 제멋대로의 모습이 되어버릴 수 있다.

그래서 철학이 종교를 그리고 우리의 숙고와 관련해 특히 그리스도교를 전제로 하지만, 그러나 어떤 전제Prämisse의 형식으로 그것을 전제로 하는 것이 아님은 분명할 것이다. 철학적 조망에 대해서 종교는 이 조망이 사유하면서 관련을 맺는 문제 영역으로서만 주어져 있는 것이다. 그러나 이성을 위한 그것의 권리와 본질은 비로소 입증될 수 있어야 한다. 그때문에 이미 주어져 있는 것은 거기에서부터 자명한 것처럼 출발할 수 있는 그런 토대가 아니다. 만일 이렇게 된다면, 그것은 신학과 관계되는 것일 터이다. 왜냐하면 신학은 직접적으로 신학적 전제들에서부터 출발하기 때문이다. 그렇다면 그것은 더 이상 철학은 아닐 것이다.

그러므로 철학으로서의 종교철학에서는 사유에 이미 주어져 있는 종교 사실이 사유의 자유와 자력自力으로 숙고되지 않으면 안된다.

그럼에도 불구하고 물론 종교와 그리스도교는 사유하는 자 자신의 전제들일 수는 있다. 그는 아마도 신앙에 의거해서 그리스도교의 소식을 그의 삶의 기초로 삼았을 수도 있다. 그렇지만 바로 이 경우에라도 사유하는 자는 자신의 사유의 자유로운 힘을 여전히 지닐 것이고, 또한 이를 사용할 수 있으며, 그렇게 하지 않으면 안될 것이다. 중요한 것은 사유함의 이 자유로운 힘, 즉 종교의 문제에 대해 그것이 적절한 방식으로 작용한다는 사실이다.

③

종교의 예비 개념

1. 신에 대한 인간의 관계로서의 종교

시사된 의미로써 종교철학이라는 것을 완성하기 위해 우리는 우선 종교를 조망하고 이 조망 안에서 종교의 **예비 개념**을 구상하지 않으면 안될 것이다. 이는 철학적 사유가 어떤 문제 영역을 다루어야만 하는지 이미 그 발단發端에서부터 알기 위함이다. 그리고 이와 함께 시작에서부터 곧바로 사유함의 필수적인 조처들이 생각되고 계획성있게 정돈될 수 있기 위함이다.

종교라는 말로써 오래 전부터 이해되어 온 것은 신에 대한 인간의 관계 내지 또한 신적인 것의 영역에 대한 관계이다. 이 이해는 아무튼 종교에 대한 임시적 이해로서 여전히 수용될 수 있다. 그와 동시에 오늘의 우리의 비판적 의식을 위해서 그것의 모든 술어들, 즉 인간·관계 그리고 특히 신이나 신적인 것의 영역이 더 자세히 설명될 필요가 있음은 자명하다.

따라서 모든 것이 질문될 수 있다. 인간은 본래 무엇인가? 신은 본래 무엇인가? 신과 인간 사이의 연관은 본래 무엇인가? 우리가 종교라고 일컫는 전체는 무엇인가? 이 전체의 본래적 본질은 무엇인가?

우선 이와 관련하여 우리는 근본적인 사정에 주목해야만 할 것이다. 우리의 예비 개념에서 신 또는 신적인 영역에 대한 인간의 관계가 언급될 경우, 그것으로 우리는 우선 어떤 일정한 **인간적 현존재 방식**에 유념하고 있는 것이다. 인간 현존재와 그의 실행의 방식은 우리가 종교라고 일컫는 그 관계가 이루어지고 살아지는 **장소**이다. 사람들은 종교적 관계에서 아주 일정한, 즉 종교적 방식으로 태도를 취한다.

35

사람들이 신 또는 그들이 그것으로 이해하는 것에 대해 태도를 취할 때에 우선 사람들은 그들이 신적인 것에 의해서 말 건네졌다고 알고 있으며, 따라서 신에 대한 인간의 관계 내에서 인간에게 태도를 취하는 것은 먼저 신이다. 신이 먼저 인간에게 태도를 취한다면, 이것은 인간이 "그-스스로-태도를-취함" **내에서**, 인간 현존재와 그의 자아이해 내에서 생긴다. 이처럼 우리는 이 중요한 경우에도 인간 현존재의 한 형태에 대해서 말하지 않을 수 없는 것이다. 게다가 종교에서 늘 발생하듯이 이 관계의 방향이 바뀔지라도 그렇게 하지 않을 수 없다. 그럴 경우에 인간은 그 편에서 신으로부터 건네진 말에 응답하면서 동의한다. 양편 모두, 신적인 것으로부터 건네진 말과 인간의 응답은 인간 현존재의 지평 안에서 생긴다. 이 의미에서 종교는 어느 경우이든 인간적 현존재의 방식이다. 그것은 신 또는 더 미확정적으로 말해서 신적인 것das Göttliche이라고 일컬어지는 크기에 의해서 자신이 규정되어 있음을 인간이 알고 있는 그러한 현존재의 방식이다. 그러므로 인간은 그 자신과는 다르고 더 위대하고 또한 더 근원적인 어떤 것과 관련해서 자신이 규정되어 있음을 알고 있는 것이다. 종교가 인간적 현존재의 방식을 뜻한다면, 그것은 어디까지나 이 현존재의 방식이 "초-인간적인 것", 그러니까 신적인 것으로부터 독특하게 구성됨을 뜻한다. 이 구성은 상이한 방식으로 이루어질 수 있다. 그러나 그것은 인간의 종교적 삶의 방식 내에서 신 또는 신적인 것이 언제나 전체 태도의 일차적이고 기초적인 크기인 한에 있어서 그렇다.

그때문에 종교철학에서는 비록 인간이, 즉 인간의 종교적 현존재의 방식이 문제이긴 할지라도, 혹은 오히려 바로 그러한 것이 문제이기 때문에, 단지 인간만이 아닌 그 이상의 것이 말해질 수 있어야만 한다. 심지어 **우선** 인간의 타자他者, 신적인 것에 대해 말할 수 있어야만 한다. 그것은 신이 우리가 종교라고 일컫는 인간 현존재 방식의 일차적으로 기초짓는 그 요인要因이기 때문에 그렇다. 신적인 것으로 말미암아 인간의 현존재는 종교적인 것으로서 규정되는 것이다.

따라서 우리는 먼저 신에 대해서 말하지 않으면 안된다. 우리는 신적인 것과 신, 그것이 본래 무엇인지 우리에게 말해줄 수 있는 철학적 신 개념神概念을 구상하려는 노력을 기울이지 않으면 안된다. 그렇게 한 후에 우리는 신의 신비가 인간과 관계되고 상관있는 한에 있어서 인간이 이 신비에 대해 어떻게 적절한 태도를 취하는가라는 물음을 가지고서 종교의 인간적 측면을 다루어야 할 것이다. 왜냐하면 종교에서 인간의 태도가 요구되고 있지만, 그것은 또한 그것이 관계하는 것에 걸맞느냐에 따라서 평가될 수 있다는 것은 분명하기 때문이다. 이렇게 해서 본질적인 종교와 공허한 종교를 구분할 수 있는 가능성이 처음부터 성립한다.

2. 종교의 내면성과 외면성

종교의 기준점을 정함에 있어서 우리는 우선 그리스도교를 생각한다. 그러나 그와 동시에 종교 역사가 보고할 수 있는 종교의 다른 형태들도 덧붙여 함께 생각하고자 한다. 우리는 가능한 한 포괄적으로 개관하고자 한다.

인간의 종교적 관계 또는 종교적 현존재의 형태를 우리는 그밖에도 포괄적으로 이해한다. 종교적 현존재는 수많은 차원들에서 펼쳐진다. 예컨대 신앙이나 명상 같은 내면성의 차원들과, 예컨대 예배나 전도 등과 같은 외면성의 차원들이 거기에 속한다.

때때로 문헌에서 종교라는 낱말은 단지 외적인 것에 대해서만, 폴 틸리히P. Tillich가 말했듯이 종교의 문화적 복장이라고 일컬어질 수 있는 것에 대해서만 사용된다.[1] 이것은 그 나름의 의미를 가질 수도 있다. 그러나 우리는 여기에서 종교라는 낱말이 지닌 좀더 광범위한 의미로부터 출발한다. 그럴 경우에 그것은 종교적 태도와 종교적 관계의 모든 형태들과 모든 차원들을 의미하는 것이 된다.

초기의 칼 바르트K. Barth와 디트리히 본회퍼D. Bonhoeffer에 의해서 구상되었듯이, 우리는 종교가 자신의 힘으로 신의 정의正義를 획득하려는 시도로서 간주되

---

[1] P. Tillich, *Religionsphilosophie*, 『전집』 제1권, 간행: R. Albrecht (Stuttgart 1959), "종교와 문화"의 주제에 대해서는 329-331을 참조하라.

어야만 하는 그 종교 개념에도 속박되지 않고자 한다.[2] 이 신학자들에게서 종교가 신학적 이유들로 인하여 비판적으로 다루어지는 한에 있어서 아주 특정의 종교 이해가 그 기저에 깔려 있음은 분명하다. 그러나 현재의 우리의 숙고들이 문제로 삼고자 하는 것은 아무튼 출발에 있어서 그러한 특정의 이해를 억제하고 여기에 속하는 현상들을 가능한 한 개방적으로 다루는 것이다.

3. 비판적으로 반성된 종교

그러한 철학적 숙고에서 종교의 존재방식과 본질이 성공적으로 개진되는 한에 있어서, 그리고 거기에 규범적인 관점들도 포함되어 있는 한에 있어서, 종교는 한편으로는 종교철학보다 이전의 것, 즉 먼저 도착해 있는 것이며, 철학적 사유가 자신에 앞서 와 있는 것으로서 주시하지 않으면 안되는 그것임이 결과적으로 드러나게 될 것이다. 그러나 종교는 단순히 종교철학에 앞서 있는 것만일 수는 없을 것이다. 오히려 주어진 것으로부터 출발해서 그리고 철학적 반성에서 그 주어진 것의 존재와 본질을 해명하고 척도들을 획득하면서 철학은 역시 종교의 영역에서 **결과들** 역시 갖지 않을 수 없으며, 끈질기게 결과들을 요구하지 않을 수 없다. 그와 관련해서 철학은 실천적으로, 다시 말하면 미래적으로 정향되어 있지 않으면 안된다. 그럴 경우에 철학은 한편으로는 종교보다 나중에 오는 것이지만, 다른 한편으로는 비판적으로 반성된 종교는 철학보다 나중에 오는 것이다.

물론 이 말은 철학의 비판적 기능에서 종교의 비판적 쇄신을 위한 유일한 척도들이 얻어질 수 있다는 것을 뜻하지 않는다. 특히 그리스도교와 같은 종교는

---

[2] 더 상세한 것을 알려면 예컨대 *Grenzfragen des Glaubens. Theologische Grundfragen als Grenzprobleme*, Ch. Hörgl/F. Rauh 편찬(Einsiedeln – Zürich – Köln 1967)을 참조하되 특히 거기에서 T. Sartory의 *Braucht der Glaube "Religion"?*, 453-476, 특히 454, 또는 Ch. Hörgl/F. Rauh, *Dualität und Einheit von Materie und Geist*, 43-52, 특히 46, 또는 Ch. Hörgl, *Die Botschaft von Gott und unser Glaube*, 477-511, 특히 477f.를 참조하라.

그 목적을 위해서라도 그 자신의 내적 원리들로부터 연역될 수 있는 완전히 다르고, 자신의 본질에 더 인접한 가능성들에로 역시 되돌아가야만 한다. 그러나 이로써 이성 역시 이 문제에 대해 자신의 입장을 말하도록 불리어져 있다는 것이 방해받는 것은 아니다.

따라서 이 예비적 숙고가 의도했던 것은 종교가 더 이상 자명한 것이 못 되지만 비판적 반성은 당연한 것으로 여겨지는 한 시대에 실행될 수 있는 종교철학의 권리와 의미와 가능한 의의를 명백히하는 일이다.

④

현대의 철학적 상황에서 종교와 종교철학

종교철학도 그것이 관계하는 것, 즉 종교와 마찬가지로 시간과는 무관하게 진행하는 것이 아니다. 철학적으로 사유하는 한에 있어서 우리는 우리 시대의 배경과 맥락에서 사유하는 것이다. 그리고 종교 역시 그것이 설령 반성 이전적以前的인 것일 수 있을 경우에라도, 모든 인간적인 것의 시간적 운명에 동참하는 것이다.

그런 까닭에 우리가 그것들과 관련하여 종교를 고찰하고 숙고하고자 하는 그 현대사적 상황에 대해서도 우리는 보고하지 않으면 안된다.

1. 철학과 세계관

철학적 상황은 다양하게 서로 얽혀 활동하는 두 수준에서 규칙적으로 형성된다. 왜냐하면 그렇게 됨에 있어 우리는 한편으로는 우리 시대에 표명되었던 중요한 철학적 견해들과 관계하고 있기 때문이다. 그러나 이 견해들은 누군가를 위해 그것들이 결정적인 역할을 펼칠 경우에만 사회 전반 영역에서 중요한 것이 될 수 있다. 그리고 이것은 철학적 상황의 또 다른 면이다. 철학적인 간결한 표현들 안에서 일반적으로 지배하고 있는 확신의 요소들이 예리한 개념에로 만들어진다. 그리고 이렇게 만들어진 개념적 특성은 그 편에서 다시 지배적인 확신에 폭넓은 반향을 불러일으킨다. 그것은 사정에 따라서는 공공의 세계관이 된다. 이 세계관이라는 말로 우리가 파악하고자 하는 것은 공공의 확신과 공공의 언어를 규정하는 **일반적으로 유포되어 있는 신념의 본보기들**이다. 그리고 더 나아가 그러한 세계관으로 우리가 이해하고자 하는 것은 널리 퍼져 있는 이 신념의 본보기들이 세계 내에서의 인간의 현존재 **전체**에 대한 한 해석이고자 하는 요구를 지니고 등장한다는 사실이다. 따라서 세계관으로서의 철학적 견해들은 이중적인 일반성을 지닌다. 철학적 견해들은 일반적 확신을 규정하는데, 이렇게 규정함으로써 이 일반적 확신은 그것이 살아가는 전반적 세계와 연관하여 그것에 따라서 입장을 취하게 된다.

철학적 상황의 이 두 가지 형태, 즉 만들어진 철학과 유포된 세계관으로서의 철학은 결코 서로 완전히 분리될 수는 없지만, 그러나 구별될 수 있어야 한다.

그러므로 우리가 종교를 철학적으로 다룸에 있어 그 현대사적 배경을 조금은 더 정확히 규정하는 것이 문제가 되는 것이라면, 그 두 가지 형태들에 유념하지 않으면 안된다.

오늘날 중요한 철학적 견해들은 두 개의 집단으로 요약된다. 그중 한 무리는 현대의 정밀 경험과학에 맞춰 그 방향이 설정되어 있다. 다시 말하면 그것은 과학철학이다. 여기에 속하는 것은 특히 신실증주의新實證主義라고 일컬어질 수 있는 일체의 것과, 또한 대다수의 철학적 언어학과 비판적 합리론이다. 또 다른 집단의 중요한 철학적 견해는 사회에 대한 비판에 전념하고 있다. 여기에는 특히 프랑크푸르트 학파가 속한다. 이 두 철학적 조류들은 세계관 형성과 관련해서 공공의 확신에 지대한 영향을 행사해 왔다.

2. 과학철학과 종교: 비트겐슈타인의 『논고』

우선 우리가 논할 것은 과학철학이다. 우리는 그것을 초기의 비트겐슈타인Wittgenstein과 칼 포퍼Karl Popper와 한스 알베르트Hans Albert의 예들에서 설명할 것이다. 그렇게 하면서 우리는 그것들이 지니고 있는 세계관 형성의 요소에 특히 유의할 것이다. 과학철학에는 일반적으로 신과 종교 또는 심지어 종교철학은 존재하지 않는다. 이것들은 전형적으로는 어떤 관심도 일으키지 못하는 대상들이다. 이것들이 왜 그러한 것인지 우리는 유념해 보지 않으면 안될 것이다. 따라서 종교가 이 영역에 전형적으로 왜 존재하지 않는지 그리고 게다가 그와 같은 것에 대해 언급하는 것이 무의미하다는 혐의마저 받는지 우리는 유념해 보아야만 할 것이다.

따라서 우리는 『논고』論考[1]의 초기 비트겐슈타인에 맞추어 우선 방향설정을 하겠다. 초기 비트겐슈타인은 여전히 과학철학의 고전적 표현으로서 간주될 수 있다. 이것은 특히 『논고』가 끼친 역사적 영향이 말해준다. 비트겐슈타인 자신은 충분한 근거에서 『논고』의 관점을 나중에, 즉 『철학적 탐구들』[2]에서 극복하고 본질적으로 확장하였다. 하지만 사람들이 비트겐슈타인을 좇아서 과학철학이라고 일컬었던 그것의 발전을 위해 『철학적 탐구들』 그 이상으로 계속해서 주도적인 역할을 했던 것은 특히 『논고』이다. 그것은 기초적이고 말하자면 고전적 문헌으로 남아 있다.

『논고』에서 무엇이 문제가 되고 있는가? 그것이 말하고자 하는 것은 무엇인가? 『논고』의 명제 4.112에서 "생각들의 논리적 설명"이 철학의 목적으로서 제시된다. 그리고 더 계속해서 "철학은 학설이 아니라 활동이다. 철학적 작업이란 본질적으로 설명하는 데에 성립한다. 철학의 결과는 "철학적 명제들"이 아니라 명제들이 명백하게 되는 것이다"라고 쓰고 있다. 따라서 여기에서 이해되는 바대로 철학은 "생각들", 즉 명제들과 관계가 있게 된다.[3] 이 명제들은 스스로 철학에 속하는 것이 아니라, 철학의 전제이며, 철학적 생각에서 이루어지는 작업들의 영역이다.

따라서 철학이 해명하고자 하는 그 명제들은 "어떤 사태의 묘사"[4]이다. 명제는 "사태들의 성립과 그것들이 성립되지 않음을 표현한다".[5] 그러나 사태들에

---

[1] L. Wittgenstein, *Tractatus logico-philosophicus*를 보라. 처음 1921년 런던에서 출간되었고, 현재 저작집 1권(프랑크푸르트 a.M. 1960) 7-83에 실려 있다. 이하 『논고』로서 인용된다.

[2] L. Wittgenstein, *Philosophische Untersuchungen*(유작)을 보라. 처음 1953년에 옥스포드에서 출간되었고, 현재 저작집 1권(프랑크푸르트 a.M. 1960) 279-544에 실려 있다.

[3] 참조: *Traktat*, 명제 4: "생각은 의미있는 명제이다."

[4] *Traktat*, 명제 4.023.   [5] *Traktat*, 명제 4.1.

대해서는 다음과 같이 말해진다. "경우인 그것은 사실Tatsache이며, 사태들의 성립이다."[6]

사실들의 전체는 세계이다. 그러므로 『논고』 1.11은 다음과 같이 말하고 있다. "세계는 사실들에 의해서 규정되어 있으며, 그것은 **일체의** 사실들이다라는 것에 의해서 규정되어 있다." 그러나 이 철학이 관계하는 명제들은 사태들을 묘사한다. 그리고 참 명제들의 전체는 사실들의 전체, 즉 세계를 묘사한다. 그러나 참 명제들의 이 전체에 대해서는 다음과 같이 언급된다. "참 명제들의 전체는 모든 자연과학(또는 자연과학들의 전체)이다."[7]

따라서 그러한 언명들에서 표현되는 철학은 정밀 자연과학 내지 자연과학들의 명제들을 논리적으로 설명하는 것을 그것의 유일한 목적으로서 인정한다. 그것은 사태들을 서술하는 고유한 언명들의 의미로는 아무런 명제들도 개진하지 않는다. 그러나 자연과학적 명제들이 사태들이나 사실들 또는 세계의 전체를 서술하기 때문에 철학은 그러한 명제들 전체를 주시한다.

신과 종교에 대해서 아무것도 말하지 않고 설명하지 않는다는 것은 이 입장에서 볼 때에 전적으로 필연적인 결과이다. 왜냐하면 사실들 내지 사태들이 과학의 유일한 대상이며 과학의 중재에 의해서 또한 그와같이 이해된 철학의 유일한 대상이라면, 사태들은 그것들의 **규정** 안에서 파악될 수 있는 한에 있어서 파악될 수 있고, 심지어 정확히 파악될 수 있다고 말해지지 않으면 안되기 때문이다. 특히 우리가 그것들을 측정할 수 있는 한에 있어서 그것들은 그것들의 규정들 안에서 파악될 수 있다. 그러나 규정된다는 것은, 특히 측정될 수 있게 규정된다는 것은 아무튼 한계들을 의미한다. 그러므로 그것은 유한성을 의미한다. 사태란 그것이 한정되어 있는 한에 있어서 파악될 수 있고 측정될 수 있는 것이다. 한계 없는 것 또는 아리스토텔레스가 말하는 무제한적인 것Apeiron은 측정될 수 없는 크기들이다. 따라서 이 철학의 밑바닥에 놓여 있는 사태들은 그 근본적인 발단으로부터 유한한 사태들이다.

---

[6] *Traktat*, 명제 2.   [7] *Traktat*, 명제 4.11.

사실들이 문제인 한에 있어서 그것들은 또한 유한한 사태들이다. 사실들이란 실제로 존재하는 것이지만, 그러나 반드시 존재할 필요가 있는 것은 아닌 사태들이다. 그것들은 불가피한 것이 아니며, 필연적으로는 추론될 수 없다. 그러므로 비트겐슈타인이 안중에 두었던 자연과학들은 원칙적으로 경험적 성격을 지니고 있다. 사실들은 연역될 수 없는 것이며, 경험으로부터 받아들여져야만 한다. 이 점 역시 정밀과학과 과학철학의 근본 관점들에 속하는데, 이것들로 말미암아 그것이 정밀과학과 연관되는 것이다.

그러나 신에 대해 사람들은 그가 무한하고 필연적으로 존재한다고 믿는다. 결과적으로 과학과 그리고 그것에 맞추어진 철학의 근본적인 관점에서 보면 신은 결코 조망될 수 없으며, 따라서 종교는 가능한 대상 영역이 되지 못한다.

『논고』의 입장과 가까운 『윤리학 강의』(1929)[8]에서 비트겐슈타인은 이 사태를 힘주어 강조한다. 거기에서 비트겐슈타인은 모든 윤리적 및 종교적 언명들이 "의미있는 언어의 한계를 넘어서"[9] 있다고 말한다.

이 모든 것은 비트겐슈타인이 『논고』[10]에서도 『윤리학 강의』[11]에서도 그의 종교적 감각과 종교에 대한 그의 깊은 존경심을 분명하게 표현하기 때문에 그럴수록 더 인상적이다. 그러나 그것은 여기에서 개진된 의미로서는 철학에 속하지 않는다. 왜냐하면 그것은 의미있는 언어의 테두리를 벗어나 있기 때문이다. 이것은 완전히 그 발단에서부터 비롯된 당연한 귀결이다. 따라서 비록 종교 또는 — 비트겐슈타인이 앞서 언급된 곳에서 말하였듯이 — 신비적인 것의 가능성이 열려져 있다 할지라도, 종교와 종교철학이 의미가 없다는 혐의는 철학의 근본 입장에서 논증된 것처럼 보인다.

그때문에 무의미의 혐의는 정밀과학을 그것들의 성찰의 영역으로 삼는 한에

---

[8] *A Lecture on Ethics*. *The Philosophical Review* 74 (1965) 3-13에 게재되어 있음.

[9] 상게서, 11.

[10] *Traktat*, 명제 6.44와 6.522를 참조하라: "물론 말로 표현할 수 없는 것이 있다. 이것은 자신을 나타낸다. 그것은 신비적인 것이다."

[11] 『윤리학 강의』, 상게서, 12를 참조하라.

있어서 다른 철학적 구상들에서도 나타난다. 물론 그것들은 개별적으로는 상이하게 강조되고 있다.

3. 과학철학과 종교: 칼 포퍼

현대의 정밀과학의 입장에 기초한 철학은 비트겐슈타인의 『논고』를 넘어 그 이상으로 전개되었다. 이에 대한 뛰어난 실례는 칼 포퍼의 유명한 저서 『탐구의 논리』[12]이다. 포퍼는 우리의 지식의 성장 또는 발전을 그의 연구의 대상으로 **선택하였다**.[13] 포퍼가 분명하게 말했듯이 그의 선택은 각별한 어떤 관심에서 비롯된 것이었다.

이로써 다른 가능성들 역시 열려 있으며 선택될 수 있다는 것이 언급된 것이다. 사유의 지평은 비트겐슈타인의 경우에서처럼 근본적으로 열려져 있는 것이다.

그것의 발전이 탐구되어야 할 과학들이라는 말로 여기에 이해되는 것은 경험과학들인데, 그 전형은 재차 현대물리학이다. 이 점에 있어서 우리는 비트겐슈타인의 『논고』의 경우와 마찬가지로 철학이 경험과학에 속함을 보게 된다.

그러나 비트겐슈타인의 『논고』를 벗어나 포퍼는 그의 (경험-과학적) 탐구논리를 이론 형성의 한 이론으로서 개진한다.[14] 이론 형성에 관한 이 이론의 가장 중요한 생각은 일체의 이론들에 대하여 그것들이 허위일 수 있음Falsifizierbarkeit이 요구되어야만 한다는 것이다. 보편명제들 또는 명제 체계들로서의 이론들은 포퍼에 따르면 허위일 수 있어야만 한다. 즉, 그것들은 상호주관적으로 확인할 수 있는 경험에 의해서 반박될 수 있지 않으면 안된다.[15]

포퍼에 따르면 어쩌면 논박할 수도 있는 그러한 명제들은 경험의 명제들이어야만 한다는 것이 특히 주목되지 않으면 안된다. 그것들은 또한 기초명제들이

---

[12] *Logik der Forschung*, Tübingen 1966 제2판.
[13] 영어판 서문, 상게서, XVIf.를 참조하라.
[14] 상게서, 31-46을 참조하라.   [15] 상게서, 47-59를 참조하라.

라고도 일컬어진다. 그러나 확인할 수 있는 경험이 표현되는 그러한 기초명제들은 그것들이 보편명제들의 가능한 논리적 추론들을 제시하거나 그러한 추론들을 거부할 경우에만 그러한 보편명제들의 이론이나 경험을 논박할 수 있다.[16]

이 숙고들 중에서 우리의 목적을 위해 특별히 중요한 것은 다음과 같은 점이다. 비트겐슈타인의 『논고』에서처럼 여기에서도 인식이란 근본적으로 규정되고 따라서 제한되고 또한 사실적인 것의 규정으로서 전제된다. 이론들은 그것들이 당연히 의미있는 이론이어야만 하는 한에 있어서 오로지 참으로 그러한 성질의 것에만 관련되는 명제들 혹은 명제 체계들이다.

규정되고 그것의 규정에서 제한된 것과 사실적인 것이고 따라서 "필연적이지-않은 것", 그러니까 말하자면 기다려야만 하는 것 — 이것들은 근본적으로는 신을 고려하지 않는 전제들이다. 왜냐하면 신은 종교에서 언제나 무한하고 그 무한성으로 말미암아 파악될 수 없는 자로서 그리고 절대적이고 그 절대성으로 말미암아 단지 사실적인 것 그 이상인 자로서 여겨지기 때문이다. 그런 까닭에 신에 대한 이론 역시 또 이와 더불어 가능한 종교철학이란 칼 포퍼가 의미하는 그러한 과학적 이론에는 포함되지 않는다.[17]

4. 한스 알베르트의 비판적 합리론

정밀과학을 기준으로 한 철학의 또 다른 형태는 한스 알베르트가 의도하는 비판적 합리론Kritischer Rationalismus에 의해서 제시된다.[18] 비판적 합리론은 그것이 경험도 또 거기에 속한 이론 형성도 근본적으로는 틀릴 수 있고 따라서 끊임없이 비판될 수 있는 것으로 간주하는 한에 있어서 신실증주의의 범위를 넘어선

---

[16] 상게서, 66-76 참조.

[17] 이에 대해서는 B. Casper, *Die Unfähigkeit zur Gottesfrage im positivistischen Bewußtsein*, 수록: J. Ratzinger 편찬, *Die Frage nach Gott* (Quaestiones disputatae, 제56권) Freiburg i.Br. 1977 제4판, 27-42를 참조하라.

[18] 특히 H. Albert, *Traktat über Kritische Vernunft*, Tübingen 1969 제2판을 참조하라.

다. 따라서 이 이론에 의하면 진리로서 제시된 명제들에 대한 합리적 비판을 이용하여 진리에로 다만 지속적으로 다가가는 접근만이 있을 뿐이다.

이 숙고는 특히 이른바 뮌히하우젠의 상호모순된 세 가지 결론Münchhausen-Trilemma에 대한 논증을 적용하여 지지되고 있다.[19] 여기에서 문제가 되는 것은 다음과 같은 것이다. 사람들이 일체의 명제들을 의심의 여지가 없게 확실한 것이 되도록 하기 위해서 그것들에 대해 어떤 논거를 요구하고자 한다면, 결국 그들에게 남겨진 할 수 있는 일이란 실제적으로는 실행될 수 없는 논거들의 무한한 후퇴, 또는 논리적으로 결함이 있는 논리적 순환, 또는 마침내 어떤 특정의 지점에서 그러한 절차를 중단하고 이 특정의 지점이 확실한 기초를 형성한다는 자의적恣意的 선언 사이에서 선택하는 것일 뿐이다.

특히 이 세 가지 가능성들 중에서 세번째의 것, 이른바 독단주의獨斷主義 혹은 특정의 위치에서 다소간 자의적으로 확정지음이 비판적으로 탐구된다. 그것은 모든 종교적 또는 종교철학적 체계들의 주요 오류라고 주장된다.

실제로 종교 및 이와 더불어 또한 종교철학에는 신이라고 일컬어지는 어떤 절대자에 대한 신앙이 속한다. 비판적 합리론에서는 그러한 것이 방법론적 이유들에서 의심된다.

그러나 그것에 대해 다음과 같이 논평되어야만 한다. 논거에 대한 요구나 또는 사람들이 그것을 좌우간 어떻게 이해하고자 하든간에 원인문장原因文章은 그것이 철저히 실행될 경우에 사정에 따라서는 어려움들을 안겨준다고 해서 이미 무의미한 것으로 입증된 것은 아니다. 우선 뮌히하우젠의 세 가지 딜레마의 당혹스런 논증에서 생겨나는 그 어려움들은 그것들 편에서 이 세 가지 상호모순된 결론에서 사용된 논증에서는 알려지지 않은 전제들에서 전적으로 비롯된 것일 수도 있다. 논증에 있어서 진리란 여기에서 언명들에 걸맞은 한 가치이다. 언명들과 그것들의 진리 내지 비진리는 모두 똑같은 수준에서 인식되고 있다. 마찬가지로 일체의 언명들에 대해 충분한 논거를 요구하는 명제는 언제나 동일

---

[19] 상게서, 11-15 참조.

한 수준에서 인식되고 있다. 그때문에 형식상 동일한 언명들이 어쩔 수 없이 무한히 연속된다는 착각이 생겨나게 된다.

그러나 언급한 전제들이 맞다는 것이 입증되지 않았다. 그것들에 의해 언명된 것에 대해 여기에서 전제되는 것과는 아주 다른 관계에 있는 언명들이 있을지도 모른다. 또 충분한 근거의 표현이 언제나 같은 의미를 지니는 것이 아닐 수도 있다. 둘 다 가능하다고 가정한다면, 한스 알베르트가 제시하는 논증은 더 이상 이론의 여지가 없는 것이 못 된다. 그렇지만 종교철학이 만족할 만하게 추진되어야만 한다면, 명제들과 또한 충분한 근거의 명제가 질적으로 어떠한 변화를 겪어야만 하는지 밝혀지지 않으면 안된다. 우리는 이것을 이하에서 보여줄 수 있으리라 기대한다.

덧붙여 한층 더 근본적으로 언급되어야만 하는 것은 한스 알베르트가 의도하는 언명들은 경험과학들의 언명들에서 그 모델을 취하고 있다는 사실이다. 그러한 것들에서 근본적으로 늘 문제가 되는 것은 제한되고 사실적인 존재자에 대해 무엇인가를 말하는 언명들이다. 그러나 앞서 논했던 견해들에서와 마찬가지로 절대자는 이로써 그 발단에서부터 이미 고려 대상에서 제외된다.

비판적 합리론 역시 원칙적으로 그것의 숙고들의 영역을 제한함에도 불구하고 이 숙고들이 일체의 가능한 언명들과 관계한다는 착각을 일으키고 있는 것이다. 그러나 실상은 이렇지 않다.

따라서 지금까지 거명된 철학적 구상들은 그것들이 어떤 출발점, 즉 과학적으로, 합리적으로 그리고 비판적으로 파악될 수 있는 존재자를 선택하고 다른 것은 진지하게 고려하지 않는다는 이 점에서 모두가 공통된다. 특히 비트겐슈타인과 칼 포퍼에게서 분명한 것은 그로써 상이한 가능성들 중에서 어떤 선택이 이루어졌음을 이들 사상가들이 의식하고는 있었다는 사실이다. 그러나 이 두 사상가들이 제시하는 사고상思考上의 구상의 한계 내에서는 이 관점이 실종되고 있다.

거명된 철학들에 대해 특히 언급되지 않으면 안되는 것은 그것들이 유포된 세계관을 형성한다는 의미로써 대단히 폭넓은 영향을 행사한다는 점이다. 그렇게 될 경우에 섬세하게 구별될 수 있는 것들이 생략되고 방법적-과학적으로 파

4 현대의 철학적 상황에서 종교와 종교철학 49

악하고 서술될 수 있는 것이 전체이다라는 확신이 유포되게 된다. 오로지 사실적으로 존재하는 것만이 있을 뿐이며, 예컨대 시사되는 다른 모든 것들에 대해 표명될 수 있는 의미있는 진술들이란 아무것도 없다는 것이다. 이 유포된 세계관적 생각은 심각하게 다루어지지 않으면 안된다.

그러나 제시된 유형의 철학적 구상들은 모두 그것들이 다루고 있는 것이 취급될 필요가 있는 모든 것이며, 그밖에 또 다른 차원들이 또한 존재하지 않는다는 것을 증명할 수는 없다. 그러므로 종교와 종교철학은 아무튼 불가능한 것이 아니다. 물론 이 배경에서 그것은 앞서 논했던 철학들의 발단에서부터는 이미 고려될 수 없는 완전히 다른 어떤 차원이 또한 여전히 존재한다는 것을 적극적으로 보여줄 필요가 있게 된다. 이 증명에 오늘날 종교철학의 특히 중요한 과제가 있음에 틀림없다. 그것은 적극적으로는 과학철학들에 의존할 수 없다. 그러나 그것은 자신의 도정道程에서 그 자신의 차원을 나타냄으로써 이 철학들과 적극적으로 구별될 수 있다.

5. 비판이론과 종교

우리는 여기에서 특히 이른바 프랑크푸르트 학파, 즉 그중에서도 테오도르 아도르노Theodor W. Adorno, 막스 호르크하이머Max Horkheimer와 위르겐 하버마스Jürgen Habermas에 의해서 개진되었던 비판이론Kritische Theorie에로 넘어가 이를 잠시 고찰해 보도록 한다. 이 비판이론은 그것이 현대의 과학적 확신에서 태동된 철학과 논쟁적으로 거리를 두는 바로 거기에서 본래 그러한 확신을 전제하고 있다. 1960년대의 이른바 실증주의 논쟁[20]은 두 방향들이 서로 구별됨과 마찬가지로 함께 속해 있음을 입증한다. 논쟁은 위르겐 하버마스가 칼 포퍼의 견해들을 그의 관심사를 위해 그 당시 가장 중요한 것으로서 간주하지 않았더라면 일어날 수 없었을 것이다.

---

[20] 이에 대해서는 Th. W. Adorno/u.a., *Der Positivismusstreit in der deutschen Soziologie* (Darmstadt u. Neuwied 1974 제3판)을 참조하라.

비판이론은 광범위하게 세계관을 형성하면서 영향을 행사한 또 다른 중요한 이론이기 때문에, 우리의 맥락 안에서도 중요하다. 그것은 전문가들의 영역을 넘어 공공의 확신에로 파고들어서 수많은 사람들에게 우리의 현대적 삶을 전반적으로 평가하는 데에 있어 중요한 의미를 갖게 된 그 정립된 입장들과 본보기들을 야기시켰다.

비판이론은 대체로 실천적 목표를 갖고 있다. 그것이 중요하게 여기는 것은 "이성적이고 성숙한 인류의 창출을 목적으로 하는 실천"이다.[21] 그래서 비판이론은 전반적으로는 실제實際와 관련되어 있다. 그것의 방법은 구체적인 역사적-사회적 관계들을 분석하는 것이다. 이 분석의 밑바닥에는 사회가 그 테두리 내에서 모든 개인의, 특히 과학과 그것의 철학의 의미가 인식되어야만 하는 더 커다란 전체이다라는 생각이 깔려 있다. 이 점에 있어서 비판이론은 처음부터 상이한 형태들 안에서 전개되는 신실증주의가 이렇게 할 수 있는 것보다 더 광범위한 지평, 즉 사회적 삶의 지평에서부터 출발하고 있다. 이 의미에 있어서 전체, 즉 사회적 연관들의 분석은 이 연관들 안에서 극복되고 부정되어야만 할 것을 노출시키는 목적을 가진다. 부정되어야만 할 것과 여기에서부터 추론되는 부정적 변증법을 이렇게 노출시킴으로써 이 이론은 각기 현재의 상태의 한계를 극복되어야만 할 것으로서 비판적으로 지시해 보이는데, 이것은 실제 안에서 비로소 도달될 수 있는 더 나은 미래를 위해서이다.

그렇기 때문에 종교와 관련하여 비판이론은 종교를 일반적으로 도외시함으로써 부분적으로는 칼 마르크스Karl Marx와 루드비히 포이에르바흐Ludwig Feuerbach 의 종교비판에 대한 그의 관계를 추종하든가, 아니면 종교가 똑같이 관심을 유발하는 사회적 분석의 한 영역으로서 함께 고려된다. 특히 막스 호르크하이머는 자주 그것에 관심을 표명하였다. 그러나 종교를 다루는 주된 관점은 그 경우에 다시금 사회적 전체 맥락에 있어서 종교의 역할의 관점이다. 그리고 이 사회적 전체 맥락은 다시금 억압과 해방의 변증법이라는 주도적 관점 아래 주

---

[21] Th. W. Adorno, *Wozu noch philosophie?*, 수록: *Eingriffe* (Frankfurt a.M. 1963) 24.

로 고찰되고 있다.

따라서 세계관적인 광범위한 영향을 행사하는 비판이론은 신실증주의에 비해서 더 폭넓은 지평을 갖고 있다. 그러나 이 더 폭넓은 지평에 대해서도 그것이 실제로 전체적인 것인지 우리는 묻지 않으면 안된다. 과연 일체의 인간적 관계들이 사회적으로 조건지어져 있는 것이긴 하지만, 그러나 이 조건이 유념될 수 있어야만 하는 그 유일한 관점인가? 그것 역시 재차 당분간은 그보다 훨씬 더 넓은, 아마도 무제한적인 더 큰 전체 안에서의 한 측면일 뿐이 아닐까? 바로 그 비판이론 역시 여러 주어진 가능성들 중에서 그것의 관점들을 선택한 것이 아닌가? 일체의 인간적 관계들이 사회적으로 연루되어 있음이 중요하더라도, 그와는 완전히 다른 차원들 역시 함께 숙고되어야만 하는 것은 아닌가라는 문제가 미해결 상태로 남아 있는 것이다.

따라서 종교와 종교철학의 문제와 관련해서 이 물음이 다름아닌 비판이론을 고려해 보더라도 근본적으로 미해결 상태로 남아 있지 않을 수 없다.

물론 비판이론과 또 이와 유사한 견해들은 우리에게 종교가 어떻든 사회적 차원도 갖고 있으며, 그 편에서 비판적 검토를 필요로 하는 사회적 사실을 표현하고 있음을 환기시켰다. 종교는 그것의 출현에 있어서 그 안에서 그것이 매번 나타나는 그 사회적 관계들에 의해서 다양하게 조건지어져 있다. 종교는 스스로 사회들을, 예컨대 교회들로서, 형성하며 그 안에서 그것이 매번 살아가는 더 큰 사회들을 다양한 방식으로 규정한다. 종교는 실제로 사회적으로 관련이 있다.

그런 까닭에 종교철학은 오늘날 종교의 이 사회적 관련성을 고려해서 스스로 사회분석적이고 사회비판적으로 숙고할 동기를 갖고 있다고 말해도 좋을 것이다.

그러나 다른 한편으로는 종교에 있어 사회적 차원은 유일한 차원이 아니며, 일차적으로 결정적인 차원도 아니라는 사실을 우리는 유념하지 않으면 안된다. 종교가 사회적 측면을 갖고 있기는 하지만, 그러나 그것은 단순히 이 사회적 차원에 불과한 것이 아니라는 명제를 세우고 논증하는 것 자체는 종교철학에 속한다. 그것의 우선적 측면은 오히려 본래 종교적인 측면, 즉 신에 대한 인간의 관계이다. 그리고 여기에서부터 그것이 신앙으로서, 기도로서 또는 그외 어떤 것으로서이든 이 관계가 영위되는 방식들이 연역되는 것이다. 이것들은 키에르케고르Kierkegaard의 표현을 빌려 말하자면, 그것들의 본래적 근거와 그것들의 직접적인 본성에서 사회비판적 분석의 개입에서 벗어나 있는 우선적으로 실존의 관계들인 것이다. 종교의 이 중심에서부터 그것의 사회적 현상이 우선은 비판적으로 검토되어야만 하는 것이다.

이상과 같은 두 개의 기본 형태들의 논평 정도로 끝내기로 하자. 물론 그밖의 많은 다른 철학들이 있지만, 그러나 똑같은 정도로 공공의 확신을 규정한 다른 철학들이란 아무것도 없다. 따라서 그것들은 오늘날의 종교철학이 그 앞에서 전개되지 않을 수 없는 일종의 배경을 형성한다.

종교철학이 현대적 확신에서 피력되는 견해들을 주시할 이유를 가지기는 하지만, 그러나 그것들에 간단히 좌우될 이유를 가지지 않는다는 것이 그와 동시에 대체로 명백해진다. 종교철학은 무엇인가 거기에서 배울 수 있는 그 모든 견해들로부터 배워야만 한다. 그러나 그것은 자유롭게 그 자신의 길을 찾고 나서 동시에 물론 현대의 확신에서부터 제기되는 물음들을 다루지 않으면 안된다.

이것이 어떻게 이루어질 수 있는가라는 이 물음은 우리가 그것을 실행해 가면서 비로소 스스로 해명될 수 있을 것이다.

제 2 장

종교의 원리로서의 신

5

신에게로 향한 첫번째 노정路程의 구상

종교를 신봉하는 인간은 자신이 신에 의해 규정되어 있으며 신과 관련되어 있음을 안다. 따라서 신은 거기에서부터 종교가 우선적으로 구성되는 그 단위 크기이다. 그러나 이것은 신이 인간에게 어떤 방식으로든 주어져 있을 경우에만 그렇다 할 수 있다. 그렇지만 이 주어져 있음은 자명한 사실이 아니다. 그렇지 않고서야 우리 시대에 그렇게 많은 사람들이 신을 믿지 않을 리 없을 것이다.

따라서 우리는 자명하지 않은 이 소여성所與性을 환기시키고 이를 가리켜 보이도록 노력하지 않으면 안된다. 언뜻 보기와는 달리 우리가 신을 만날 수 있고 그를 "볼" 수 있는, 즉 경험할 수 있는 그 길들을 구상하지 않으면 안된다. 이 시도가 성공할 경우에, 우리는 그러한 길들과 경험들을 토대로 아마도 신에 대한 한 개념을 얻을 수 있을 것이다. 그런 다음에 더 나아가서 우리는 아마도 신 개념의 권리 역시 밝힐 수 있을 것이다. 이것들이 우선 우리의 목표들이다.

이 의도는 신을 증명하고자 하는 의도처럼 보인다. 그러나 우리는 신의 증명이라는 표현을 피한다. 왜냐하면 이 표현은 오늘날의 상황하에서는 현대의 정밀과학의 의미로서의 증명이 문제가 되고 있다는 잘못된 생각을 시사할 수 있기 때문이다. 그러나 칸트 이래로 그러한 신 증명은 당연히 반박된 것으로 간주된다. 그리고 이 관점에 기초한 한스 알베르트의 비판적 합리론의 비판적 견해와 마찬가지로 신에 대한 유포된 신실증주의적 무관심은 이 문제에 있어서 칸트의 뒤를 따르고 있다. 여기에 시사된 의미로서의 과학적 증명들이란 어떤 것도 가능하지 않다.

또한 하이데거가 언급하였듯이 가령 그러한 증명들에 의해 확증된 신이라면 그것은 어떠한 신적(神的)인 신도 아니다.[1] 그러므로 이런 유의 증명들을 도외시할 이유를 우리는 한층 더 갖고 있는 것이다.

물론 우리는 이 이유들과 그리고 다른 이유들로 말미암아 현대과학의 의미로서의 증명들에 의해 신을 확증하려는 의도를 갖고 있지 않다. 신을 암시하고 신에 대한 신앙의 권리를 밝히려는 우리의 방법은 현대 과학적 확신의 영역에서 발견되는 증명들과는 완전히 다른 성격을 갖게 될 것이다.

우리가 우선 제안하고자 하는 길은 앞으로 언급될 예정인 다음의 길들과 마찬가지로 한편으로는 전수된 전제들이 필요치 않도록 노력할 것이다. 또한 신이라는 단어가 이러이러한 의미를 가진다는 전제가 필요치 않도록 노력할 것이다.

미리 주어진 전제들에 대한 이 적어도 상대적인 절제에는 어떤 적극적인 방법적 자각이 대조된다. 계획에 따라서 그리고 — 내가 보기에는 — 제시할 수 있는 사실들에 입각해서 행하도록 노력을 기울이게 될 것이다.

따라서 나는 우선적으로 진력해야 될 노정을 위해 다음과 같은 절차를 제안한다. 그것들이 경험된다고 해서 모든 경우에 강제적인 성격을 띠는 것은 아니라 하더라도 나의 견해로는 그것들을 부정할 근거가 없는 세 가지 기본 사실들이 거명되고 숙고되어야만 한다. 특히 이 세 가지 기본 사실들은 한 인간 또는 한 사회나 한 특정 시대 예컨대 우리 시대의 확신이 어떤 상태나 관점을 지니고 있느냐와는 무관한 것이다. 끝으로 네번째로 우리는 이 세 가지 기본 사실들의 논리적 연관이 마찬가지로 보여지거나 경험될 수 있게끔 그것을 숙고하지 않으면 안된다.

---

[1] M. Heidegger, *Die onto-theo-logische Verfassung der Metaphysik*, 수록: *Identität und Differenz* (Pfullingen 1957) 35-73, 특히 70f.를 참조하라; 또한 같은 저자, *Brief über den "Humanismus"* (Frankfurt a.M. ¹1949), 재인쇄: 같은 저자, 『전집』 제9권: *Wegmarken*. 간행: F.-W. v. Herrmann (Frankfurt a.M. 1976) 313-364, 특히 350-352를 참조하라.

1. 현존재現存在

부인할 수 없는 이 사실의 첫번째 것으로서 나는 다음과 같은 사실을 주시할 것을 제안한다. **우리**는 타인들 한가운데에서, 우리의 사회 한가운데에서, 우리의 세계 한가운데에서 **현존재한다**. 이것은 부인될 수 없는 사실이다. "우리가 우리의 세계 한가운데에 현존재한다"와 같은 명제들은 사회 일반의 확신의 지배적인 경향들과는 무관하게 현실적 의미를 가진다.

이 사실에 주목하면서 우리는 훗설이 현상학적 환원의 첫번째 단계로 추구하였던 그것[2]과 마찬가지로 데카르트의 기초적 숙고들[3]을 우리의 앞으로의 숙고들을 위한 의심할 여지 없는 토대로 관련짓는다.

이것은 우리가 — 훗설의 견해들과 유사하게 — 이 출발점과 더불어 세계 내에서의 우리의 현존재에 대한 가능한 해석들을 **괄호치거나**einklammern 아무튼 그것에 속박되지 않는 한에 있어서 또한 그렇다. 세계 내에서의 우리의 현존재가 플라톤의 방식대로, 또는 토마스 아퀴나스나 하이데거 또는 지그문트 프로이트의 방식으로, 또는 그밖의 어떤 방식으로 해석되든지간에 이 해석 가능성들과 그리고 일체의 이와 비견될 수 있는 것은 우리의 세계 내에 우리가 현존재한다라는 말들로써 언명되는 근본 사실을 건드리지 않는다. 그 사실은 어떤 경우에도 주장된다.

그러나 우리는 일체의 해석 가능성들을 이렇게 배제하면서도 한 가지 사실을 배제하기를 원치 않으며 또 해서도 안되는데, 더 정확히 말하면 그것은 일체의 해석들의 전제이며 또한 해석들을 삼가는 모든 절제의 전제이기 때문에 그렇다. 즉, 세계 내에서의 우리의 현존재는 경험들의 열린 공간과 같은 어떤 것이

---

[2] E. Husserl, *Ideen zu einer reinen Phänomenologie und phänomenologischen Philosophie*, 제1권. 수록: 같은 저자, 『전집』(Husserliana). K. Schuhmann에 의한 새로운 간행, 제3권, 1 (Den Haag 1976) §31 및 §32를 참조하라.

[3] René Descartes, *Meditationes de prima philosophia*, 특히 두번째 명상을 참조하라.

다라는 사실이 그것이다. 이렇게 해서 우리는 데카르트적 접근을 훗설의 방식으로 확대하는 도상에서 움직이고 있는 것이다. 행위하거나 겪으면서 또는 그 밖의 어떤 방식으로이든 우리가 우리의 사회와 세계 내에 현존재함으로써 우리는 우리 자신 밖에서 또는 우리 자신에게서 여러 가지로 경험한다. 어떤 것이 출현해서 자신을 보인다. 우리가 의도하는 목적을 위해서는 경험의 어떤 열린 공간이나 열린 장소에 대해서 말하는 것으로 족하다. 그것으로써 의미되는 것은 우리가 어떤 것을 경험하고 우리에게는 경험할 수 있는 어떤 것이 있다라는 이것이 현존재의 일부를 이룬다라는 단순한 사실이다. 우리 자신과 우리의 사회, 또 우리의 세계와 더불어 우리가 할 수 있는 수많은 가능한 경험들에 대해 투명하고 열려 있음은 세계 내에서의 인간 현존재에 속한다. 우리가 오로지 이렇게 할 수 있기 때문에만, 우리는 이 모든 것들에 대해서 **말할** 수 있는 것이다. 우리는 말하면서 경험들의 존립을 언명한다. 우리가 경험하기 때문에만, 우리는 이 경험들을 또한 해석하거나 해석을 도외시할 수 있는 것이다. 따라서 우리가 세계 내에서의 우리의 현존재함에 대해 말할 때에 경험들의 개방성이 이 현존재함의 일부를 이룬다는 것이 그와 동시에 함께 이해될 때에만 그러한 언급은 의미있는 것이 된다.

따라서 "우리가 우리의 세계 내에 현존재한다"라는 명제는 그것이 그외에는 가능한 해석들을 괄호에 넣으려고 애쓴다 하더라도 단순히, 예컨대 물리학적으로 이해된 현존을 말하고 있는 것이 아니다. 괄호에는 경험의 개방성이 남아 있는 것이다. 바로 그렇기 때문에 그 명제는 또한 예컨대 비슷하다고 느껴지는 다음과 같은 명제와는 다른 의미를 갖고 있는 것이다. "목성의 위성들이 존재한다 또는 현존한다."

"우리가 우리의 세계 내에 현존재한다"라는 이 명제가 뜻하는 것을 나는 편의상 **현존재**Dasein라고 부를 것을 제안한다. 그럴 경우 이 표제에는 이미 시사되었듯이 해석들의 그 괄호치기와 경험들의 개방성의 해명도 함께 망라될 것이다.

따라서 이 의미에서의 현존재는 우리가 언급하고자 하는 첫번째 기초적인 사실이지 않으면 안된다. 그것은 자기 자신을 나타낸다. 더 정확히 말해 피치 못하게 그리고 이 의미에 있어서 이미 데카르트가 보여주었듯이 부득이하게 자기 자신을 나타낸다.

2. 비-현존재非-現存在 또는 무無

이 맥락 안에서 유념될 수 있는 두번째 사실이 첫번째 사실, 즉 세계 내에서의 우리의 현존재의 토대 위에서 보여진다. 그것은 우리가 언급하였던 경험들의 그 개방된 공간 내에서의 한 출중한 경험이다.

이 두번째 사실은 다음과 같은 명제들 안에서 표현된다. "우리는 언제나 현존재했던 것이 아니며, 언제나 현존재하지는 않을 것이다." 알 수 있듯이 이 명제들은 두 개의 부정문들이다. 부정문들의 의미에 대해 우리는 몇 가지 관점에서 의견의 일치를 보도록 해보아야만 한다.

가) 무의 본질

그러한 부정문들에서 의심할 나위 없는 사실이 더욱이 부정적 사실이 표현되고 있다는 것은 우선 명백하다. 우리가 언제인가 현존재하지 않았으며 또다시 언제인가 더 이상 현존재하지 않을 것이라는 사실을 진지하게 의심할 사람은 아무도 없다. 이 부정적 사실이 확실하다는 것도 현존재에 대해 제안되었거나 제안될 이러저러한 해석과는 무관한 것이다.

물론 우리가 이 사실을 확신하게 되는 그 경험은 우선은 불가사의한 것이다. 그것은 우리의 눈앞에 놓여 있는 실증적 사실들과 자료에 대한 경험과는 아무튼 다르다. 이에 대해서는 장차 언급될 수 있을 것이다. 그러나 이 경험이 특이하고 우선은 불가사의한 성질을 지닌 것이라고 해서 그 누구도 이전에 현존재하지 않았고 또 미구에 현존재하지 않을 것이라는 사실이 부인될 수 있는 것은 아니다.

위에서 시사된 대로 조망해 볼 때에 "비-현존재"Nicht-Dasein는 분명 어떤 **특정의** 부정否定을 제시한다. 그것은 각기 특정의 인간 현존재와의 관련에 의해서 규정되어 있다. **우리**는 언젠가 현존재하지 않았으며 장래 언젠가 더 이상 재차 현존재하지는 않을 현존재자들이다. "비-현존재"는 이 의미에서 우리의 "비-현존재"이다.

그것은 우리의 "비-현존재"이며 또한 예외없이 인간 현존재 누구나의 "비-현존재"이다. 이 명제의 확실성이 도대체 어디에 기초하고 있는가를 말하기란 다시금 어려운 것이긴 하지만, 그러나 다음과 같은 사실은 의심될 수 없다. 그가 언젠가 현존재하지 않았고, 또 언젠가 재차 현존재하지 않을 것이라고 말해질 필요가 없을 사람은 아무도 없다.

이 사실은 심지어 인간이 만든 모든 초개인적 형성물이나 제도들, 사회 형태들, 문화들 등에 대해서도 해당된다. 아무도 그리고 인간적인 그 어떤 것도 "비-현존재"에서 벗어나지 못한다. 그것은 일체의 인간 현존재의 확실하고 현실적인 부정이다.

그것은 결국에 가서는 인류 전체와도 관련되는 것인가? 그것은 진지하게는 의심될 수 없다. 수많은 종류의 생명체가 생겼다가 사라졌다. 왜 인간만이 유독 생겨날 뿐 사라지지 말아야만 하는가?

그것은 우리가 인간의 타자로서 으레 자연이라고 일컫는 세계의 그 영역들과도 관련되는 것인가? 우리는 그에 대해서 알지 못한다. 그러나 자연을 조망해 볼 때에 이 한 가지 사실을 우리는 알고 있다. 자연은 언젠가 **우리에게는** 더 이상 자연으로서 **존재하지** 않을 것이다. 그럴 경우에 그것이 **혼자서는** 대략 무엇인지 구명究明되지 않은 채 놔두어도 좋을 것이다. 자연은 짐작건대 자기 자신을 자연으로서 또는 단지 존재하는 것으로서도 경험하지 않기 때문에, 그렇게 가정된 경우에 현존재와 "비-현존재" 사이의 구별은 자연에 대해서는 더 이상 **이루어지지** 않을 터이다. 현존재란 자신을 제시하는 것, 현존재와 "비-현존재"를 뚜렷하게 구별하는 것을 의미하는 것이라고 가정한다면, 자연은 본래 더 이상 **현**da존재하는 것이 아닐 터이다.

이 점에 있어서 우리는 일반적으로 다음과 같이 말할 수 있다. 이전의 그리고 미구의 "존재하지-않음"은 우선적으로 인간 현존재 전반과 관계되며, 거기에서부터 그것은 인간에 대해 세계이거나 세계일 수 있는 일체의 것도 망라한다.

우리는 시사된 의미로 "비-현존재"를 **무**Nichts라는 표제로 부르고자 한다.

나) 무의 경험

이 "비-현존재" 또는 무의 **경험**Erfahrung에 대해 우리는 여전히 질문할 수 있는 것이다.

물론 이 무는 순수 형식적으로 숙고될 수도 있다. 그럴 경우 그것은 여타 존재자와 현존재자에 있어서의 어떤 무엇과 관련되는 어떤 관계적 표현임이 분명하다. 그것은 개별 현존재자이든 또는 현존재자 일반이든 이 현존재자의 부정이다. 관계적 표현으로서 그것은 그럴 경우 부정, 다시 말하면 현존재자의 부정을 표시하는 것이며, 따라서 현존재와는 완전히 다른 것을 표시한다.

그러나 형식적인 숙고에서 이렇게 시사되는 것과 또한 계속해서 시사될 수 있는 일체의 것들로써도 많은 것이 여전히 설명되어 있지 않다. 부인할 수 없는 사실로서의 그것에 대해 왜 우리가 도대체 이야기할 수 있는지 설명되어 있지 않다. 우리가 현존재하는 한에 있어서 그것이 현존재하는 우리에게 어떤 방식으로든 **주어지지** 않는다면 우리는 그렇게 할 수 없을 것이다. 그러나 어떻게 해서든 그것이 주어질 경우에 그것은 하나의 **경험**이 된다. 그러나 "비-현존재"가 과거의 것으로서나 미구의 것으로서 경험된다면, 그것은 바로 그것의 부정적 특성 안에서 긍정적인 어떤 것을 의미한다. 왜냐하면 그것은 어떤 무엇을 의미하고 또 어떤 무엇, 즉 우리가 언젠가 현존재하지 않았으며 언젠가 현존재하지 않을 것임을 경험한다는 것을 말하고 있기 때문이다. 그것을 감지하는 것은 아무것도 아닌 것이 아니다. 이 점을 생각한다면 사람들은 여기에서 이야기되고 있는 이 무가 단순히 형식적인 부정적 특성으로 끝나버리지 않는다는 것을 깨달을 것이다.[4] 물론 여기에 언급된 "비-현존재" 또는 무의 경험이

---

[4] 이것을 간과하였다는 것은 — 내가 보기로는 — 그의 기고문 *Das Reden vom Sein*에서 발표된 E.-W. Platzeck의 흥미로운 숙고들에서 발견되는 잘못이다. 수록: *Zeitschrift für philosophische Forschung*, 제24권(1970) 317-334.

가지는 그 긍정적 특성은 그밖의 경우에, 즉 현존재의 영역 내에서 긍정적인 것으로 일컬어지는 그것과는 완전히 다른 종류의 것이다. 그것은 긍정적인 것, 즉 다름아닌 현존재의 타자로서 그리고 현존재에 속하는 긍정적 특성의 타자로서, 이 긍정적 특성의 부정으로서 주어져 있으며, 어떤 무엇을 말하고 있는 것이다.

이 경험을 하지 않은 사람은 아무도 없을 것이다. 그러나 그러한 경험을 주시하지 않는 많은 사람들이 있음은 물론이다. 그러므로 (특히 근대에) 이 경험을 주시하고 그것을 진술한 몇몇 중요한 증인들을 언급하는 것은 상당한 의미가 있을지 모른다. 예컨대 파스칼이 무에 대해 말했을 때에 그는 분명 어떤 놀라운 경험과 그 내용에 대해 말하였던 것이다.[5] 사정은 하이데거에게 있어서 다르지 않다. 하이데거는 쉘링에 의해서도 표현된 문장을 때때로 인용하는데, 이 문장에는 마찬가지로 무가 포함되고 전제된다. "도대체 어째서 어떤 무엇이 있는 것인가? 왜 아무것도 없는 것이 아닐까?"[6] 오이겐 핑크Eugen Fink 역시 그의 저서 『형이상학과 죽음』[7]에서 이 경험을 상세히 숙고하였다. 우리의 시야를 서양의 영역을 넘어서 확대한다면 고대 불교와 마찬가지로 현대의 불교 영역에서 늘 되풀이하여 문제가 되는 것은 무의 경험이라는[8] 사실이 언급될 수 있을 것이다. 이들은 여하튼 부정적인 것, 무가 긍정적으로 주어져 있음을 말해주는 몇몇 결정적 증인들이다.

---

[5] 특히 B. Pascal, *Pensées*, 간행: Brunschvicg, 단편 72를 참조하라. 여기에서 무는 무한자와 변증법적으로 대조되어 있다. "심연"(Abgrund)이라는 파스칼의 개념 역시 같은 맥락에 속한다. 이에 대해서는 같은 곳을 참조하라.

[6] *Schellings Werke*. 원판에 따라서 M. Schröter가 새로 정리하여 간행함. 제6 별권(München 1954) 7; 또한 제2 별권(München 1956) 85를 참조하라; 쉘링의 이 물음은 하이데거에 의해서 다시 다루어졌다: *Einführung in die Metaphysik* (Tübingen 1953) I 또는 같은 저자, *Was ist Metaphysik?* (Bonn ¹1929). 재인쇄: 같은 저자, 『전집』제9권, 상게서, 122.

[7] Stuttgart 1969.

[8] 이러한 맥락에서 최근의 연구의 하나로서 Shizuteru Ueda의 다음과 같은 기고문이 언급되어야 하겠다. *Das Nichts und das Selbst im buddhistischen Denken. Zum west-östlichen Vergleich des Selbstverständnisses des Menschen* (불교 사상에 있어서 무와 자아. 인간의 자아이해의 동서양의 비교), 수록: *Studia Philosophica* 별책 34권(Basel 1974) 144-61.

64 제2장: 종교의 원리로서의 신

그러나 — 그러한 증인들과는 무관하게 — 예컨대 자신의 죽음이든 타인들의 죽음이든 죽음에 대해서 곰곰이 생각해 보는 사람은, 100년 또는 1,000년 안에 그에 대해 또는 그가 알고 있거나 들어서 알고 있는 모든 사람들에 대해 아무도 관심을 두지 않을 것이라는 사실을 잠시 생각해 보는 사람은, "때때로 무덤에서 목욕하라"[9]는 파블로 네루다의 충고를 따르는 사람은 누구나 "더-이상-현존재하지-않음", "비-현존재", (이런 의미로) 무가 특이하고 거대하며 부인할 수 없는 경험으로 주어진 것이라는 사실을 감히 부정하기가 어려울 것이다.

이 소여성은 두 개의 시간적 양태로서, 즉 지나간 "더-이상-현존재하지-않음"과 장래의 "더-이상-현존재하지-않음"으로 나타난다. 앞으로의 우리의 숙고들을 위해서 우리는 우선 후자의 것, 즉 장래의 "더-이상-현존재하지-않음"을 기준으로 삼겠다. 또 다른 것은 후에 다른 맥락 안에서 다시 이야기될 수 있을 것이다.

다) 무의 모호성

경험으로서의 무가 어떤 긍정적 특징을 가진다면, 그것에 대해 몇 가지 언명될 수 있다. 왜냐하면 우리가 무를 경험하는 곳에서 우리는 어떤 무엇을 경험하고 있기 때문이다. 우리가 그것에 대해 말할 수 있고 알고 있는 첫번째의 것은 물론 그것에 대한 우리의 관계와 관련된 것이다. 이것은 분명 그 의미가 이중적이다. 그리고 그 점에서 무 자체는 우리에게 모호한 것이 된다. 우리는 그것이 무엇인지 알지 못한다. 그것을 경험하고 또 경험하면서, 말하자면 우리 모두가 더 이상 존재하지 않을 것임을 보는 사람은 누구나 이 경험을 공허한 것에 지나지 않는 무의 경험으로서 이해하든가 아니면 어떤 절대적 숨김에 대한 경험으로서 이해할 수 있다. 첫번째의 경우에 그는 여기에 도대체 아무것도 없다라고 말할 것이다. 그러나 두번째의 경우에 나는 여기에서 아무것도 보지 못한다, 여기에 있는 것은 나에게서 완전히 벗어나 감추어져 있다라고 그는 말

---

[9] P. Neruda, Estravagario, 시 *de cuando en cuando*에서. 인용: P. Neruda, *Gedichte*. 스페인어-독일어. 번역 및 후기: E. Arendt (Frankfurt a.M. 1963) 230.

할 것이다. 무의 경험의 내용 또는 그것의 현상적 특성을 토대로 하고서는 이 이중적 의미가 결정되지 못한다. 우리는 숨겨진 어떤 것이 그 배후에 숨어 있는지 아닌지 알지 못하며 그것을 우선 경험하지도 못한다. 이렇게 결정될 수 없는 의미의 모호함은 우리의 무 경험에 본질적으로 속한다.

이 사실을 우리는 단순한 모델에 의거해서 분명하게 할 수 있다. 누군가 완전히 어두컴컴한 공간에 들어서게 되면 그는 아무것도 보이지 않는다고 말할 것이다. 그는 이것을 그의 긍정적 경험의 표현으로서 말할 것이다. 왜냐하면 여기에 아무것도 보이지 않는다는 것을 그가 **보고 있기** 때문이다. 그가 도대체 아무것도 보지 못한다면, 예컨대 깊은 잠이 들어서 아무것도 보지 못하는 것이라면, 그는 결코 그렇게 말하지 않을 것이다. 여기에 경험의 긍정적인 것이 있다. 무는 **보여진** 무로서 나타나고 있다. 그러나 보여진 것은 그 의미가 모호하다는 것이 즉시 명확해진다. 그가 도대체 텅 빈 공간에 들어선 것인지 아니면 비어 있는 것은 아니지만 그러나 그 안에 무엇이 있든간에 그가 전혀 경험할 수 없는 어떤 공간에 그가 들어선 것인지 우리의 피시험자는 그가 여기에 보고 있는 것, 그러니까 무의 관점에서는 결정내릴 수 없다. 두 가지 가능성들이 결과적으로 같은 현상에 이르며 그때문에 같은 언어적 표현을 가진다: 나는 아무것도 보지 못한다. 무의 의미의 이 모호함으로 말미암아 우리의 피시험자는 조심스레 움직일 것이 뻔하다. 그는 그의 사안을 완전히 자신할 수 없는 것이다.

우리의 문제가 되는 그 경험된 무의 중대한 경우에 있어서도 우리는 우선 두 가지 해석 가능성을 가지고 있는 것이며, 정직하고자 한다면 우리는 그것을 우선 역시 미해결인 채로 놔두지 않으면 안된다. 이제 우리의 숙고가 위치해 있는 그 지점에서 보면 공허한 무와 절대적 감추임의 무를 구별할 수 있는 가능성이란 없다. 이 양자택일은 우선은 미결정적인 채로 남아 있을 수밖에 없다.

무가 가지는 그외의 특징들을 고려할 경우에 우리는 이 사실을 염두에 두지 않으면 안된다. 그러한 특징들이 어떤 결과를 가져오든간에, 그것들은 모두 우선은 그 의미가 모호한 것으로 머문다. 이 이중적 의미는 후에 결정될 수 있을 것이며, 만일 그렇다면, 그것이 어떤 이유로 그러한 것인가에 대해 후에 숙고되어야만 한다.

라) 무의 억압하는 것

지금까지 논의되었던 토대 위에서 우리에 대한 무의 관계를 계속해서 숙고한다면 우리는 특히 다음의 사실을 깨달을 것이다. 무는 우리가 주목하지 못하도록 **억압한다**abdrängt. 우리로 하여금 그것을 생각하지 않도록 하거나 여하튼 기꺼이 생각하지 않도록 하는 어떤 무엇이 무 자체에 있다. 그런 까닭에 아무도 그것을 의심하지 않으며 또 누구나 그것을 경험할 수 있다 하더라도 그것의 차원들 안에서 알아차리고 인식하기란 결코 수월치 않다.

따라서 위협적으로 도래하는 확실한 무로부터, 예컨대 적극적인 삶의 다망多忙함과 그것의 자칭 또는 실제적으로 중요한 것에로 우리가 끊임없이 도피한다는 것은 분명해진다. 왜냐하면 이 도피가 성공할 경우 우리가 바라보는 한 어디에서나 볼 수 있는 것은 단지 긍정적인 것일 뿐 무는 없기 때문이다. 혹은 우리는 어둠에 싸인 무를 미래의 어쩌면 더 나은 현존재의 구상들과 유토피아들로 덮어 가린다. 그렇게 되면 우리가 바라보는 한 어디에서나 다시금 오로지 긍정적인 전망들만이 생길 뿐이다. 혹은 무, 예컨대 죽음의 무가 시사되고 우리가 그것을 피할 도리가 없다는 것을 깨닫게 될 경우에, 우리는 흔히 이 자각을 여타 사건들 중의 한 사건으로 취급해서 중요치 않은 사건으로 중화시킨다. 그것은 죽음을 알리는 신문의 부고들이 여타 알림들 가운데에서 알림들이며 또 여타 알림들의 요금표와 비교될 수 있는 어떤 요금표를 가지는 것과 같다. 혹은 마침내 우리는 위협적인 "비-현존재"의 문제에 몰두하는 것을 부정적으로 평가하여 일상의 과제로부터의 도피로서 그리고 아무런 쓸모없는 소일로서 치부해 버린다. 파스칼은 이것들을 상세히 묘사하였다. "우리는 우리로 하여금 그것을 보지 못하게 하는 것을 우리 앞에 세워둔 후에 걱정없이 나락에로 달려간다."[10]

---

[10] B. Pascal, *Pensées*, Brunschvicg 간행, 단편 183.

물론 이 모든 것은 "비-현존재", 특히 다가오는 위협적인 "비-현존재"가 부인할 수 없는 한 사실이라는 것을 저지하지 못한다. 그러나 그것을 깨닫는 것은 결과적으로 용이하지 않다. 그것은 부인할 수 없는 사실이지만, 그것이 억지로 그것에 주의하게 하지 않는 한 그것은 강제적인 것이 아니다. 그런 까닭에 말하자면 흐름을 거슬러 더욱이 추세를 거슬러 부인될 수 없는 것, 즉 우리 모두가 더 이상 현존재하지 못할 것이라는 사실을 솔직하게 주시하고, 따라서 이 경험을 진지하게 접하기 위해서는 지성적 정직성의 결코 자명하지 않은 결단과 어느 정도의 용기가 필요하다.

마) 무의 끝없음과 무조건성

우리로 하여금 도래하는 "비-현존재"를 바라보지 못하게 하는 이 현저하게 감정이 개입된 장벽을 극복하고 그것을 직시한다면, 우리는 물론 거기에서 몇 가지 특이하고 놀라운 사실들을 알 수 있다. 그것은 어떤 사물의 속성들이 아니다. 무는 아무런 사물도 아니다. 그러나 무의 차원들과 같은 어떤 것이 있다.

여기에는 예컨대 언뜻 보기에 자명해 보일 뿐인 이 사실이 있다. 무는 아무런 끝도 없다. "존재하지-않음"에로 침몰한 것은 두번 다시 되돌아오지 않는다. 그러한 문장에서 "두번 다시 않는다"라는 말은 도래하는 무의 **끝없음**Endlosigkeit을 표현하고 있다. 그것은 모든 인간이 점점 더 깊숙이 빠져들면서도 되돌아오지는 못하는 침묵의 심연이다.

사람들이 현존재와 그것의 경험들의 관점에서 이것을 미래의 "비-현존재"와 비교해 본다면, "비-현존재"는 비교할 수 없으리만큼 더 큰 것이다. 그것은 누구든 그리고 모두와 이것을 영원히 삼켜버린다. 그것의 끝없음에서 그것은 엄청난 것이다. 그것이 억압하는 힘을 가지고 있다는 것은 하등 놀랄 일이 아니다.

무의 엄청난 끝없음은 말하자면 그것의 외연적外延的 차원이다.

내연적內延的 차원 역시 이것의 일부를 이룬다. 이 차원으로 말미암아 무의 엄청난 특성이 비로소 완전하고 예리한 것이 된다. 우리가 말하려는 것은 그것의 불가피성Unausweichlichkeit이다. 아무도 무의 위협에서 벗어날 수 없다. 그것은 일체의 현존재를 삼켜버리고 간직하는데, 영원히 그렇다. 현존재의 위대한 모습들이 제아무리 위대하고 — 사람들이 말하듯이 — 잊을 수 없는 것일지라도, 그것들은 하잘것없는 모습들과 마찬가지로 무에 의해서 삼켜져 버리는 것이며, 세상의 어떤 권세도 그것들을 이것에서 빼낼 수 없는 것이다. 그것이 이렇게 피치 못하다는 데에서 무는 일체의 현존재와 그것의 권세를 참으로 압도하는, 그것도 소리없이 그리고 힘들이지 않고 압도하는 유일한 것이다. 그러므로 오이겐 핑크는 죽음 내지 무를 "절대적 군주"라고 분명하게 칭하였다.[11] 권세라는 말은 물론 이 경우에 어떤 힘있는 사물이나 어떤 힘있는 실체의 부수적 성질이나 활동 또는 속성으로 이해되어서는 안된다. 무의 권세는 어떤 사물의 권세가 아니다. 무는 아무런 사물도 아니다. 그리고 여기에 암시된 권세를 행사하기 위해서 무는 아무것도 할 필요가 없는 것이다. 그것은 다만 무로 있기만 하면 된다. 그러므로 무의 권세는 완전히 소리없는 것이기도 하다.

무가 회피할 수 없는 것임으로 해서 그것은 또한 **무조건적인 것**Unbedingte이라고 일컬어질 수 있다. 다만 이 단어는 이 경우에 흔히 그러듯이 추상적 의미로 이해되어서는 안되며, 오히려 구체적인 의미로 이해되어야 한다. 도래하는 무는 무조건적이다. 왜냐하면 그것은 아무것도 빼앗길 수 없으며, 그것과 거래한다는 것은 아무런 의미가 없기 때문이다. 그것은 문의되었든 문의되지 않았든, 숙고되었든 숙고되지 않았든 와서 탈취하여 가진다. 사람들은 상당한 기술적 비용을 들여 달에서 그리고 언젠가는 다른 천체들에서부터 돌들을 가져올 수 있다. 그렇지만 일단 무에로 가라앉은 것은 아무것도 되가져와질 수는 없다. 여기에서 일체의 인간적 권한은 기술적 차원과는 완전히 다른 차원의 어떤 한계에 봉착하게 된다. 그때문에 무의 경험은 철두철미 구체적인 의미로 무조건적 경험이라고 일컬어질 수 있는 것이다.

---

[11] E. Fink, *Metaphysik und Tod* (Stuttgart 1969) 208.

바) 무는 아무런 사물도 또는 주체도 아니다

우리가 이와같이 무에 관한 몇 가지 차원들, 즉 끝없음과 구체적 무조건성에 대해 언명들을 하게 될 경우, 어떤 사물의 술어들이나 속성들이 문제일 수 없음을 우리는 여기에서도 다시 한번 강조하여 환기시키지 않으면 안된다. 우리의 언어는 외관상 거의 피치 못하게 마치 어떤 문법적 주어에다 술어들을 첨가한다는 인상을 일깨운다. 그러나 실은 그렇지 않다. 문제가 되고 있는 것은 무라는 이름을 지닐 어떤 주체나 사물이 아니다. 문제가 되는 것은 이 모든 것의 부정인 것이다. 특성들이나 우유적 속성, 태도방식들 또는 이와 유사한 것이 문제가 아니다. 무는 다시금 이 모든 것의 부정이다. 그럼에도 불구하고 그것은 언어적으로 명명될 수 있지만 결과적으로는 그 말의 가장 근접한 의미에 반해서 사용될 수밖에 없는 차원들 안에서 그것이 경험됨으로써 무는 자기 자신을 나타낸다.

사) 현존재의 타자로서 무

이와 관련된 사실은 무가 현존재에 대해, 즉 우리의 세계 내에서의 우리의 현존재에 대해 단순히 외적인 것만은 아닌 것이면서도 외부 감각으로는 타자적인 것으로서 생각될 수도 있다는 것이다. 그것은 우리의 이 현존재가 마치 단지 외적으로만 그것의 한계들에 접해 있는 것 같은 것이 아니다. 부지불식간에 쉽게 생길 수 있는 이 생각은 회피하기는 어렵지만, 그러나 사물적으로 잘못 생각된 무의 모델에서 비롯된 것이다. 물론 무는 현존재의 타자이지만, 그러나 그것은 **다름아닌 현존재의** 타자라는 바로 그러한 방식으로 그렇다. 그것은 현존재 **안에서** 경험될 수 있을 정도로 그렇게 현존재의 타자이다. 현존재 자신이 무의 경험 또는 주어짐의 **장소**로서 나타난다. 무는 바로 현존재 **안에서** 그것의 타자로서 존재하는 것이지, 단지 그것의 한계들에 접하여 있고 그것 밖에서 존재할 뿐인 것이 결코 아니다. 현존재는 그것이 무를 경험하는 거기에서 그리고 그것이 이 경험을 거절하는 거기에서조차도 무로 충만해 있다. 그렇지 않고서야 현존재가 왜 그러한 경험을 거절하겠는가? 긍정적 특성을 지닌 현존재가 그것의 완전한 타자, 그것의 부정으로 충만되어 있다는 바로 이 사실을 스스로 증명하고 있는 것이다. 무는 어떤 것, 즉 현존재의 경계선상에서 중지하는 것이 아니다. 그것은 오히려 기묘하게도 현존재를 관통하고 조율한다. 따라서 현존재와 무는 떨어져 있는 두 개의 영역으로 생각될 수 없는 것이다. 그것들은 오히려 서로 겹쳐져 있는 것이다.

그런 까닭에 무가 현존재 안에로 이렇게 뻗쳐 있음은 현존재 자신에게 돌이켜 영향을 끼치게 된다. 이하에서 그러한 영향들에 대해서 언급하기로 한다.

3. 의미물음과 의미전제들

우리의 현존재가 하는 경험으로서의 무의 경험은 우리의 이 현존재 안에 있으며, 현존재 때문에 그것은 바로 이 현존재의 근본 태도들과 반목한다. 그러나 바로 이 불화로 말미암아 그 근본 태도에 대해 우리는 주목하게 된다. 그것은 우리가 주목하지 않을 수 없는 세번째 중요한 사실이다.

우리의 생동적 현존재의 근본 태도는 우리의 모든 기도企圖들과 의도들에서 우리가 의미Sinn를 묻곤 한다는 데에서 드러나기 시작한다. 의미에 대한 물음은 그것이 명시적으로 제기되었든 혹은 다만 불명료하게 살아진 것이든 우리의 전 생을 동반한다.

의미를 묻는다는 그것은 무엇을 뜻하는 것인가? 의미라는 말로써 우리가 통례적으로 뜻하는 것은 전체적으로 그리고 그것의 개별 실행들에서 우리의 생을 정당화하고 성취시킬 수 있는 그것이다. 그러한 정당화시키고 성취시키는 의미를 우리는 묻는 것이다.

그러나 의미물음Sinnfrage은 우리가 여기에서 주의를 환기시키고자 하는 근본 경향의 시작에 지나지 않는다.

의미물음은 단지 이론적이고 추상적일 뿐인 물음이 아니다. 그것은 우리의 현존재의 생동적인 **관심**으로 가득 차 있는 것이다. 의미물음이 이처럼 관심있는 물음이기 때문에 우리는 의미를 **물을** 뿐만 아니라, 우리가 행위할 경우에는 그러한 의미를 또한 언제나 주어진 것으로서도 **전제한다.**

행위 자체는 우선 미해결인 것처럼 보이는 의미물음을 긍정한다. 이렇게 행위하면서 의미물음을 긍정하는 것은 어떤 요청要請의 형태를 지닌다. 왜냐하면 우리는 행위하면서 이 행위가 의미있는 것이기를 요구하기 때문이다. 우리는 행위하면서 일체의 것을 정당화하는 의미를 매번 전제하며, 그것을 요청한다.

물론 이 기초적인 실상은 우리가 현존재를 단지 확인할 수 있게 눈앞에 있음 Vorhandenheit일 뿐인 것으로서 해석할 경우에 시야에서 사라지게 된다. 설령 이 해석이 널리 유포되어 있다 하더라도, 그러나 그것은 우리가 우리의 현존재를 구체적으로, 즉 구체적이며 생동적으로 현존재하는 것으로 고찰하기 시작하자 마자 즉시 실효되고 마는 추상적인 것이다.

이 의미요청이 우리의 현존재와는 뗄 수 없다는 것이 특히 지적되지 않으면 안된다. 우리가 무엇을 하거나 하지 않든간에 우리는 이렇게 하거나 하지 않는 것이 의미있다는 전제에 의해서 언제나 유도되어 있다. 이 원칙에는 엄밀한 의미의 예외란 없다. 그러므로 의미전제는 현존재의 실행 전반의 주도적 원동력으로 간주될 수 있다. 그러한 것으로서 의미전제는 우리의 현존재의 귀결인 동시에 또한 전제이기도 하다. 그것이 귀결이라 함은 우리가 현존재하기 **때문에**, 우리가 의미있는 현존재를 요구하기 때문이며, 그것이 전제라 함은 의미가 전제되지 않고서는 우리의 현존재가 생동적이고 구체적인 행위로서는 실행될 수 없을 것이기 때문이다. 이 의미전제와 그 안에서 솟구치는 원동력으로부터 우리의 생의 일체의 구상들Entwürfe과 희망들 그리고 요구들이 생겨난다는 것이 분명하다. 그것은 일체의 인간적 · 사회적 · 사교적이며 문화적인 노력들을 움직인다. 왜냐하면 이 모든 노력들은 그것들이 의미있는 것으로 나타나고 우리가 어떤 의미를 믿는 한에 있어서 종종 진행되기 때문이다. 이 점에 있어서 에른스트 블로흐의 유명한 "원리로서의 희망"Prinzip Hoffnung은 분명 올바로 파악하였다.

주의해서 자세히 보면 이 의미전제의 생은 차이들을 드러낸다. 의미전제는 우선 우리가 우리의 방침으로 삼을 수 있는 일체의 **개개의 유한한** 목표들 안에서 전개된다. 그러므로 이 의미전제를 좇아서 우리는 늘 반복하여 유한하게 도달될 수 있거나 도달될 수 있다고 보여지는 개개의 의미 모습들에 기초하여 우리의 현존재를 구상한다. 우리가 종사하고 있는 의미있는 직업, 우리가 도달하고자 애쓰는 의미있는 생의 모습, 우리가 투신하고자 하는 공공의 관계들의 의미있는 형성과 변화 등이 여기에 상기될 수 있을 것이다. 의미있는 현존재의 이 구상들과 수천의 다른 구상들은 물론 우리가 이 현존재를 형성하고 펼쳐나가기 위해서는 없어서는 안될 것이다. 따라서 우리가 이 특징만을 바라볼 경우, 의미전제의 전체는 우리의 행위들과 우리의 목표들의 완전한 대열들의 집합처럼 보인다.

이것만이 전부는 아니다. 왜냐하면 의미구상들이 펼쳐지면서 어떤 부정적 변증법이 지속적으로 관철되고 있기 때문만으로도 그렇지 않다. 시사된 종류의 모든 도달될 수 있거나 도달된 의미형태는 늘 거듭해서 적어도 부분적으로는 그 의미가 부정적인 것 안에서 나타난다. 언제나 반복해서 다음과 같은 사실이 나타난다. 이것을 달성하였다는 것은 잘된 일이고 뜻있는 것이지만, 그러나 그것은 충분하지 않다. 부분적이고 더 계속하게 하는 부정적인 것으로서의 이 "그러나"가 언제나 그와 동시에 함께 있는 것이다. 더 바람직한 어떤 것이 언제나 남아 있는 것이다. 시사되었던 대로 도달되었던 또는 도달될 수 있는 일체의 것은 언제나 부분적으로는 의미요청과는 일치하지 않으면서 그것에 대해 부정적인 것으로서 나타난다. 이것은 개인적 삶에서도 사회적 및 사회집단적 삶에서도 그렇다.

이것은 의미요청이 우리의 생의 있을 수 있는 일체의 유한한 세부사항을 망라하는 것이지만, 또한 일체의 것을 능가한다고 우리가 말해도 좋은 이유이다. 그것이 일체의 개개의 계기들을 능가하기에 물음은 근본적으로는 다음과 같다. 내가 나의 세계 내에서 현존재한다는 이 사실은 **전반적으로는** 어떤 의미를 가지는 것일까? 그리고 이 물음에 따라오는 의미요청에서 일체의 유한한 것과 유한한 것들의 모든 집합을 능가하게끔 재차 전체적인 것을 제시하는 어떤 의미가 요구된다는 이 사실은 어떤 의미를 가지는 것일까?

의미요청의 구체적 삶을 특징짓는 것으로서 언급되었던 그 부정적 변증법이 결정적으로 경험되는 한에 있어서, 그것은 의미물음과 의미요청의 가장 깊은 이유를 표출시킨다. 즉, 일체를 망라하고 일체에 관여하는 전체의 의미에 대한 그 물음을 표출시킨다. 물음이 이 의미에 있어서 보편적인 것이 되거나 혹은, 더 잘 표현해서, 보편적인 것으로 밝혀지게 되면, 그것의 본래의 차원이 비로소 획득된다. 그리고 그 물음과 더불어 그에 걸맞은 요청이 있게 된다. 우리의 생이라고 지칭되는 이 부산떨음, 그것은 도대체 그리고 전반적으로 무엇인가? 우리가 어떠한 유한한 성취로도 절대적으로 만족할 수 없다는 사실을 고려할 때에 그것은 무엇을 뜻하는 것일까? 그것은 도대체 그리고 전체적으로 무엇에로 귀착하는가? 이 물음들은 전반적인 물음들이다. 그것들은 물론 우선은 부분적인 구상들과 그것들의 변증법 안에서 표현된다. 그러나 이 변증법의 이유에 전체적인 물음이 근거하고 있으며, 때때로 싹튼다. 그러한 물음은 현존재가 현세적으로 진행되는 동안 싹트면서 늦게, 심지어 마지막에 제기될지도 모른다. 그럴 경우 — 비록 은밀하게 이루어지는 것이라 할지라도 — 실제적으로는 일체의 인간 생의 첫번째의 것이자 시작인 그것만이 밝혀진다. 일체의 개별적인 것이 이미 언제나 전체적인 의미를 전제하는 한에 있어서 그것은 첫번째의 것이자 시작이다. 이 의미에 있어서 전체적인 의미요청은 의미를 추구하는 일체의 생의 전제이며 시작이다. 우리가 은연중에 전체적인 것이 아무튼 의미있다라는 생각에 의해서 적어도 이끌어지지 않는다면, 우리는 아마 어떠한 개별적인 것도 구상하거나 기도하지 않을 것이다. 최종적이고 근원적인 물음이지만 그것은 그 이전에 여전히 첫번째의 물음인 것이며 첫번째 물음으로서는 물론 대부분 감추어져 있다. 그것은 최종적인 물음인 동시에 첫번째의 전체적인 물음으로 전반적인 관심과 전체적인 의미의 전제로 가득 차 있다.

끝으로 우리가 의미요청을 다루면서 이와 관련지어 여전히 주목해야 될 특별한 사정이 있다.

우리의 인간 현존재 안에는 이 현존재로 하여금 다양한 해석들을 할 수 있게 하는 여지를 남겨두면서 결국 전체적인 의미에 따라 기획하고 그것을 목표하는 것이 분명 살아 있는 것이다. 그래서 살아진 의미전제와 이렇게 살아진 의미전제의 해석 사이에서 차이와 동시에 그 연관성이 생겨난다. 사람들과 민족들의 생이 구체적으로 진행되어 가면서 늘상 다른 구상들이 이루어졌는데, 이 구상들 안에서 그들은 그들의 생의 의미를, 더군다나 전체적인 의미를 보고자 하였던 것이다. 이 구상들은 그것들의 기저에 놓인 원초적인 생의 충동에 대한 일체의 해석들이다. 이 충동은 해석을 요구하고 그것을 야기시킨다.

해석하는 그러한 의미구상들은 여전히 매우 의심스러운 것일지도 모른다고 말할 수 있다. 그렇지만 더 자세히 조사해 보면 그것들은 언제나 이 사실을 가리킨다. 우리의 현존재는 도대체 그리고 전체적으로 의미를 지닌 것이며 따라서 이 의미를 이러저러한 모습들이나 해석들에서 보고자 함은 의미있다는 것이 불명료하게나마 적어도 전제되지 않는다면, 그것들은 도대체 해석되면서 전개되지 않을 것이다. 달리 말하면 한편으로는 실제적으로 살아진 의미구상과 또 다른 한편으로는 명시적으로 해석되고 기획된 의미구상에는 차이가 있으면서도 연관성이 있음을 알 수 있다. 원래의 뿌리에서부터 살아진 의미구상은 매번 해석된 의미구상을 위한 전제이다. 이 해석된 의미구상들은 인간의 역사를 통해서 구체적으로는 폭넓게 가변적일 수 있음을 보여준다. 그러나 그것들의 뿌리는 언제나 동일한 것처럼 보인다: 전체적인 의미를 목표로 하는 생.

이 연관은 우리가 가장 극단의 경우, 즉 모든 것이 도대체 아무런 의미가 없으며 무의미함 중에서 살아가기로 작정했다고 사람들이 천명할 경우를 함께 고려할 때에 가장 예리하고 분명하게 인식될 수 있다. 실제로 이 가능성이 존재하며, 이런 유의 중요한 인간 삶의 실례들이 있으며 그것들은 저마다 존중될 만하다. 대단히 암울한 이 가능성에 직면한 것만으로도 의미의 포기와 무의미를 선택함은 그러한 결정들이 행위들이라는 점에 있어서 매번 더 의미있는 것으로, 예컨대 더 솔직하고 더 현실적 따위의 것으로 나타나기 때문에만 가능하다는 사실이 지적되지 않으면 안된다. 살아진 의미전제는 도대체 의미를 무시하여 해석하고자 하는 최악의 부정적 해석마저 가능케 하는 토대로서 재차 나타난다.

다름아닌 이 중요하고 중대한 가능성을 깊이 숙고해 볼 때에 생과 의미에 기초한 생 혹은 의미전제는 같은 뜻의 개념들이라는 것이 분명하게 드러난다. 인간의 생이 명시적으로 의미를 포기하려고 결심하면서도 이 결심이 여전히 현실적이고 행위하는 생의 한 모습을 이루는 곳에서조차 그것이 생인 한에 있어서 그것은 또다시 의미를 전제한다는 것이 분명해진다.

그런 까닭에 의미를 진지하게 포기한다는 것은 현실적으로 다음과 같은 결과를 가져올 것이다: 살아가고 현존재하기를 포기한다. 자살이 참으로 유일한 철학적 문제라고 지적하였던 알베르 카뮈는[12] 이런 의미에서 전적으로 옳다.

그리고 모리스 블롱델이 그의 유명한 저서 『행동』*L'Action*에서 생은 의미있는 것인가 아니면 아무런 의미가 없는 것인가, 그런가 아닌가?[13]라는 질문으로 시작했을 때에 그는 생 자체를 주도하는 본래의 물음을 고전적으로 표현한 것인데, 이 물음은 물론 사유의 명확함과 해석에 있어서 망각되거나 뒤바뀌거나 또한 부정될 수 있는 물음이다.

그러나 사람들이 이 의미전제가 과연 타당한 것인지 아니면 어쩌면 단순히 유익한 착각에 지나지 않은 것은 아닌지 마침내 묻는다면, 다음과 같은 사실이 지적되지 않으면 안된다. 의미요청이 전개되는 본래의 장소는 구체적인 생이며, 더구나 특히 그것이 윤리적으로 강조된 거기에서이다. 그러나 윤리적으로 강조된 구체적 생은 인간의 생 일반의 중심이다. 물론 사람들은 이러저러한 생의 의미에 대해 추상적으로 생각할 수 있다. 그러나 구체적으로 그리고 우리의 구체적인 현존재가 윤리적으로 참여하고 있는 거기에서, 예컨대 신의와 우정이 문제이거나 타인들의 자유와 정의의 담보나 이와 유사한 그 어떤 무엇이 문제되는 구체적인 인간 상호간의 관계들에 있어서 우리는 한 순간이라도 이것이 의미를 가진다는 사실에 대해 의심하지 않는다. 그 경우에 의미요청은 그것의 내적 권리와 함께 명백하게 드러나 있다. 그 까닭은 사람들이 그러한 행위를 의미있는 것으로 전제해도 좋고 또 전제해야만 한다는 것이 그 경우에 명백하

---

[12] Albert Camus, *Le Mythe de Sisyphe. Essai sur l'absurde* (Editions Gallimard 1942) 15 참조.

[13] Maurice Blondel, *L'Action* (1893) (Paris 1950 제2판) VII 참조.

게 드러나 있기 때문이다. 그것은 내적으로 정당한 요청으로서 명백하게 드러나 있다.

그래서 우리는 마침내 다음과 같이 말할 수 있다. 삶에 있어서 전반적으로 의미를 고려함과 의미의 당연한 요청은 인간 현존재의 토대와 뿌리 안에 존재한다. 그러한 것은 조용하며 결코 강제하지 않지만 그러나 언제나 자유에 호소하는 소리로서, 즉 "생은 의미를 가지고 있다!"라는 신앙으로서 살아 있다. 이 소리에 참으로 자신을 여는 사람은 누구나 그것의 진리를 인식하게 될 것이다. 그것은 그에게 자신의 모습을 **나타낸다**. 물론 자유의 지평 안에서 생각이 이루어지는 곳 어디에서나 그렇듯이 강제적인 논증들이 여기에 거론될 수는 없다. 이 요청의 권리가 드러나는 윤리적 행위에서도 이미 자유의 사용이 전제되듯이, 자유는 그것의 근저에서 소리없이 그러나 알아들을 수 있게 말하는 그것에 자유로이 자신을 열지 않을 수 없는데, 그것은 결코 강제적인 것이 아니다.[14]

이것은 드러난 세번째의 중요한 실상, 즉 우리가 우리의 맥락 안에서 주목하지 않을 수 없는 세번째 사실이다.

4. 귀결: 무한하고 무조건적인 것이 존재한다

이제 마지막으로 우리는 지금까지 설명된 계기들을 그것들의 연관 안에서 평가해 보고자 한다. 이 세 가지 계기들, 즉 세계 내에서의 우리의 실제적 **현존재**, 실제적으로 우리에게 닥치는 "**더-이상-존재하지-않음**", 끝으로 실제적으로 우리의 생의 일부를 이루고 그것을 움직여 나가고 이끌어가는 근본적으로는 무조건적이며 전체적인 **의미구상**. 우리가 한편으로는 우리의 현존재와 그 경험

---

[14] 저자가 생각하는 바로는 저자의 이러한 숙고는 폴 틸리히가 그의 『종교철학』에서 전개하였던 것과 잘 일치한다. 틸리히는 여기에서 인간 현존재의 의미 해석학을 제시하는데 이것은 그에게 있어서 종교철학에 대한 그의 이해를 위해 근본적인 성격을 지닌다. M. Dessoir 편찬, *Lehrbuch der Philosophie*. 제2권(Berlin 1925), 재인쇄: P. Tillich, 『전집』 제1권, 상게서, 295-364.

들의 토대 위에서 무를, 또 다른 한편으로는 의미의 물음과 요청을 서로 연결 짓고자 한다면, 무엇이 알려지는가?

그럴 경우 우리는 일체의 현존재가 허무한 것으로서의 한없는 무에 의해서 피치 못하게 삼켜져 버리는 한, 본래 모든 것은 도대체 아무런 의미를 가지지 못한다는 것을 알 수 있다. 그것이 허무한 무로서 이해되었을 경우 무는 모든 의미를 파괴하는 것이다.

물론 이것은 우리가 실제적으로 우리에게 닥치는 무를 참으로 솔직하게 대면할 경우에만 명백한 것이 되는데, 이것은 이미 말했듯이 결코 자명한 것이 아니다. 그것을 생각하지 않고 당장의 것에 몰두해 유쾌히 살아간다는 것은, 여기에 그 어떤 의미가 있을지는 철두철미 의문스러운 것으로 남음에도 불구하고, 어쩌면 인간의 유익한 자기착각들을 위해 필요할지 모른다.

그러나 실제로 그렇듯이 모든 것이 언젠가 수포로 돌아가고 만다면, 잠시 동안 의미있고 좋았던 것 같았던 관계들이 정말로 의미있고 좋은 것일까? 특히 모든 것이 어차피 끊임없이 아무것도 아닌 것이 되어버릴 것이라면, 선과 악의 윤리적 구별은 진지하게 견지될 수 있는 것일까? 악과 선, 자유인과 노예 구별 없이 모두 마침내 무의 폐물이 되어 영원히 거기에서 잊혀지고 만다면, 일체의 것은 결국 똑같은 것, 즉 아무것도 아닌 것이 되고 말 텐데, 그럼에도 정의와 불의, 진리와 거짓, 자유와 굴종을 구분한다는 것이 정말로 어떤 의미를 가지는 것일까? 그럴 경우 근본적으로는 모든 것 역시 동일한 것, 즉 아무것도 아닌 것이다. 그럴 경우 거짓과 불의보다는 오히려 진리와 정의를 위해 투신하는 것이 왜 의미를 가져야만 하는 것인지 더 이상 이해될 수 없다. 그것이 허무한 무일 뿐인 것으로 이해될 경우, 무는 모든 의미구상과 모든 의미요청을 완전히 파괴해 버리고 만다.

현실적으로 위협적인 무와 의미를 구상하고 요청하는 현실적 현존재 사이의 이 모순은 — 알 수 있듯이 — 결코 단순히 추상적이고 형식적인 모순이 아니다. 허무한 무는 가장 내면적이고 모든 것을 움직이고 궁극적으로는 포기될 수 없는 그 계기 안에서 현실적 삶과 배치된다.

이 모순은 견지될 수 없으며 견지되어서도 안된다. 진리와 허위의 차이의 의미와 또 이와 유사한 차이의 의미를 우리는 포기해서는 안된다. 우리의 현존재의 가장 내면적 양심의 소리없는 음성은 이것을 우리에게 말하고 있다. 물론 우리가 그 음성에 우리를 개방하고 자유롭게 귀기울이는 한에 있어서만 그렇다. 우리는 의미를 포기해서는 안된다. 기본적인 윤리적 구분들이 의미있다라는 이 사실은 이 구분들이 구체적으로 제시될 경우에, 즉 그것과 관련해 우리가 더불어 사는 삶의 구체적 형태들, 예컨대 타인들에 대한 구체적 사랑이나 정의를 위한 또는 타인들의 자유나 이와 유사한 것들을 위한 구체적인 투신을 고찰한다면 이해될 수 있다. 그러한 연관들에서 가령 그러한 것이 아무런 의미를 지니지 못한다고 우리가 생각해도 괜찮은 것일까?

혹은 달리 구체적으로 말해보자. 우리의 이 세계 안에서 살아가는 불행한 사람들, 무고하게 고통당하는 수많은 사람들, 이 세계의 불의의 멍에를 지지 않을 수 없는 수많은 사람들을 우리가 생각해 볼 경우에, 우리는 그것이 결국에 가서 똑같은 것, 즉 무에로 귀착하고 마는 것이므로 이 모든 것은 본래 어떤 것이 되든 상관없다고 생각해도 괜찮은 것일까?

그것이 제기되지 않을 수 없는 그러한 식으로 구체적으로 우리가 물음을 제기한다면, 의미를 포기해서는 안된다는 것은 내게는 명백한 것 같다. 선한 것이 되든 악한 것이 되든, 의로운 것이 되든 의롭지 못한 것이 되든 등등 그 어느 것이 되든 상관없다고 우리들은 생각해서는 안된다. 무고한 사람의 고통이 이 고통을 불의하게 야기시키는 그런 사람들의 고통과 동일한 것에로 귀결된다고 우리들은 생각해서는 안된다.

이것이 올바로 이해되었다면 우리는 이제 다음과 같은 양자택일에 직면하게 된다. 앞서 전제하였듯이, 무가 그저 허무한 무일 뿐인 경우, 우리가 이를 시종 일관되게 생각한다면 일체의 것은 아무런 의미가 없든가, 아니면 일체의 것이 의미있으며, 이는 명백한 윤리적 근본 요구요 양심 자체의 소리이든가 하다. 이 경우에 무는 그저 허무할 뿐인 것과는 다르게 해석되지 않으면 안된다. 그것은 무로 말미암아 가능하다. 왜냐하면 앞서 보았듯이 무 자체는 뚜렷하지 않은 그 현상적 특성으로써는 해석되지 않기 때문이다. 그러니까 근본적으로는 그것을 이해할 수 있는 두 개의 가능성이 열려 있는 것이다. 따라서 우리가 일체의 것은 의미있다라는 명제를 고수하고 또 이 명제가 구체적으로 명백한 것인 한, 이 명제로 말미암아 무의 경험의 이중성은 명백한 것이 되게끔 결정될 수 있다. 그럴 경우 우리는 명백한 근거에서, 즉 의미요구를 견지하고, 희미하지만 분명한 양심의 소리와 그리고 이와 더불어 진리에 복종하기 위해 무를 결정해도 좋은 것이다. 그렇다면 의미있는 인간 현존재란 무가 그 무한성과 거기에서 아무도 피할 수 없는 그 권세로 말미암아 허무한 무가 아니며 오히려 무한하고 무조건적이며 일체의 것에 의미를 부여하고 간직하는 권세의 숨김 혹은 숨겨진 현전現前일 경우에만 가능하다고 우리는 말하지 않을 수 없다. **숨겨진 현전**: 소리 없이, 형태 없이, 암흑의, 어쩌면 소름끼치게 하는 것이지만, 그러나 현전하는 것이다.

 그것들의 결정적 계기들에 있어서 물론 자유에 의해서만 접근될 수 있는 현실적 관찰들과 이성적 추론들에 근거해서 사람들은 그것을 자유롭게 신앙해도 좋다. 사람들이 정의와 불의, 선과 악, 진리와 거짓의 구별을 전도시키고자 애쓸지라도, 무의 거대함과 무조건성은 특히 그 구별을 무조건적인 것으로서 견지하고, 일체의 의미를 보존하는 거대하고 무조건적이지만 그러나 불허不許되고 숨겨진 어떤 현실의 표징과 자취라고 믿어도 좋다. 그것은 무죄하게 고통을 당하는 자에게 상상할 수 없게 그의 현존재의 의미를 간직해 주는 권세인 것이다.

 그와 동시에 무는 그것이 암흑과 같고 현상적으로는 부정적인 것임에도 불구하고 어떤 긍정적인 내용을 드러냄을 알 수 있다. 그것은 **무한성**과 **무조건성**의 차원들을 보여준다. 그리고 그 차원들을 보여주면서 무는 이것들을 관철시킨다. 그것의 무한성과 무조건성은 이제 **권세**로서 나타나는데, 그것은 물론 유한한 책략들에 있어서 권력이라고 지칭되곤 하는 일체의 것과는 완전히 다른 종류의 것이다. 그리고 그것의 소리 없는 이 권세 안에서 무는 일체의 유한한, 특히 일체의 인간 생에 대해서 그 **의미**를 보증하고 보존한다는 것을 보여준다. 즉, 그것은 일체의 생을 정당화하고 충만케 할 수 있는 그것이다. 마침내 그것은 일체의 이 긍정적 특징들을 신비의 방식으로 드러낸다. 왜냐하면 대단히 의미심장한 것으로 나타나면서도 동시에 그것의 불가해한 부정적 특성으로 말미암아 가장 철저하게 자신을 감추는 그것을 우리는 신비라고 일컬을 수 있기 때문이다.

일체의 의미를 보존하고 일체의 의미를 결정하는 무한하고 무조건적이며 일체의 것을 요구하는 신비스런 권세에 대한 신앙은 그래서 이성적으로 확증된 신앙일 수 있다. 물론 그 신앙은 그 결정적 순간들을 맞서서 아무도 강제하지 않는 통찰들에 의거한다. 그러나 이것은 현실적 통찰들이 중요할 수 있다는 사실에 아무런 걸림돌이 되지 않는다.

5. 지금까지 언급된 것에 대한 설명들

이 기본적인 숙고들에 몇 가지 생각들이 그것들을 설명하기 위해 첨가되지 않으면 안된다.

가) 무한하고 무조건적인 것의 나타남으로서의 무 자체

위에서 기초된 발단에서부터 무한한 권세는 무에 의해서 마치 공간처럼 둘러싸일 만큼 그렇게 예컨대 무한한 무 **안에** 감추어져 있는 것은 아닌가라는 생각이 어쩌면 들 수도 있다. 사람이 들어설 수 있는 어두컴컴한 공간의 모델은 바로 이 생각에로 오도誤導할 수 있었다.

단지 우리의 경우에 있어서만 그 "안에서"라는 표상은 아무런 의미도 없다. 우리에게 다가오고 우리가 거기에로 접근해 가는 그 무의 어둠 안에는 필시 어떤 무엇이 감추어져 있다는 것이 어쩌면 배제될 수 없을지도 모른다. 그럴 경우 그렇게 생각될 수 있는 어떤 무엇만으로도 "어떤-무엇이-아님" 그리고 이 의미에서 무의 한없는 공간을 그 편에서 다시금 자신의 주변에 가지게 될 것이다. 이 공간은 우리가 존재하는 사물들의 대열을 죽음과 무의 한계를 넘어서 아무리 연장시켜 생각할지라도 남게 될 것이다. 왜냐하면 우리가 무엇을 그렇게 생각해 내든간에 그것을 넘어서 구상된 이 어떤 무엇은 그것에 다가와서 의문에 붙이는 여전히 한결같이 무한하고 한결같이 피치 못할 그 무에 직면하여 무슨 의미를 가지고 있는 것인지 여전히 질문되어야 할 것으로 남기 때문이다.

달리 말한다면 우리의 현존재의 의미전제와 피치 못하게 위협적인 무한한 무 사이의 구체적 모순은 무 **자체**가 — 그러니까 그것 **안에서**가 아니라 — 무한한 권세의 접근을 불허하는 현전現前이라는 것이 믿어질 경우에만 비로소 의미 있게 해결된다. 무는 그 자체로 다름아닌 무로서 모습이다. 즉, 무한한 권세의 자신을 드러냄 혹은 현상적임의 방식이다. 오직 이렇게 생각함으로써만 그것은 의미가 있다.

이와 동시에 우리가 앞서 언급하였던 한스 알베르트의 뮌히하우젠의 세 가지 상호모순된 결론의 논증이 해결된다. 왜냐하면 이 무와 그 신비는 비록 그것이 잠시나마 연기되었을지라도 언제나 또다시 스스로 복원되기 때문이다. 그것은 넘어갈 수 없는 것이며, 인간이 그저 원한다고 해서 붙잡아질 수 있는 그러한 것이 결코 아니다. 또한 그것은 면역전략免疫戰略들에 의해서 방어될 필요도 없다. 그것이 피치 못할 것으로서 알려짐으로써 그것은 자기 스스로를 방어한다.

물론 뮌히하우젠의 세 가지 상호모순된 결론은 무한한 신비가 단순히 더 거대한 존재자일 뿐인 것으로서 해석될 경우에 또다시 복원되고 만다. 왜냐하면 그러한 경우에 다음과 같은 물음이 질문되지 않을 수 없기 때문이다. 그럼 이 존재자는 무슨 의미를 갖는 것인가? 혹은 다음과 같이 질문될 수도 있겠다. 그럼 이것은 어디에 기초해 있는 것인가? 그리하여 사람들은 무한한 역행을 하게 되거나 아니면 이 역행을 그저 고의적이며 독단적으로 중단하게 될 것이다.

이것을 **칸트**는 이른바 입증된 신으로 하여금 스스로 다음과 같이 묻게 하는 『순수이성비판』의 그 부분에서 이미 언급하였다. 나는 도대체 어디에서부터 유래한 것인가?[15]

---

[15] I. Kant, *Kritik der reinen Vernunft*, B 641/A 613 참조.

오로지 순수하게 "어떤-무엇이-아님"만이 그 신비스런 권세를 지닌 채 그러한 양자택일을 벗어난다.

나) 존재자를 뛰어넘어서

이것을 견지한다면, 무한한 권세는 엄격한 의미에 있어서 아무런 존재자일 수도 아무런 어떤 무엇일 수도 아무런 실체일 수도 없다는 것이 우리에게 명백해진다. 무한한 권세가 현재함으로써의 무無는 "어떤-무엇이-아님"으로써 어떤 무엇의 타자이다. 마찬가지로 그것은 "존재자가-아님"으로써 존재하는 일체의 것에 대한 타자이다.

존재자란 존재가 그것에 귀속되기 때문에 언어적으로도 인정될 수 있는 어떤 것이다. 그러나 존재가 다만 귀속될 뿐인 그것에는 어쩌면 존재는 귀속되지 않을 수도 있다. 그것은 사실상의 것이며 사실상의 것으로서 그것은 필연적인 것이 아니며 필연적이지 않은 것으로서 그것은 제한된 것이다. 그러나 무 안에서 우리를 기다리는 거대한 신비는 일체의 그러한 제한과 사실성事實性을 뛰어넘어서 그리고 이렇게 하여서 엄밀한 의미로 존재자라고 불릴 수 있는 일체의 것을 뛰어넘어서 존재한다. 그런 까닭에 토마스 아퀴나스는 신은 존재자의 일체의 범주를 뛰어넘어서 존재한다고 말하였던 것이다.[16]

이 사태로 말미암아 종교언어에는 근본적인 어려움이 따르게 마련이다. 왜냐하면 우리가 우리의 언어의 방법들과 규칙들을 따르고자 한다면, 우리는 없는-것das Nichts이라고 말하지 않을 수 없기 때문이다. 그것은 우리가 산der Berg 또는 골짜기das Tal 또는 자동차das Auto 등이라고 말했을 때와 같은 방식이다. 마치 우리의 세계의 어떤 대상이나 사물이 문제가 되는 듯이 우리는 명사적 형태

---

[16] 이에 대해서는 "quod deus non sit in aliquo genere", 즉 "신은 존재자의 어떤 범주들로써도 파악될 수 없다"라는 명제에 대한 토마스 아퀴나스의 상술을 참조하라. 이 명제는 토마스에게 있어서 『신학대전』에서도 『이교도 비판 대전』에서도 결정적 자리에서 전개되고 있다. 참조 *S. th.* I, 3, 5; *S. c. gent.* I, 25. 이에 대해서는 저자의 논문 *Bemerkungen zum Gottesbegriff des Thomas von Aquin*, 수록: *Zeit und Geheimnis. Philosophische Abhandlungen zur Sache Gottes in der Zeit der Welt*, Freiburg i.Br. 1975, 219-228을 참조하라.

들을 관사와 더불어 사용하고 있다. 그러나 바로 이것이 여기에 논의되고 있는 경우에 대해 적용되지 않는다. 따라서 "무"das Nichts라는 언명의 내용은 그것의 서술방식을 능가한다. "무"라는 표현은 그것의 형식상 그것의 내용에 부적절하다. 그것은 그 내용에 의해서 그 자신의 언명 형식을 능가하여 마침내 더 이상 도대체 언명될 수 없는 것을 가리켜 보인다. 따라서 이 표현될 수 없는 것을 언어적 형식 안에서 적절히 파악할 수 있는 가능성이란 언어에는 남아 있지 않다. 언어를 넘어서 지시해 보임은 스스로 여전히 언어의 형태 안에 머물러 있는 것이다. 즉, 그것은 언명으로 머물러 있는 것이다.

그것들을 무의 무한한 권세에 속한다고 우리가 인정하지 않을 수 없는 계기가 되었지만 그 점에서 숨겨진 것으로 나타난 그 특별한 특징들과 관련하여 유사한 것이 언급될 수 있다. 우리는 다시 한번 그것을 언급하지 않으면 안된다.

우리는 무가 부정적으로 나타남에도 불구하고 긍정적으로 이해될 수 있다고 말하였다. 이 긍정적 특성을 강조하기 위해서 "권세"라는 표현이 좋다고 생각되었다. 더 나아가서 우리는 권세의 무한함과 구체적인 무조건성에 관하여 말하고, 이 감추어진 무한한 권세가 모든 것에 대해 일체의 의미를 간직하고 부여하고 이 점에 있어 일체의 것을 심판하고 결정한다는 것에 관해서 말할 수 있는 기회를 발견하였다. 그런 까닭에 우리는 일련의 외관상의 특성들과 같은 것을 열거하였다. 그것들은 무한한 권세가 명제주어Urteilssubjekt로서 등장하는 그러한 명제들의 일련의 술어들 안에서 표현된다. 하지만 이 명제의 형식은 여기에 문제가 되고 있는 사안을 고려할 때에 견지될 수 없다. 만약 아무런 어떤 무엇도, 즉 아무런 존재자도 없다면, 이 어떤 무엇의 특성들을 생각해 내어 술어들로서 언명한다는 것 역시 아무런 의미가 없다. 무한한 권세가 존재자의 일체의 범주들을 뛰어넘어 존재하는 것이라면, 그것은 그것들의 도움으로 우리가 존재자가 무엇이라고 말하곤 하는 그 일체의 명제들과 술어들을 뛰어넘어 있는 것이다. 따라서 언명들은 우리가 다루는 주제의 경우에 있어서 그것들이 말로 표현하고 또 말로 표현하고자 하는 그것에 의해서 재차 그것들의 언명 형식을 붕괴시킨다. 그것들은 자기 나름으로 말로 나타낼 수 있는 일체의 것을 뛰어넘어서 있는 영역을 시사하는 것으로서만 이해될 수 있다.

그렇지만 다른 한편으로는 거대한 신비의 긍정적 특성, 즉 무한성·무조건성 그리고 의미 부여의 힘에 대한 이 언명들이 무의미하지 않다라는 것이 지적되어야만 한다. 왜냐하면 그것들의 의미는 우리의 숙고들의 과정에서 현상적으로 드러났기 때문이다. 그것들은 어떤 것을 말하고 있지만, 그러나 그것들이 말로 표현하는 그것은 언어적 언명 형식으로 적절히 표현될 수 있는 것을 넘어서 있다. 언어는 그 자체로서는 더 이상 언명될 수 없는 신비를 늘상 지시해 보인다.

그래서 무한자는 일체의 어떤 것을 뛰어넘어, 또한 일체의 명제마저 뛰어넘어 그것의 신비 안에 머문다. 그때문에 우리는 원하는 대로 그것에 대해 알 수는 없다. 하물며 그러한 앎을 완성된 명제들 안에 확정짓고, 말하자면 정리해 마무리지을 수는 없다. 그렇지만 드러나고 또 그것이 드러나고 언표를 정당화시키면서 동시에 이 언표를 능가하는 몇 가지에 대해 말할 수 있는 근거가 있다.

다) 현상학적 차이

그러나 우리는 우리의 숙고의 또 다른 한계도 주목하지 않으면 안된다. 우리는 신비스런 현상을 그것의 권세, 그것의 무조건성, 그것의 무한성이라고 일컬어졌던 것 안에서 파악하려는 꽤 면밀한 노력을 기울였다. 그러나 우리가 더 계속해서 할 수 없는 한, 여기에서 이미 종교적 의미의 어떤 신에 대해서 말할 수 있는 것일까? 우리는 신적인 것의 영역에 그리고 그 결과로 특별히 종교적인 영역에 이미 와 있는 것일까?

실제로 지금까지는 한편으로는 우리의 숙고들의 결과와 또 다른 한편으로는 신적인 신 사이에 **현상학적 차이**와 같은 어떤 것이 여전히 존재한다. 이 차이에 대해 특히 마틴 하이데거는 강조해서 환기시켰다. 자체원인causa sui은 철학에서 신에 대한 전문술어적 명칭이다라고 그는 쓰고 있다. 그리고 이어서 그는 글자 그대로 계속해서 이렇게 쓰고 있다. "이 신에게 인간은 기도할 수도 없고 봉헌할 수도 없다. 자체원인 앞에서 인간은 경외심에서 우러나와 무릎을 꿇을 수도 없으며 이 신 앞에서 음악을 연주하고 춤을 출 수도 없다."[17]

우리는 이 차이를 여기에 명확히 깨닫도록 한다. 그것은 망각되어서는 안 된다. 이 중요한 사정을 우리는 후에 다시 언급할 기회가 있을 것이다.

6. 이 노정의 비판

끝으로 이른바 자연신학 natürliche Theologie에 대해 신학적 측면으로부터도 철학적 측면으로부터도 제시되었고 또 제시되고 있는 비판을 고려해서 다시 한번 이 전체 숙고를 검토하는 일이 남아 있다.

가) 신학적 비판

신학적 비판은 대개 인간의 입장에서 밝혀졌거나 입증된 절대자란 인간에 종속된 것일 테고 그러한 것으로서는 그것의 절대성과 또 궁극적으로는 그것의 신성神性을 박탈당한 것일 터이다. 예컨대 폴 틸리히는 신존재 증명들과 관련해서 그가 그것들을 알고 있었던 한에 있어서 그렇게 논증하였던 것이다.[18] 적지 않은 다른 저자들이 유사하게 판단하였다.

거기에 대해 우리는 이 이의가 신을 유한하게 사고운동을 하면서 유한하게 존립하는 것으로서 이해하여 사유의 유한한 소재에서부터 구성하려는 사고 과정들에 대한 것인 한에서 옳다고 말할 수 있다.

그러나 유한한 인간 현존재의 입장에서 무한성을 무조건적으로 요구하는 무의 모습 안에서 **본다는 것**sehen은 완전히 다른 것이다. 즉, 그것이 자기 스스로를 알리고 보게 한다는 사실에 이르게 되면 그것은 완전히 다른 것이다. 그러나 그것이 자기 자신을 알리고 보게 한다면, 그것은 인간적 구성이 아니다. 그

---

[17] *Die onto-theo-logische Verfassung der Metaphysik*, 상게서, 70.

[18] 예컨대 P. Tillich, *Die Überwindung des Religionsbegriffs in der Religionsphilosophie*, 수록: 같은 이, 『전집』제1권, 상게서, 365-388을 보아라.

럴 경우 그것은 인간에 의해서 만들어진 것이 아니라, 비록 감추어진 것 안에 서이긴 하지만, 그 스스로 인간을 이미 언제나 요구하고 있는 것이다.

이것은 마침내 무한한 권세를 가리키는 인간 현존재의 의미구상에 대해서도 해당된다. 의미구상은 우리가 보았듯이 인간 현존재에 속하는 것이지만, 그러나 인간이 그것을 마음대로 할 수 있을 정도로 인간 현존재에 속하지 않다는 것은 분명하다. 인간은 의미구상을 회피하거나 그것을 변조하면서 달리 해석할 수 있다. 그러나 그럴 경우에 또한 여전히 이 운동들 안에서 인간은 살아진 의미구상에 의해서 지탱되고 있다. 그렇기 때문에 인간이 의미구상을 창출한다기 보다는 오히려 의미구상이 인간을 창출하고 그의 현존재를 가능케 한다고 말하지 않으면 안된다. 의미구상 역시 주관적 구성이 아니다. 의미의 구체적 요청, 그뿐 아니라 마침내 무조건적 의미의 요청이 구체적인 같은 인간의 상황 안에서 인간을 부른다. 인간이 그의 개인적 착상에 의해서 이 부름을 생겨나게 하는 것이 아니다.

따라서 우리의 생각은 무조건적인 것으로서 이미 언제나 그 스스로 우리를 요구하는 것을 **찾아내기**만 할 수 있었다. 생각이 인간과 유한성의 입장에서 무조건적인 것을 구성하는 것이 아니다. 따라서 그것은 폴 틸리히와 여타 많은 사람들이 선언하였던 신학적 유죄선고에 지배되지 않는다.

나) 철학적 비판

그러나 그러한 생각에 대한 철학적 이의들은 어떠한가?

이 철학적 이의들은 그것이 한편으로는 규정될 수 있는 유한하고 사실적이며 따라서 경험적인 존재자에 확정되어 있다라는 실증과학적 사고의 특성에 의거하고 있다. 이 확정에 따라서 이런 유의 존재자만을 주시한다면, 무조건적이고 절대적인 것에 대한 물음은 물론 필연적으로 탈락되게 마련이다. 그러나 이 제한이 전적으로 옳은 것인가는 입증되지 않았다. 이 점을 — 우리가 보았듯이 — 이미 초기 비트겐슈타인은 알아채었다. 물론 이에 동의하고자 하는 한에서, 무한한 신비가 자기 자신을 알린다는 것을 우리는 **보여주지** 않으면 안된다.

그런데 바로 이 점이 우리의 숙고의 의미였다. 이렇게 하여서 그것은 원칙적으로 일체의 실증주의적 사고의 지평을 넘어선다.

그외에 신에 대한 생각에 반대하는 중요하고 진지한 적극적 이의, 즉 절대적 신은 인간의 주관성의 한 투사Projektion이다라는 이의가 있다. 루드비히 포이에르바흐는 이 종교비판적 견해의 고전적 주창자이다. 칼 마르크스는 이 견해를 넘겨받았으며 지그문트 프로이트S. Freud 역시 그러한 길을 밟았고 그것을 정신분석학적 숙고들을 이용해서 해명하였다.

투사이론은 반박되기가 쉽지 않다. 외부세계의 현실조차 투사로 해석될 수 있다면, 오히려 절대자 혹은 신에 대한 신앙은 훨씬 더 그렇다는 것은 의심할 나위 없다.

그렇기는 하지만 우리의 숙고들을 고려할 때에 분명 죽음은 투사일 뿐만은 아니다라는 것이 지적될 수 있다. 만일 죽음이 투사라면, 그것에 대한 생각은 성공적으로 지워져 버릴 수 있을 것이다. 그러나 죽음이 아무런 투사가 아니라면, 죽음과 더불어 나타나는 미구의 "존재하지-않음" 역시 아무런 투사가 아니다. 그렇기 때문에 사람들은 그것을 회피할 수 없으며, 다만 그것으로부터 눈길을 돌릴 수 있을 뿐이다. 그러나 그 경우에 이렇게 눈길을 돌리거나 도피함은 오히려 우리의 소망들의 투사인 것이다. 게다가 눈길을 돌린다고 해서 사실 자체가 없어질 수 있는 것이 아니다. 도래하는 "존재하지-않음"은 우리가 바라는 생각들이나 투사들과는 무관하게 도래하는 "존재하지-않음"으로 머문다.

또한 의미를 추구하는 생으로서의 생과 구체적인 같은 인간의 현존재와 관련하여 의미를 믿는 것은 아무런 투사도 아니다. 인간이 스스로에게 구상할 수 있는 의미의 그때그때의 구체적 해석들은 혹시 투사들일 수 있다. 그러나 그것들은 일체의 생이 의미를 지향하는 생임을 이미 언제나 전제하고 있다. 의미를 추구하면서 살아가고 같은 인간 현존재의 의미를 지각한다는 것은 기본적인 경험들에 속한다. 우리가 그것들을 주관적으로 구상하고 투사한 것이 아니다. 그런 까닭에 그것들은 또한 우리의 자의恣意에 의해 지배되는 것이 아니다.

폴 틸리히 역시 이 점을 환기시켰다. "심리학적이고 사회학적인 요소들이 얼마나 강력한 것이든간에 그것들 자체가 조건지어진 것이다. 그리고 그것들에 저항하고 그것들로부터 예컨대 '아버지상' 혹은 '사회적 양심'으로부터 해방될 수는 있다. 그러나 도덕적 명령의 무조건적 성격으로부터 해방되는 것은 가능하지 않다. 인간은 어떤 특정의 정신적 내용을 또 다른 내용을 위해 무시할 수는 있지만, 도덕적 명령 자체를 무시할 수는 없다."[19]

---

[19] P. Tillich, *Das religiöse Fundament des moralischen Handelns*, 수록: 『전집』 제3권. R. Albrecht 간행 (Stuttgart 1965) 24.

신에게로 향한 두번째 노정의 구상

우리에게 다가오는 무에 대해 또 다른 무, 즉 우리가 거기로부터 유래하는 그런 무가 있다는 것을 우리는 위에서[1] 지적하였다. 우리는 이제 이 무를 다루어야 하는데, 그러니까 지금까지 우리를 이끌던 방향과는 반대되는 방향에서 바라보지 않으면 안되는데, 그것은 이 방향에서 마찬가지로 신의 무한한 권세와 같은 어떤 것이 나타나는지 보기 위해서이다.

1. 우리 뒤에 놓여 있는 무無

우리가 언제나 현존재하지 않았다는 부정할 수 없는 평범한 앎이 있다. 즉, 우리의 지난날의 "비-현존재"가 존재한다. 이것은 우리의 현존재의 예컨대 물리학적이고 생물학적인 전제가 옛부터 존재하지 않았다라는 것을 뜻하지 않는다. 그러나 "내가 현존재한다" 혹은 "우리가 현존재한다"라고 말할 경우 우리가 말로써 표명하고 언명하는 그것은 우리의 출생 이전에는 없었다. 경험의 이 구체적인 열린 공간은 (나의 경험을 하는 것은 언제나 나이기 때문에) 지속적으로 그것이 열려 있음으로써 자기 자신과 재차 연관되어 있고 또 (행위하면서 나의 세계 내에서 활동하는 것은 언제나 나이기 때문에) 지속적으로 생을 실행하면서 나에게서 출발해서 세계와 연관되어 있다. 이것은 인간 현존재의 모든 개별 경우에 있어서 새로운 시작으로서 그 자신이 완전히 "존재하지-않음"을

---

[1] 위 61쪽 이하를 참조하라.

극복하고, 말하자면 이를 자신에게서 밀쳐내는 각각 전혀 새로운 어떤 것이다.

그런데 "내가 존재한다"라는 이 사실은 대체될 수 없는 각각 나의 것이다. 왜냐하면 다른 누구도 나일 수 없기 때문이다. 그렇다면 나의 이전의 "존재하지-않음" 혹은 무無 역시 각각 나의 것이다. 즉, 그것은 나의 현존재의 입장 안에서 지양止揚된 것으로서의 특정의 부정이다. 우리는 누구나 그것으로부터 우리가 동시에 자신을 밀쳐내고 마찬가지로 우리의 존재 안에서 지양하는 우리 자신의 이전의 그 "존재하지-않음"과 더불어 우리 자신으로서 괄호쳐져 있다.

그러나 이 각기 나의 것임Je-meinigkeit으로 말미암아 우리는 "내"가 단순히 고립된 한 지점이라는 잘못된 생각을 가져서는 안된다. 오히려 나는 세계를 경험하면서 이 세계에 다양하게 관여하면서 언제나 구체적으로 타자들과 더불어 세계 내에 존재한다. 나는 세계, 즉 같은 인간의 세계, 자연의 세계, 세계 일반을 소유하면서 존재한다. 이것은 우리의 물음을 위해서 다음과 같은 것을 의미한다. (그것이 나의 또는 우리의 것인 한에서) 나의 또는 우리의 전세계는 언젠가 현존재하지 않았으며 따라서 전반적으로 그 자신의 무에서부터 생겨난 것이다. 같은 인간의 세계로서, 사회적 세계로서, 역사적 세계로서 나와 우리에 속해 있는 그것은 이전에는 존재하지 않았다. 우주적 과정에 대한 우리의 이해, 즉 우리가 거기에로 들여보내졌음과 동시에 거기에서부터 자유롭게 되었다고 느끼는 그 더 거대하고 더 오래된 세계에 대한 우리의 이해 역시 이전에는 존재하지 않았다.

그러나 아무도 보지 못하고 그래서 — 아무튼 — 이해하지 못할 우주적-물리학적 과정으로서의 세계인 것은 전혀 더 이상 말로 나타낼 수 없다. 질문하는 사람이 아무도 없었던 때가 오랜 동안 언젠가 존재하였다고 사람들이 여전히 **말할** 수 있는 한에서, 인간과 말이 없는 이전의 이 세계는 여전히 (또는 이미) 우리의 언어의 세계에 속하며, 따라서 그것은 관점상觀點上 **우리의** 세계이다. 그러나 우리가 이것마저 완전히 떼어내어 물리학적 구성물을 완전히 스스로에 맡겨두려는 — 물론 언제나 소용없는 — 시도를 벌인다면, 오로지 침묵과 밤만이 여전히 남아 있을 것이다. 하지만 세계란 더 이상 남아 있지 않다.

이와 관련해서 우리는 다음과 같이 말할 수 있다. 우리의 세계 내에 있는 우리와 같은 사람들과 더불어 "현-존재하는 자들"로서의 우리와, 그리고 이와 더불어 어느 의미로든 우리의 세계인 이 모든 것과 이 전체는 그것의 과거의 무를 지양된 것으로서 또 영원히 그것에 속하는 것으로서 배후에 가지고 있다. 사람들은 이 언명이 물리학적 세계과정의 물리학적 지속에 대한 명제는 아니지만, 그러나 학으로서의 물리학의 지속에 대해 말하는 명제라는 것을 알게 될 것이다.

이렇게 고찰해 볼 때에 우리는 우주적 과정이 이미 무한히 오래 지속해 오는 것인지 아니면 유한한 어떤 시간에 앞서 시작한 것인지라는 물음을 더 이상 추적하지 않아도 좋다. 그러한 물음은 칸트가 초월적 관념들의 첫번째 모순으로 제시한 그 난점들에로 이끌어가고 만다.[2]

2. 무無 그리고 어떤 무엇의 설명 필요성

우리의 현존재 또는 그 어떤 현존재가 그 자신의 무 또는 "존재하지-않음"에서 유래함과 동시에 이 출처를 밀어내고 자신 안에 지양함으로써 새로운 것으로서 현존재하는 그 지점에서 이제 특유의 긴장이 존재자의 존재 안에서 생겨난다. 존재자의 존재 안에서 이 연관을 탐지하는 즉시 우리의 사유함Denken은 그 긴장을 알아차린다.

사유함은 다음과 같은 상황에 직면하게 된다. 새로운 현존재는 자체로 명백하지 않고 자신과 일치하지 않는 것으로서 사유함에 나타난다. 그것은 자체로 불명료한 것이기 때문에 우리의 이성적 시선으로는 설명되지 않은 것이 된다. 이 미해명과 불명료함으로 말미암아 사유함에 있어 어떻든 설명해야 될 필요가 생겨난다. 이전에는 현존재하지 않았던 이것이 왜 혹은 어떤 출처에서 이제는 현존재하는 것인지 혹은 이와 유사한 질문들이 어떻게 일컬어지든 우리는 질문한다.

---

[2] *Kritik der reinen Vernunft*, A 426ff. 참조.

이 경우에 설명을 필요로 하는 것은 누구인가 혹은 무엇인가?

그것은 우선 우리의 **사유함**이다. 세계의 현상들이 그것에 대해 설명되지 않은 것이고 따라서 수수께끼인 한에서, 사유함은 그것들에 직면해서 자기 자신과 합치하지 못한다. 그러나 사유함은 자기 자신과의 일치를 필요로 한다. 자기 자신과 일치하고 자신 안에서 안정된 것일 수 있기 위해서는 사유함은 모든 현상들의 출처에 대한 설명을 필요로 한다. 그런 까닭에 사유함은 질문하면서 설명을 앞서 구상한다. 어째서, 무엇 때문에, 어디에서 이것이 지금 여기에 존재하는가? 질문은 질문하면서 "무엇 때문에"를 혹은 근거를 구상한다. 질문은 존재하는 그것에 대해 탐색하면서 "무엇 때문에"를 미리 구상한다. 사유함은 자기 자신과 다시 합치되기 위해서 이 "무엇 때문에"를 탐색하고 구상하는 것이다.

그러나 거기에서부터 사유함이 "무엇 때문에"를 묻게 되는 사유함의 필요의 이 구상은 사유함이 필요로 하는 것일 **뿐만**이 아니다. 마찬가지로 또 그 이전에 숙고된 사실이, 그것의 무에서 생겨난 어떤 무엇이 그것을 필요로 한다. 우리의 그와같이 중요한 경우에 있어서 사유함은 자기 자신을 사유하는 것이 아니다. 그것은 그것의 사실에 대해서 관심을 기울이고 있는 것이다. 그것은 그것의 사실, 즉 이전에는 아직 존재하지 않았던 이 새로운 사실을 보고 있는 것이다. 이 봄Sehen에 대해 **사실 자체**Sache selbst가 그것이 설명되어 있지 않으며 설명을 필요로 한다는 것을 보여주고 있는 것이다. 또는 달리 표현한다면, 단지 자체로만 볼 경우 그것이 자신과 합치하지 못하다는 것을, 그것이 자체로는 존재하는 것으로서 있지 않으며, 오히려 그 자체로는 의심스럽고 일정치 않으며 해명되어 있지 않다는 것을 그 사실은 가리키고 있는 것이다. 이 의심스러움과 해명되어 있지 않음을 보이면서 그것이 존재하는 것으로서 있고 (미심쩍고 불투명한 대신에) 지속적이고 명백하게 존재하기 위해서는 설명하는 자를 필요로 한다는 것을 그 사실은 가리키고 있다. 바로 이 설명자 안에서 그것은 자신과 합치하고 또 그러한 합치 안에서 완전한 의미로 **존재**할 수 있을 것이기 때문이다.

사실의 입장에서 그렇게 요구된 것은 (비록 그것이 아직은 사유함을 위해 찾아내진 것은 아닐지라도) 기초짓는 근거로서, 즉 **그것으로 말미암아** 사실이 그것의 무로부터 생겨나 존재 안에 확정지어져 있으며 존속하는 그것으로서 나타난다. 따라서 사유함에 대해 설명이 필요함은 사실의 견지에서 근본적으로 요구되는 것이다. 그것은 사실의 견지에서 사유함에 나타나며 존재자의 각기 새로운 존재의 경험 안에서 명백해진다. 있는 그대로 우리가 보았기 때문에 우리는 존재자의 존재에 대해 해명하는, 즉 사실을 명료하게 해주는 근거를 묻는, 즉 요구하는 것이다.

자신의 경험들에 정직하게 자신을 개방하는 사람은 누구나 이것을 보고 인식할 것이다. 이 경험은 사후에 이차적으로 변경될 수 있다. 예컨대 존재자의 존재 안에서 단지 특정의 요소들만이 주목됨으로써 전체적이고 있는 그대로의 경험이 더 이상 완전하게 인지되지 않을 수 있다. 정밀과학에서 부분적으로 또 충분한 근거를 가지고 그렇게 행해지는 것이다. 거기에서는 근거에 대한 물음이 (그리고 이와 더불어 함축적으로 또한 이미 전체 "원인-결과-관계"가) 단순히 형식적-기능적 연관에로 축소된다. 이렇게 하는 것은 방법적으로 현저한 장점들을 가진다. 그러나 이 장점들로 말미암아 그러한 축소가 어쨌든 하나의 축소, 즉 우선 자신을 보여주는 것이며 또 우선 "자신을-보여주는 것"으로서 사유함 안에서 경험되는 그것의 축소라는 사실이 방해되는 것은 아니다. 즉, 그것의 무로부터 생겨난 모든 새로운 사실은 전체적인 것으로서 그것의 등장에 대해, 즉 그것의 새로운 "거기에-있음"에 대해 그것이 "거기에-있음"을 지탱해줌과 동시에 분명하게 하고, 확정짓고 존재로서 성취시키는 어떤 해명하는 논거를 필요로 한다는 사실이 그러한 장점으로 말미암아 방해되는 것이 아니다.

그런 까닭에 근거에 대한 물음은 거절될 수 없으며 그것이 결국에는 당혹스럽게도 예컨대 칸트와 최근에 한스 알베르트가 주의를 환기시켰던[3] 그 물음에로 이끌기 때문에 금지될 수는 더욱더 없다. 그러나 우리의 사유함은 여기에 우리가 고찰하였던 경우들에 있어서 "왜"라는 물음을 제기할, 즉 해명하고 새로운 존재를 지탱해 줄 수 있는 근거를 탐색할 권리를 참으로 가진다.

---

[3] 상게서(Albert)를 보라.

그래서 이 근거가 아직은 발견된 것이 아님은 확실하다. 그러나 우리는 그러한 근거가 존재한다고 가정하고 이 전제를 토대로 행위할, 다시 말해 전제된 근거를 탐색할 이유를 갖고 있다. 우리는 이와 관련하여 인과율적 명제가 아니라, 경험 안에서 입증된 근거-(내지 인과율적) **전제**Voraussetzung의 그 권리에 대해서 신중히 말한다. 이것은 전제로서 동시에 사유함에 대한, 즉 전제되어도 좋은 그것을 탐색해야 될 의무이다. 그것의 권리는 사실 그 자체가 스스로 보여주는 것에서부터 나온다.[4]

3. 근거들의 대열

우리가 이 근본 전제로부터 문의된 근거를 탐색한다면, 우선 그리고 대부분 우리는 그것을 발견한다. 우리의 구상은 구체적 경험에서 판명된다. 그 안에서는 실제적인 근거들이 끊임없이 되풀이하여 발견되는데, 그것들은 어떤 것이 왜 그렇게 생겨났는지를 설명할 수 있는 것들이며, 또 그렇게 발생한 이것이 어디로부터 그렇게 발생하게 되었고 그것에로 결정되었는지 그것들로 말미암아 명백해진다. 많은 경우들에 있어서 근거의 발견은 질문하고 탐색하는 사유를 확인하면서, 동시에 이것을 성취하고 이렇게 해서 설명되어야 할 사실 자체를 성취한다. 그러나 성취는 두번째의 근거 발견이다. 그것은 오로지 사유하는 구상만으로 이루어지는 것이 아니라, 새로운 경험에서부터 새롭게 출현하고 구상을 확인하는 그것에 의해서 이루어진다.

생물학적 연관에서이든 혹은 물리학적 연관에서이든 아니면 그 어떤 연관에서이든 그러한 근거가 발견되면, 새로운 것은 당분간 설명된 것이고 그렇게 되면 설명된 것으로서 우리가 이해할 수 있게 명백하고 확고한 것으로 있게 된다. 그것이 그렇다는 것을, 그것의 논증을 토대로 그것이 그러한 것이어야만 함을 우리는 본다.

---

[4] H. E. Hengstenberg, *Zur Frage nach dem Ursprung des Kausalbegriffs*, 수록: *Zeitschrift für philosophische Forschung*, 제27권 (1973) 237-245 참조.

우리는 단지 때때로 어떤 근거를 발견하는 것만이 아니다. 우리가 끈기있게 또 계획적으로 탐색하기만 한다면, 명백히하는 근거를 우리는 규칙적으로 발견한다. 규칙을 보편적 명제로서 예컨대 "일체의 것은 그 이유를 갖고 있다"라는 형식 안에서 말할 수 있을 만큼 그렇게 규칙적으로 우리는 명백히 해주는 근거들을 발견한다. 그럴 경우에 그것은 인과율적 명제이다. 그것은 구상된 것은 또한 발견된다는 규칙적인 경험에서부터 질문하는 구상을 토대로 생겨난다. 그 명제는 **입증된** 것이며, 입증된 이론으로서 그것은 예컨대 칼 포퍼가 생각하는 의미로써 그렇게 가장 잘 이해되는 것이다.[5]

인과율적 명제는 경험과학 전체가 그것에 기초할 정도로 대단히 잘 입증된 것이다. 근거를 기초짓는 것 혹은 원인을 야기시키는 것이 순전히 기능적 연관("a이기만 하면, 또한 b이다")을 위해 거의 완전히 고려되고 있지 않을 경우라도 그렇다. 물리학의 기초과학에서는 실제로 그럴지도 모른다. 그러나 이것은 실제로 나타나는 것 전반으로부터, 즉 근거의 전제가 언제나 재차 판명된다는 사실로부터의 방법적으로 유용한 추상일 뿐이다.

이 연관의 규칙성은 "원인-결과-연관"Grund-Folge-Zusammenhang을 미래의 결과들이 그것으로부터 예고될 수 있게끔 사용하는 것이 가능하게 되었을 정도로 판명되고 입증되었다. 우리는 이를 다음과 같이 더 말할 수 있겠다. 사람들이 근거들을 인식할 수 있을 뿐만 아니라, 지배할 수 있고 그래서 마음대로 할 수 있는 한에 있어서, 그것들은 결과들을 계획하는 데에 이용될 수 있다. 여기에 전체 기술이 의거하고 있다. 여기에서 기본 생각은 다음과 같다. 우리가 그렇게 만든다면, 규칙적으로 그것이 결과하지 않을 수 없다. 누구든 그러한 견해를 믿고 또 그렇게 할 수 있다. 인식된 "원인-결과-관계"가 확고하게 규칙적임은 그렇게 자명하고 확실한 것으로 보인다.

그와같이 시사되는 전체적 활동영역, 즉 경험과학과 그것을 따르는 기술의 영역에서는 "신"이라는 것은 나타나지 않으며 또 거기에서 나타날 필요도 없

---

[5] K. R. Popper, *Logik der Forschung* (Tübingen 1966 제2판) 31ff. 참조.

다. 사람들은 세계와 그것의 과정을 과학적으로 설명하고 기술적으로 지배할 수 있기 위해서 이 "신이라는 가정"을 필요로 하지 않는다. "비록 신이 존재하지 않는다 할지라도"etiam si Deus non daretur[6] 여전히 세계와 그 과정은 과학적으로 설명되고 기술적으로 지배될 수 있다. 신은 세계 내에서 자신을 계시하지 않는다는 비트겐슈타인의 명제는 이 점에 있어서 확인되었다.[7]

그렇지만 더 근본적으로 그리고 더 철저하게 질문되는 즉시 사실은 달라진다. 즉, 사람들이 만나게 되고 관찰하는 모든 것에 대해 명백하게 하는 근거를 찾고자 한다면, 이 설명적 근거가 어디로부터 유래하는가를 질문할 수 있는 새로운 기회가 발견된다. 근거 역시 어떤 근거를 갖지 않으면 안되며, 그것 역시 설명을 필요로 한다. 그래서 근거에 대한 물음은 점점 더 연기된다. 일련의 근거들이 생겨나는 것이다.

이렇게 될 경우 사람들은 그와같이 생겨난 일련의 근거들이 왜 끝나야만 하는가를 우선 통찰할 수 없게 된다. 왜 우리는 이것이냐라고 언제나 계속해서 질문할 수는 없다는 것이며 또 질문할 필요가 없다는 것인가? 실제로 과학적 에로스Eros는 결코 만족하지 않음을 보여준다. 더 이상 능가될 수 없어 보이는 마지막에 도달해서는 재차 계속해 질문되고 또한 재차 계속해 발견된다. 오랫동안 최종적인 구성요소로서 여겨졌던 원자들로부터 소립자에로 나아간 물리학의 행보는 이것을 아주 인상적으로 뚜렷하게 해주었다. 과학은 마치 언제나 계속해 질문되어도 좋고 또 질문되어야만 하는 것처럼 실제로 그렇게 태도를 취한다. 과학은 말하자면 조정적 관념regulative Idee으로서의 인과율적 대열의 무제한성에 의해서 움직여져 있다. 일반적으로 과학은 무한한 소급regressus in infinitum 이라는 생각을 명확히 표현하기를 꺼리지만, 이런 생각에 의해서 그 뜻이 명확히 정의되는 관념에 따라서 행위한다.

---

[6] Hugo Grotius, *De jure belli ac pacis*, 서문 II. 이것은 그 모든 생의 영역에서 전체 삶을 지배하는 곳에서 마침내 신의 문제를 도대체 제기할 수 없게 되는 근대과학의 방법적 단초이다. 이에 대해서는 B. Casper의 다음의 글을 참조하라: *Die Unfähigkeit zur Gottesfrage im positivistischen Bewußtsein*, 상게서.

[7] L. Wittgenstein, *Tractatus logico-philosophicus*, 상게서, 명제 6.432.

물론 "계속되는 그 이상의 근거들의 무한한 대열"이라는 이 생각은 다른 이유로 말미암아 만족스러운 것이 아니다. 왜냐하면 그것을 끝까지 생각해 본다면 우리는 언제나 앎 혹은 기술에 있어서 다만 중간치적으로 설명된 연관들만을 손에 쥘 것이라는 결과가 빚어지기 때문이다. 그러나 그것이 여전히 방대한 것일지라도 이 중간적인 것의 전제들을 우리는 결코 정확하고 완전히 알지 못한다. 우리는 계속해서 더 질문하고 탐구할 수는 있다. 그러나 그러한 탐구에 의해서 밝혀지고 밝혀질 수 있는 영역은 우리가 알지 못하고 또한 결코 완전히 알지 못할 마찬가지로 있을 수 있고 생각될 수 있는 전제들의 어쩌면 무한한 결과에 비해서 이제 하찮은 것처럼 보인다. 파스칼은 이 문제를 처음으로 명확히 보고 간결하게 표현하였다.[8] 그것은 풀 수 없는 문제이며, 예컨대 칼 포퍼의 과학론에서 변형된 형태로 반복된다.

만일 우리가 언젠가 원인들의 대열의 끝에 도달할 수 있고, 이 대열은 유한한 것이고 따라서 언젠가 첫번째 부분, 즉 어떤 제일원인으로서 판명되지 않을 수 없으며, 이 제일원인은 이제 어떤 제일질료第一資料 혹은 그 무엇이든 그러한 것의 원형식原形式 혹은 원상태原狀態라고 가정하고자 하더라도 사정이 더 나아지지는 않을 것이다.

그런 것을 가정적으로 구상할 수는 있다. 그러나 도대체 왜 이 원질료原質料 혹은 이 원상태가 존재하는지 어째서 재차 질문되어서는 안된다는 것인가? 그렇게 되면 그것은 물론 왜 전체 세계가 존재하는가라는 물음을 뜻할 것이다. 그럴 경우 세계는 그러한 원상태의 관점에서 규정된 것으로 생각된 것일 터이다. 그러한 물음은 여기서 계속 질문되어서는 안되며 더 이상 아무런 의미를 갖지 못한다는 구두口頭 선언들로써 거절될 수는 없다. 그에 대해서 어째서 그런 것이 아무런 의미를 갖지 말아야만 하는가라는 이성의 반대가 언제나 재차 있을 수 있다. 사람들은 언제나 질문할 권리가 있다. 이성은 거듭 되풀이하여 질문하지 않을 수 없다. 이성은 자신의 물음에 대해 언젠가 아무런 대답도 발견하지 못할

---

[8] 예를 들면 Pascal, *Pensées*, Brunschvicg 간행, 단편 72를 보아라.

지도 모른다. 그러나 여하간 이성이 질문하기를 중단하는 일이 있어서는 안되겠다. 그런 까닭에 우리는 더 이상 질문해서는 안된다든가, 세계는 결국 단순히 무감각한 사실Faktum brutum로서 받아들여질 수 있다라고 말할 수는 없다.

그러나 위에서처럼 가정된 경우에 우리가 그러한 물음을 허락하는 것만이 합리적인 것처럼 보인다면, 우리는 다시 새로운 무한한 소급, 계속된 한없는 가능한 물음에로 재차 한없이 도피할 수 있는 가능성에 직면한다.

그래서 무한한 대열의 문제는 해결될 수 없는 것처럼 보인다. 칸트가 간결히 표현하였던 초월적 관념의 첫번째 모순은 우리들의 숙고들의 영역에서 미해결의 것으로 남아 있지 않으면 안된다.[9] 근거들을 전제하고 그것을 묻기를 간단히 그만두는 것도 이성적이지 못하며, 또한 계속해 질문하기를 중단하지 않는 것, 그러니까 끊임없이 계속해 질문하는 것도 이성적인 것 같지 않다.

이 사정을 염두에 둔다면, 세계와 그리고 세계 내에서의 우리의 현존재는 절대적으로 파악하고자 하는 요구를 벗어난다. 세계는 결국 그리고 궁극적 근거들을 고려할 때에 파악될 수 없는 것이다. 과학의 명제들은 그러한 숙고의 테두리 내에서조차 그대로 진실된 것이긴 하다. 앎의 내부 영역에서는 모든 것이 종래와 같이 그대로 있다. 그러나 사람들이 이 내부 영역을 넘어서 전제들, 심지어 최종적 전제들을 묻고, 궁극적으로 지탱해 주는 토대를 질문할 경우에, 대답은 주어지지 않는다. 우리가 그것의 내부 영역에 얼마나 잘 정통해 있든간에 세계가 있는 그대로 존재한다는 것은 근본적으로는 언제나 계속하여 파악될 수 없는 신비이다.

4. 결정적인 "근거-물음"

점점 더 철저히 불허하는 세계와 현존재의 이 파악될 수 없음에 직면하여 "왜"라는 물음은 질문된 근거의 여기에 내포된 구상과 더불어 **원칙적으로 다른**

---

[9] *Kritik der reinen Vernunft*, A 426ff. 참조.

방향에서 제기될 법하다. 질문 방향의 이 변경은 질적인 성질의 것이다. 따라서 그것은 지금까지 검토되었던 일련의 질문과 대답을 단순히 계속해 형성하는 것이 아니다. 그것은 하나의 도약, 그러니까 이 전체 대열을 떠나서 그것과는 전혀 새로운 어떤 것을 시도하는 비연속적인 한 운동이다.

질문 방향에 있어서 이 전환은 강제될 수 있는 것이 아님은 확실하다. 그러나 그러한 전환은 가능한 것이며, 또한 합리적이기도 하다. 그것이 전혀 자명하지 않고 고작해야 의문스러운 것으로 증명되기 때문에 그것은 사실Sache의 관점에서 보아 가능하다. 그리고 사실이 다름아닌 사유에 대해 의문스러운 것으로서 나타나기 때문에, 그것은 이성 또는 사유에 대해 합리적이다.

이 방향전환은 질문이 이제부터 세계 **안에서** 등장했다가 사라지는 대상들과 상황들을 벗어난다는 데에 성립한다. 그리고 "**존재하는 그것이 일반적으로 있다**"라는 기초적인 사실Faktum에로 질문이 향한다는, 그러니까 "아무튼 어떤 무엇이 있는 것이지 아무것도 없는 것이 아니다"라는 데에 그러한 방향전환이 성립한다. 이 기초적인 사실은 세계 **내에서**의 어떤 무엇이 아니다. 그것은 세계 자체와 그 전반의 토대이다. 그것을 사유하게 될 경우 질문의 내용은 이러한 것일 수 있다. "어째서 어떤 무엇이 도대체 존재하는 것이며 아무것도 없는 것이 아닌가?" 이 물음은 외연적外延的으로 다음과 같은 질문을 내포한다. 왜 바로 이것이 존재하는 것일까? 존재하는 것이 왜 바로 그렇게 존재하는가? 나는 또 우리는 어째서 존재하는 것일까? 그 물음은 이러한 일체의 물음들을 포괄한다.[10]

"어째서 어떤 무엇이 도대체 존재하는 것이며 아무것도 없는 것이 아닌가"라는 물음은 물음으로서 의미있는 것일까? 물음이 그와같이 뒤늦게 사유함 안에서 비로소 결정적으로 간결히 표현되었다는 사실은 그것이 의미없음을 말하지

---

[10] 라이프니츠는 나의 앎의 이러한 물음을 처음으로 *In der Vernunft begründete Prinzipien der Natur und Gnade* 안에서 표현하였다. 수록: Gottfried Wilhelm Leibniz, *Philosophische Schriften*, H. H. Holz 간행 및 번역, 제1권: *Kleine Schriften zur Metaphysik* (Darmstadt 1965) 414-439, 특히 427. 이 물음은 쉘링에 의해 그의 *Philosophie der Offenbarung*에로 재차 수용되었다. 수록: *Schellings Werke*. 보완 제6권, 상게서, 7. 최근에 그 물음은 하이데거에 의해서 역시 재차 수용되었다. 물론 이러한 사상가들은 저마다 자신의 방향에서 물음을 제기하였으며, 지은이 역시 이렇게 한다. 라이프니츠에 대해서는 또한 Anna Theresa Tymieniecka, *Leibniz' Cosmological Synthesis* (Assen Holland 1964)를 보아라.

않는다. 물음이 의미있는 혹은 심지어 불가피한 질문으로서 느껴지는 경우는 비교적 흔치 않을 뿐이라는 사실 역시 내게는 그것이 의미없음을 말하는 것 같지 않다. "아무튼 어떤 무엇이 존재한다"는 이 사실이 의문스러운, 심지어 가장 의문스러운 것임을 알 수 있는 그런 기본 경험들을 우리는 좀처럼 하지는 않는 것 같다. 그러나 결정적인 것은 그러한 사실이 언제고 한 번 모습을 보였고 또 보이고 있다는 사실이다.

"존재하는 그것은 존재한다"라는 그리고 "아무튼 어떤 무엇이 존재한다"라는 사실이 자명한 것이 아니라, 의문스러운 것임을 우리가 알 수 있고 실제로 안다는 것으로 족하다. 이것이 정말로 파악되고 경험될 수 있으며 또한 파악되고 경험된다는 그 점은 의심될 수 없다. "아무튼 어떤 무엇이 존재한다"는 이 사실이 자명한 것이 아니라, 극도로 의문스럽다는 것은 그러한 결정적인 경험들을 통해서 알 수 있다. 가장 의문스러운 것이 이렇게 "자신을-보임"Sich-Zeigen은 물론 습관 그리고 각기 가깝고 가장 근접한 가시적인 것 혹은 수중에 있는 것을 기준으로 삼는 우리의 일상적 태도에 의해 지속적으로 은폐된다.[11]

그러나 은폐하는 가운데 의심스러움이 일반적이고 전체적으로 도사리고 있다. 그래서 우리가 충분히 철저하게 사유하고 조급하게 피상적인 것에 만족하지 않는 즉시 의심스러움은 그 자신으로 말미암아 사유함의 경험에 맡겨진다.

그런 까닭에 우리는 이 점을 고수해도 좋다. "왜 어떤 무엇이 도대체 있는 것이며 없는 것이 아닌가"라는 물음은 적어도 물음으로서 의미있는 것이다. 왜냐하면 그것의 근간을 이루는 의문스러움은 철저한 사유함과 그것의 늘 가능한 경험을 위해 사실에서부터 나타나기 때문이다.

---

[11] "존재하는 그것이 있다"라는 사실의 자명하지 않음을 알 수 있고 경험할 수 있음을 우리가 여기서 강조한다면, 즉 질문의 "근본적으로 다른 방향"에 상응하는 방식과 발언권에 대해서도 강조한다면, 우리는 예컨대 바아더(Franz von Baader)에게서 생을 통한 그리고 생 안에서의 봄과 경험을 위한 전우(戰友)를 만난다. 특히 칸트의 실천이성의 영역과 실천이성의 절대적 맹목성에 대해서 부록을 보라. 부록, 수록: 『전집』, F. Hoffmann 간행, 제1권(Aalen, 1963) (Leipzig 1851년도 판의 신판), 22. 여기에서 다음과 같이 언급되고 있다: "왜냐하면 생은 결코 그것의 권리를 빼앗아 논쟁으로 소진시켜서는 안되기 때문이다. 그러나 생이 그것의 진화의 어떤 단계에서 또한 본다는 것은 그것의 값진 권리들의 하나임은 물론이다!"

우리가 이 점을 고수하고 따라서 이 물음을 견지할 경우, 우선 물음의 지평들을 논하는 것이 좋을 것이다. 더 상세히 말해서 이것은 다음과 같은 사실에 대해 우리가 납득할 수 있기를 바란다는 것을 뜻한다. 첫째로 무엇이 이 물음을 의문에 붙이는지 혹은 무엇이 질문될 필요가 있는 것으로서 물음에 부응하는 것인지, 그리고 둘째로 이 물음이 무엇을 묻고 있는지, 그러니까 그에 대해서 이미 확신할 수 없음은 물론이지만 그러나 그에 대한 가능한 대답으로서 무엇을 그 물음이 미리 구상하는 것인지.

가) 질문된 것의 보편성

"왜 어떤 무엇이 도대체 있는 것이며 아무것도 없는 것이 아닌가"라는 물음은 무엇을 묻고 있는 것일까? 그것은 아무튼 존재하는 그것을 묻는 것이며, 그러니까 그것을 의문에 붙이고 있다. 물음은 존재하는 것을 전반적으로 또 이렇게 해서 아무튼 어떤 무엇이 존재한다는 사실을 의문에 붙이고 있다. 그것은 일체의 존재자에게서 경험된 일체의 존재의 의문스러움을 표현하고 있다. 따라서 그것에 의해 표현되고 있는 의문스러움과 관련하여 우리의 물음은 전적으로 **보편적인 것**으로서 드러난다. 그것이 의문스럽다는 관점에서 보면, 해당되지 않을 것은 아무것도 없으며 또 있을 수 없다. 그런 까닭에 그것이 묻는 것과 관련해서 이 물음은 여하간 어떻게 해서든 제기될 수 있는 일체의 다른 물음들에로 확산된다. 왜냐하면 일체의 가능한 개개의 의문스러움은 "아무튼 어떤 무엇이 전반적으로 존재한다"는 사실이 처한 이 근본적인 의문스러움에 의해 언제나 망라되어 있기 때문이다. 그때문에 이 물음에 의해 처음부터 함께 의문에 붙여지지 않을 것이란 아무것도 없으며 있을 수 없는 것이다. 아무것도 일체와 관계하는 그러한 물음의 권세에서부터 벗어날 수는 없다. 이 사정을 구체적으로 설명하기 위해 우리는 다음과 같이 질문할 수 있다. 일체의 다른 가능한 물음들이 질문할 수 있는 일체의 것의 무게와 동시에 이 물음들 자체의 무게(예컨대 전체 경험과학의 무게)를 하나의 저울판에 두고 또 다른 저울판에는 우리가 제기하였던 이 유일한 물음의 무게를 올려놓을 수 있는 것일까? 그렇게 하면 후자의 저울판의 무게가 전자의 저울판에 얼마나 놓여 있든간에 그것의 무게보다 점점 더 커질 것이다.

"왜 도대체 어떤 무엇이 있는 것이며 아무것도 없는 것이 아닌가"라는 물음은 또한 근원적인 것이어서 그것의 의미의 관점에서 볼 때에 이전에 토론되던 알아맞히기 물음, 즉 유한한 원인들의 대열 자체가 유한한 것인가 아니면 무한한 것인가라는 물음에 개의치 않는다. 우리가 생각해 볼 수 있는 어느 경우들에서도 문제가 되는 것은 일련의 **존재자**일 것이다. 그런데 바로 이것이 가능한 모든 경우에 있어서 우리의 거대한 물음의 근원적 특성에 의해 전반적으로 의문에 붙여진 것이다. 무한한 대열을 둘러싼 논쟁은 결코 그것이 해결되고 해명되도록 기여하지는 못한다. 그러나 그것은 또한 근원적인 물음을 결코 침해하거나 심지어 방해할 수 없다. 존재자의 유한한 대열의 경우에도 무한한 대열의 경우에도 "도대체 어째서 어떤 무엇이 존재하는 것이며 오히려 아무것도 없는 것이 아닌가"라고 여전히 질문될 수 있는 채로 머문다.

질문된 주제 영역과 관련한 우리의 물음의 보편성에는 또 다른 사정도 있다. 물음은 그 의미상 **질문하는 자** 자신도 포괄한다. 물음은 사람들이 무엇이든 객체세계로서 주체세계와 대조시키는 그것도 가능하거나 생각해 볼 수 있는 일체의 주관성도 동시에 포괄한다. 질문을 제기하고 간결히 표현하는 우리 자신 역시 그 물음에 의해서 함께 관련되는 것이며, 우리가 물음의 현실적 진지함을 받아들이는 한에서 우리는 그것을 인지한다. 우리는 왜 존재하는 것일까? 나는 왜 존재하는 것일까? 나는 왜 물음을 제기하고 또 그것을 제기할 수 있는 것일까? 도대체 왜 어떤 무엇이 존재하는가? 이 모든 물음들은 단 하나의 물음 안에 포함되어 있다. 우리가 그 어떤 다른 존재를 격리시킬 수 없듯이 마찬가지로 우리 자신의 존재를 격리시킬 수는 없다. 그러므로 우리 자신의 존재 역시 그러한 물음에 의해서 결정적으로 의문에 붙여져 있음을 우리가 깨닫지 못했다면, 우리는 우리의 물음의 진지함과 본래적 차원들을 여전히 경험하지 못한 것이다.

나) "물어 알게 된 것"으로서의 "비-존재자"非-存在者

그러나 물음이 **알고자 하고** 따라서 물어 **알게 되는**erfragt 그것의 방향에서 추적될 경우 여러 관점에서 유일무이한 우리의 물음은 더욱더 독특한 것이 된다. 우리의 물음은 무엇을 질문하는 것이며, 그것이 알고자 하는 것은 본래 무엇인가? 그것은 존재자 전반에 대해 무엇인가를 알고자 한다. 더 정확히 말하자면 이것, 즉 존재자 전체를 그 의문스런 상태에서 확정짓고 그래서 비로소 자신과 일치시키거나 존립케 하는 그것을 우리의 물음은 알고자 하는 것이다. 우리는 그것을 일체의 존재자의 존재의 근거라고 일컬을 수 있다.

그러나 우리의 물음은 어디에서 이 근거를 찾는 것인가? 우리의 물음은 그 근거를 질문하면서 어디로 구상하는가? 그와같이 범상치 않은 이 물음을 위한 가능한 대답은 무엇인가? 이러한 물음들에 대해 우리는 우선 아무런 존재자도 아닌 것이라고 부정적으로만 말할 수 있다. 왜냐하면 처음부터 **일체의** 존재자가 의문에 붙여져 있으며 따라서 일체의 존재자가 의문스럽고 근거를 필요로 하는 것으로서 경험되었을 경우에, 이 물음에 대해 그 어떤 존재자를 언급하는 것으로써는 더 이상 의미있게 대답될 수 없기 때문이다. 왜냐하면 이 존재자 역시 그렇게 되면 처음부터 우리의 물음에 의해서 문제시되고 문의된 것일 터이기 때문이다. 그 결과 그것은 문의된 것에 속하는 것이지, 묻고자 하는 그것에 속하지는 않을 터이다.

그러므로 물음은 질문하면서 일체의 존재자와는 **다른 것**das Andere, 즉 "비-존재자"das Nicht-Seiende를 일체를 지탱할 수 있는 근거로서 구상하는 것이다. "비-존재자" 혹은 "어떤-무엇이-아닌-것"이 무Nichts라고 일컬어지는 한에서, 사람들은 물음이 일체의 존재자를 넘어서 무 안에로 일체의 존재자의 존재의 근거를 구상한다고 또한 말할 수 있다.

사람들은 일체의 존재자를 넘어서고 따라서 이 존재자로부터는 연역될 수 없는 이런 지평이 아무튼 사유함에 열려 있다는 데 대해 동시에 놀라워해도 좋다.

여기에 일체의 유한한 것을 넘어서는, 혹은 초월하는 "원인-결과-연관"의 차원이 우선 물음으로서 생겨난다. 이렇게 해서 근거 대열 내에서의 어떤 첫번째의 것이 아니라, 오히려 초월하면서 이 전체 대열과 마주해 있는 어떤 근거의 차원이 생긴다.

다름아닌 무, 일체의 존재자와는 완전히 다른 것, 존재하는 일체의 것을 뛰어넘어 한계 없는 심연이 물음의 의미상 일체의 존재자의 존재를 결정짓고 기초짓지 않으면 안된다. 그와같이 우리의 물음은 그것을 구상한다. 존재자의 관점에서 그리고 그것을 파악하는 형태들의 관점에서 전적으로 부정적인 것, 존재자 일반의 타자로서 구상되어 있는 그것 안에서 물음은 질문하면서 보편적이고 탁월하게 적극적인 기능을 구상한다.

그러므로 여기에서 우리는 우리에게 다가오는 엄청난 무에 직면하여 우리가 의미 물음을 논하였던 앞서의 그 단원에서와 유사한 한 상황에 처해 있음을 본다. 이제 숙고될 "왜라는-물음"Warum-Frage은 반대 방향에서 그 극단적 형태로, 즉 세계와 현존재가 **거기에서부터** 유래하는 그곳에로 진행된다. 그러나 그 물음은 이제 이 방향에서도 마침내 동일한 심연에 도달한다.

물음이 일체의 존재자를 넘어서 "비-존재자"의 심연과 같은 것 안에로 질문해 들어가는 한에서, 이 사정은 말하자면 역으로 다음과 같은 결과를 초래한다. 경험과학과 그것의 논리에 대해 우리의 물음은 의미없는 것으로 나타날 수밖에 없다. 그 까닭은 우리가 이미 이전에 숙고하였듯이 경험과학들은 그것들의 근본적인 성향으로 말미암아 존재자의 다른 정확성들과의 그 기능적 연관을 이용하여 존재자의 정확성들을 확인하고자 하기 때문이다. 그러나 존재자가 존재자로서 질문되고 이 물음과 더불어 동시에 존재자 그 자체의 영역을 넘어서게 되는 곳에서 과학을 위해서는 모든 것이 끝장이다.

물론 이 말은 그럼에도 불구하고 우리의 물음이 제기될 수 없으며 사실의 관점에서도 역시 제기될 필요가 없음을 뜻하지는 않는다. 우리가 여기에 경험과학의 권한 영역을 넘어서기 시작하였다는 결론만이 나온다. 하지만 우리는 이성의 권한 영역을 넘어서는 것이 아니다. 질문하는 사유함을 위해서는 과학에 의해서 더 이상 도달될 수 없는 제기되어야 할 물음들이 있다. 질문하는 이성은 그것의 경험들을 토대로 물음을 제기하며, 그래서 이 물음들은 한 의미를,

즉 경험 안에서의 한 증명서를 갖고 있다. 그러나 이 경험은 과학들이 방법적으로 고려하는 그러한 경험과는 다른 것이다.

이렇게 해서 우리는 우리의 물음의 차원들을 문의된 것, 즉 존재자 그 자체와 관련해서도 물어 알게 된 것, 즉 일체의 존재자를 뛰어넘어 무의 심연 안에서의 존재자의 근거와 관련해서도 그런대로 숙고한 셈이다. 그러나 물음이 **대답될** 수 있는지 또는 물음의 견지에서 구상된 것으로서 문제가 되고 있는 그것이 또한 스스로 현실임을 알리는지는 여전히 미정이다. 이에 대해서 다음과 같은 것이 숙고의 대상이 되어도 좋은 것이다.

5. 결 론

"도대체 왜 어떤 무엇이 있는 것이며 아무것도 없는 것이 아닌가?"라는 물음이 "어떤-무엇이-아닌-것" 또는 무를 향하는 한에서, 우리는 이전에 이미 언급되었던 것을[12] 여기에 새로이 말할 수 있다. 이 무는 단순히 텅 빈 허무한 무이거나 아니면 텅 비고 허무한 것은 아니지만, 그것이 어떤 무엇으로부터 벗어나고 감추는 그러한 것이다. 우리는 두 가지 가능성들을 우선은 미해결 상태로 남겨두지 않으면 안된다.

그것이 공허하고 허무한 무라면 "도대체 왜 어떤 무엇이 있는 것이며 아무것도 없는 것이 아닐까?"라는 물음은 전적으로 다만 무로 끝나버리고 만다. 그러나 만일 그러하다면 이것은 "아무튼 어떤 무엇이 존재한다"는 이 사실이 전적으로 근거 없고 기반 없는 것임을 의미할 터이다. 그럴 경우 **일체의 것**은 아무런 근거와 기반이 없는 것이다.

이럴 경우 우리가 존재하는 것으로서 경험하는 일체의 것은, 그것이 우리의 세계이든 혹은 우리 자신이든, 경험하기에는 의문스럽고 그 결과로 근거를 필

---

[12] 위 65쪽 이하를 보라.

요로 하는 것임이 입증된 것이다. 그렇다면 이것은 재차 일체의 존재자의 존재는 결국 한없이 의심스러운 것인 채로 머문다는 결과를 초래할 터이다. 무엇이든 존재하는 그것의 존재도 또한 존재하는 그것에 대한 우리의 파악과 앎도 한없이 의심스러운 채 있지 않으면 안될 터이다. 일체의 학(學)과 경험은 결국 기반이 결여되고 의심스럽기 그지없는 처지에 놓이게 될 터이다. 존재하는 것으로 알려지는 일체의 것은 헤아릴 수 없을 만큼 의문에 붙여져 있을 터이다. 그런 까닭에 그것은 또한 가능한 모든 의심에 내쳐진 것일 터이다. 한없이 의심스러운 것이 어째서 계속 존속해야만 하는가? 우리가 제기한 문제의 경우에서 보면 결코 대답될 수 없는 근원적 물음에 대해 열려져 있으며 미해결인 채로 있는 것이 어째서 그 어느 의심으로부터도 면제되어야만 하는가?

그러나 끝없이 헤아릴 수 없게 열려 있는 물음으로부터 그와같이 생겨나는, 극한적 형태의 일체의 물음과 의심조차 막을 수 없는 이것이 아무튼 여전히 현실적으로 그리고 결정적인 의미로 존재한다고 여겨질 수 있는가? 왜냐하면 존재하는 것이란 그것이 그외에 어떻게 일컬어지든간에 여하간 그것의 존재에 있어서 결정적이고 확고한 것이고 명백한 것임을 뜻하기 때문이다. 그러나 바로 이 사실이 그 경우에는 더 이상 견지될 수 없을 터이다.

그러나 이 생각과는 달리 존재하는 일체의 것의 존재는 그저 확고부동하다. 있는 것은 있는 것이다. 이 사실은 존립하며 흔들림이 없다. 우리가 알고 있는 일체의 존재자는 다양한 정도로 무상하고 덧없다. 우리가 그것을 알고 있는 한에서, 그것은 존재자로서는 그리 지속적인 것이 못 된다. 그렇지만 그것이 존재하는 한에서, 존재한다는 사실은 진실로 머문다. 이 명제는 또한 아무런 내용 없는 유사어의 반복도 아니며 결코 단순히 형식적인 추상도 아니다. 그러한 명제 안에서 오히려 기초적인 한 근본 경험이 표현되고 있다. 그것은 일체의 존재자의 존재의 권세, 그 확고부동함의 경험이다. 무엇이든 존재하는 것은 세계의 어떤 권세도 존재하는 것이 존재하지 못하도록 할 수 없을 만큼 그렇게 그것의 존재 안에서 결정되어 있는 것이다. 존재하는 그것은 대부분의 경우 파괴될 수 있기는 하다. 그렇지만 존재하는 것은 그것이 존재하는 한에서 또 존재하는 동안은 존재한다는 그 사실은 파괴되거나 아니면 제거될 수는 없다. 우리의 사유함과 관련해서 이것은 진실인 것이 "진실이 아닌 것"이 될 수 없음을 뜻한다. 사람들은 진실을 거부하고 망각할 수는 있지만, 그러나 그것은 진실인 채로 있으며 그래서 우리의 사유함에 대해 전적으로 결정적인 것으로 머문다.

우리 자신들 역시 우리의 존재 안에서 결정되어 있으며, 이 확고부동함으로 존재하는 것이다. "내가 존재하며, 그러므로 나는 존재하지 않으면 안되는 것이며, 이것은 나에게 있어서 확고부동한 것이다"라는 사실을 사람들은 마치 전율하듯 발견할 수 있을 것이다. 나는 생을 회피할 수 있고, 그리고 언젠가 분명 생으로부터 탈취될 것이다. 그렇지만 내가 존재하는 한에서, 내가 존재하는 이것이 나라는 사실을 나는 없앨 수는 없다. 이 점에 있어서 나는 또한 나 자신을 절대적으로 결정되어 있고 — 사르트르가 말한다면 — 단죄된 것임을 안다.

그러나 이 확고부동함은 일체를 포괄하는 "왜라는-물음", 즉 일체의 존재자와 존재자에 대한 일체의 판단들이 결국 끝없이 헤아릴 수 없게 의심스러운 것임으로 말미암아 드러나는 그것과는 매우 상반된다. 의심스러운 것은 대답을 필요로 한다. 그리고 이것은 결정될 필요가 있음을 뜻한다. 지속적으로 의심스러운 것은 불확실한 것이고 미결정적인 채로 있는 것이다. 그리고 이 점에 있어서 그것은 확고부동하게 존재하는 것이 아니다.

이 모순은 오로지 이성적으로만 해결될 수 있는 것 같다.

그 한 가지는 이와 같다. 존재하는 일체의 것은, 특히 나 자신과 그리고 일체의 나와 같은 사람들 이 모든 것은 결국 끝없이 의문스러운 것임이 명백하다. 그 결과 그것은 "도대체 어째서 어떤 무엇이 있는 것이며 아무것도 없는 것이 아닌가"라는 헤아릴 길 없는 물음을 가능케 하고 정당화하는 것이다.

그러나 존재하는 일체의 것은 또 다른 한편으로는, 그것이 존재하는 한에서, 그것의 존재에 있어서 절대적으로 결정되어 있는 것임이 드러난다. 존재의 확고부동함이 우리들 자신인 바 그것의 깊은 곳으로부터와 똑같이 우리의 세계의 존재자로부터도 우리를 부른다. 존재의 확고부동함은 단지 존재적인 것으로서 이해된 실존의 덧없음으로부터도 또 끝없이 의문스러운 것임이 증명되는 그것,

즉 그것이 그것 자신의 존재인 한에 있어서 존재자의 그 존재로부터도 연역될 수 없다.

그러나 이로 말미암아 우리는 "도대체 왜 어떤 무엇이 있는 것이며, 아무것도 없는 것이 아닌가?"라는 거대한 물음이 모색하며 질문해 들어가는 그 영역으로부터 존재의 확고부동함이 유래한다는 것을 이성적으로 사유할 권리를 가진다. 일체의 어떤 무엇, 헤아릴 길 없는 심연 저편에 신비가 고지告知되는 것이다. 즉, 일체의 존재를 지탱하고 결정짓는 그것이, 감추어진 왜라는 물음이, 침묵하는 출처가, 무조건적인 근거가 고지되는 것이다. 그것은 존재의 무조건적 확고부동함 안에서, 즉 우리가 이렇게 결정되어 있음을 "도대체 왜 어떤 무엇이 있는 것이며, 아무것도 없는 것이 아닌가?"라는 물음에 비추어서 고찰할 경우에 고지된다. 헤아릴 수 없이 무한한 근거를 믿을 수 있는 일체의 근거를 우리는 갖고 있는 것이다.

소리없이 또 간섭하지 않으면서 일체의 존재자의 존재를 지탱하고 결정하고 보존하는 일체의 존재자를 뛰어넘는 그 한계없는 권세를 믿을 수 있는 한 근거를 우리는 갖고 있는 것이다. 이것은 이전에 고찰되었던 근거에 비해서 새로운 것이다. 따라서 이 관점으로부터도 우리는 무라고 일컬어지지 않을 수 없는 일체의 존재자를 뛰어넘는 그 무한한 공간 안에 감추어져 있음과 동시에 계시되는 거대한 신비에 접하고 있는 것이다. 우리는 존재자에게 허락되어 있으며 또 그것이 의문스럽고 덧없음에도 불구하고 그것에 그대로 보존되어 있는 일체의 존재자의 존재의 그 진리가 내세우는 무조건적 주장 안에서 이 권세의 무조건성을 감지한다. 그 안에서 일체의 것이 근거하고 있으며 그것으로부터 일체의 것이 시작되는 그 거대한 신비로 말미암아 일체의 존재자에게 그와같이 존재의 진리가 허락되어 있고 계속 보존되어 있는 것이다. 믿을 만한 이성적 근거가 한층 더 있는 것이다.

우리들이 이 근거를 원인이라고 부르고자 한다면, 원인이라는 개념이 여기에서 일체의 여타의 경우에 사용되는 것과는 완전히 다른 의미를 갖고 있음을 분명히 알지 않으면 안된다. 왜냐하면 이 "근원적인-것"Ur-sache은 두번째 원인과 그밖의 원인들이 그것으로부터 점점 멀어지게 될 세계 내적 원인들의 그 대열에 내재하는 한 첫번째 원인일 수 없기 때문이다. 오히려 그것은 전체 대열을 근거짓고 지탱하면서도 그 대열을 구성하는 각 원인들과는 또한 완전히 구별되어 그것의 신비의 초월에로 벗어나 머물러 있듯이, 마찬가지로 각 대열 구성원들에 가까이 또 내면적으로 있는 초월적인 어떤 첫번째의 것이다.

6. 근거로서의 신비

이 숙고를 통해서 신비에 새로운 특성이 나타났는가? 일체의 것에 궁극적 의미를 보존하는 그것은 동시에 또한 일체의 것에 그 존재와 진리의 첫번째 근거를 부여한다는 것이 명백해졌다. 둘 다 함께 새로운 것이면서도 가장 오래된 것이다. 절대자의 신비는 일체의 존재자의 A와 Ω이며, 시작이요 마침이며 바로 이 이유로 또한 그 중심이다.

이미 처음에 우리의 숙고의 동기가 되었던 것이 새로이 예리하고 확고하게 나타났다. 즉, 이 신비가 존재자의 영역을, 그러니까 일체의 범주들을 뛰어넘어서 있으며, 그때문에 본래 말로 표현할 수 없고, 접촉할 수 없는 것이지만, 그러나 자신을 알리면서 있다는 사실이 새로이 예리하고 확고하게 나타났다. 절대적 신비의 이 초월은 종교의 전 영역에 있어서 근본적인 것이다.

7. 이 생각의 논리

끝으로 제시된 이 사고과정의 논리에 대해 몇 가지 언급하는 것이 유익할 것이다.

우리가 상반된 규정들에서 출발했다는 것은 여기에 문제되고 있는 것이 재래의 형식논리의 의미로써 모순논리라는 생각을 불러일으킬 수도 있을 것이다. 그러나 사정은 이렇지 않다.

결정적으로 그 중대한 "왜라는-물음"을 가능하게 하고 정당화하는 경험은 논리적으로 강제될 수 있는 것이 아니다. 그런 경험이 이루어질 수 있고 또 이루어져도 좋은 것이지만, 그런 경험을 한다는 것은 자유의 도약과 같은 어떤 무엇을 뜻한다. 우리가 사유와 탐색의 익숙된 방식들 안에서 움직인다면, 우리는 ― 당연하듯이 ― 유한하고 파악할 수 있는 규정들을 서로 유한하게 연결시키는 연관들 안에서 움직인다. 이 연관들의 논리적 연결로부터 결과하는 것은 언제나 다만 그외의 연관들 혹은 같은 질서 안에서 연관있는 것들뿐이다. 그러나 이 논리적 과정이 계속될 경우 그 결과로서 따라나오는 것은 결코 "아무튼 어떤 무엇이 있으며, 아무것도 없는 것이 아니다"라는 사실의 당연치 않음에 대한 경탄이 아니다. 그런 까닭에 이 경험과 그것이 표현되는 물음은 유한한 과학들의 유한한 논리를 계속하는 데에 있지 않다.

존재의 절대적 확고부동함에 대한 근본적인 경험 역시 형식논리적으로는 다만 공허한 유사어 반복만을 가져온다. "존재하는 그것은 있는 것이다"라는 것과 같은 문장 안에서 확고부동함의 무조건적 위력이 드러난다는 것은 형식논리적으로는 도대체 파악될 수 없다. 그러나 그것은 경험될 수 있는 것이며, 그것이 문제이다.

존재자의 관점에서 기인하면서 다만 무로서 나타나는 "비-존재자"Nicht-Seiende는 유한한 논리의 관심을 거의 끌 수 없다는 것이 끝으로 언급되지 않으면 안 된다. 이 "비-존재자"가 우리의 유한한 사유함에 대해 일체를 지탱하는 절대자의 나타남일 수 있다는 숙고도 마찬가지로 유한한 논리의 관심을 끌 수는 없다. "비-존재자"는 그것의 부정적 특성으로써는 아무런 강제적인 논리적 과정도 근거짓지 않는다. 그러나 그것은 자신을 보여주고 알린다.

따라서 지금껏 취해졌던 결정적인 조처들과 관련해서 우리가 여기에 유한한 논리를 뛰어넘어 움직일지라도, 그 조처들은 아무튼 객관적으로는 정당화된 것이다. 존재하는 일체의 것은 일체의 것을 결정짓고 지탱하는 근거 위에 있다고 믿는 것은 객관적으로 정당화된 것이다.

확인된 사태들과 연관들이 일체의 것을 위한 가능성들의 근거들이 놓여 있는 그 영역 안에 있는 한에 있어서, 우리는 어쨌든 선험적 논리라는 것에 대해 언급할 수 있을 터이다. 물론 이 표현이 그러한 숙고를 재차 다른 종류의 형식주의로서만 이해하도록 오도해서는 안된다.

우리가 결정적인 숙고에 함께했을 경우, 모든 유한한 논리의 가능성을 위한 전제와 근거가 그 안에서 나타난다는 것이 명백해진다. 왜냐하면 일체의 것이 근거없는 공허한 것이고 그 결과 끝없이 의심될 수 있을 것이라면, 유한한 논리 역시 더 이상 의미있는 것으로서는 가능할 수 없을 것이기 때문이다. 그러한 한에 있어서 우리는 여기에서 유한한 논리를 넘어서 있기는 하지만, 그러나 그러한 논리의 가능성들을 지탱해 주고 정초하는 한 영역 안에서 움직이고 있다고 말해도 좋다. 일체의 것을 지탱해 주고 결정짓는 무한한 신비는 또한 일체의 것의 논리도 지탱하고 결정짓는 것이다.

일체의 것을 지탱하는 무한한 신비로서 "어떤-무엇이-아닌-것"이 자체 안에 지니고 있는 언어적 어려움들과 관련하여 우리는 이 주제에 대해 이미 지난 단원의 마지막에 우리가 할 기회라고 느꼈던 그 숙고들을 여기에서 다시 환기시켜도 좋다. 왜냐하면 "왜"를 되물으면서, 우리는 우선 "무엇 때문에"Wozu라는 물음의 연관 안에서 우리가 만났던 형언할 수 없는 그 동일한 신비에 도달하였기 때문이다. 그런 까닭에 여기에서 우리는 이 신비를 말하기 위한 조건들에 대해서 이전의 것을 다시 환기시킬 수 있다.[13]

마찬가지로 신의 신神다움Göttlichkeit Gottes에 대한 물음과 관련해서 이전에 언급되었던 것이[14] 여기에 반복되지 않으면 안된다. 그것은 이 순간에도 현상적으로는 충분히 알려진 것이 아니다. 그렇지만 그것이 다른 한편으로는 또한 존재하는 일체의 것의 유일하고 궁극적인 의미를 보존하듯이, 존재하는 일체의 것을 지탱하고 결정짓는 심원한 근거, 즉 이 점에 있어서 일체의 현실의 현실이라고 일컬어져도 좋은 그 심원한 근거는 알려져 있는 것이다.

---

[13] 위 83쪽 이하를 보라.   [14] 위 85쪽 이하를 보라.

이전 시대의 견해들에 비추어본 두 구상들

우리의 시도에서부터 우리는 이 문제, 즉 신의 문제를 다루었던 이전 시대의 견해들을 되돌아볼 것이다. 특히 전승된 신존재 증명들과, 또 그것들에 대한 비판이 여기에 속한다. 예컨대 칸트에 의한 그것들의 비판적 토론과 함께 신존재 증명들의 전승은 우리가 제안한 사유 방법들의 전제들의 일부를 이룬다.

이 회고를 위해 우리는 전승의 성과를 간단명료하게 간추려 표현하는 세 개의 견해군見解群을 선택한다. 이 세 개의 견해군들에 비추어 우리는 우리의 착상을 다시 한번 검토하고자 한다. 그리고 우리는 동시에 지난날의 생각들이 우리 자신의 생각 안에서 어떻게 반영되는가를 보고자 한다.

전승된 사유 형태들은 여전히 질문하면서 우리를 주시하고 있다. 우리는 그것들과 논쟁하고 그것들에 대한 우리의 관계를 밝히도록 노력하지 않으면 안된다.

우선 문제가 되는 것은 전승된 신존재 증명들의 두 기본 형태들이다. 결과에 의한 원인의 논증demonstratio per effectum ad causam은 토마스 아퀴나스Thomas von Aquin의 이른바 오도五道[1]에 의해 제시되는 역사적으로 끼친 영향에 있어서 가장 강력한 모델의 한 가지 형태이다. 또 다른 형태를 우리는 이른바 존재론적 신존재 증명에서 만난다. 그것의 고전적 표현 형식을 우리는 캔터베리의 안셀무스Anselm von Canterbury의 *Proslogion*(호칭)에서 읽는다.

이와 관련해서 우리가 다루지 않을 수 없는 세번째 견해군은 임마누엘 칸트가 『순수이성비판』*Kritik der reinen Vernunft*에서 하였듯이 두 가지 종류의 신존재 증명들과의 고전적인 비판적 논쟁이다.

---

[1] Thomas von Aquin, *S. th.* I, 2, 3.

이 견해들에서 무엇이 본래 사고되었으며, 그리고 그것은 우리가 사유하고자 했던 그것과 어떤 관계에 있는 것인가?

1. 토마스 아퀴나스의 결과 논증

토마스 아퀴나스의 신존재 증명은 "오도"의 본문에서 가장 명료하게 제시되어 있듯이 여러 가지로 해석되었다. 그것이 끼친 영향 및 그 해석의 역사를 보면 그것은 전반적으로 점점 더 심하게 도식화되어 마침내 칸트가 대면하고 비판하였던 그 후기 형태들이 되었다. 그럴수록 도식화된 그것의 후기 형태들이 아니라, 원전을 고수하는 것이 더욱 적절하다.

우리가 여기에서 의거하는 것은 당연히 전체 논증 순서의 중심으로 간주된 세번째 길이다.[2]

이 길은 우리가 발견하는 사물들 중에는 가능성에 따라서 볼 때에 존재할 수 있고 존재하지 않을 수도 있는 것들이 상당히 있다는 관찰에서부터 출발하고 있다.[3] 존재할 수 있고 존재하지 않을 수도 있다는 이 상반된 가능성은 사물들의 생성과 소멸에서 알 수 있다.[4] 우리는 어떤 때에는 없었지만 생겨나 시간이 더 경과했을 때에 재차 사라지고 다시 존재하지 않는 사물들을 실제로 본다. 그리고 그것이 과거의 것이든 미래의 것이든 이렇게 "존재하지 않음"은 다른 시간에는 존재하거나 혹은 존재하였던 또는 존재할 동일한 존재자의 그 "존재하지 않음"이기 때문에, 우리들은 그러한 사물들 혹은 그러한 존재자들이 존재할 수도 있고 존재하지 않을 수도 있다고 말할 수 있는 것이다. 그러한 사물들이 **존재하더라도**, 그것들은 그것들의 "존재하지 않음"을 언제나 지니고 있는 것이다.

---

[2] H. Boeder, *Die "fünf Wege" und das Prinzip der thomasischen Theologie*, 수록: *Philosophisches Jahrbuch* (Freiburg – München 77) 1970, 66-80쪽.

[3] "Invenimus enim in rebus quaedam quae sunt possibilia esse et non esse" (Thomas von Aquin, *S. th.* I, 2, 3.).

[4] "Cum quaedam inveniantur generari et corrumpi" (같은 곳).

그러나 이 가능성은 우리의 본문에 따르면 그것의 존재의 양태樣態와 관계된다. 이 존재는 덧없거나 허무한 것, 즉 무에 내쳐져 있는 것이다. 허무한 것으로서 그것은 **필연적인 것이 못 된다**. 즉, 그것은 그것의 존재 안에서 절대적으로 그 스스로를 지탱하고 결정짓지 못한다.

이 발단에서부터 이제 우리의 본문 안에서 인과율 명제는 다음과 같이 개진되고 있다. 존재하는 **일체의 것**이 방금 진술된 방식으로 허무하며 필연적인 것이 못 된다라는 것은 불가능하다. 그와같이 우리에게 말해지고 있는데, 왜냐하면 일체의 것이 만일 이 종류의 것이라면, 즉 필연적인 것이 못 되고 존재하지 않을 수도 있는 것이라면, 언젠가 **사물들의 무**Nichts der Dinge가 존재했었을 것이기 때문이다.[5] 이 조치는 우선 놀라움을 자아낼 수도 있다. 그것은 우선 "일체의 것들"을 구상한다. 다시 말해 그것은 존재자 일반을 구상하고 나서 지체없이 가능성으로부터 현실에로, 즉 가능한 "비-존재"Nicht-sein로부터 언젠가 현실적인 "비-존재"에로 넘어가는 것처럼 보인다.

형식적으로는 다음과 같은 이의가 제기될 수 있을 것이다. 혹시 존재할지도 모르는 일체의 것이 또한 언제나 현실적이라는 것이 왜 불가능해야만 하는가?

그러나 이 이의는 단지 형식적인 것일 뿐이다. 그렇지만 우리의 본문에서는 분명 형식적으로만 사유되지는 않는다. 사실적으로 존재하는 일체의 것은 그것의 가능한 "비-존재"에 대해 결정되어 있지 않다는 것을 우리는 알게 될 것이다. 그리고 이 가능한 "비-존재"는 가능한 것 그 자체로서 현실적 특성을 가진다. 왜냐하면 일체의 것들이 존재하지 않았을 수 있고 또 재차 존재하지 않을 것이며 따라서 — 적어도 가능한 — 그것의 "비-존재"에 대해서 자유로운 상태에 있다면, 그러한 가능한 "비-존재"는 현실적인 어떤 무엇을 뜻하기 때문이다. 사실상의 존재자의 이 현실적 특성, 즉 "비-존재"에 대해 결정되어 있지 않은 자유로운 상태는 생성과 소멸에서 직관된다. 많은 것이 생겨나고 사라진다면, 일체의 것이 생겨나고 사라질 수 있게끔 그렇게 존재하는 것은 아닌지 숙고될 수 있으며

---

[5] "Si igitur omnia sunt possibilia non esse, aliquando nihil fuit in rebus" (같은 곳).

또 숙고되지 않으면 안된다. 그렇다면 최소한 일체의 것은 언젠가 존재하지 않았을 **수 있다**. 적어도 이 명제는 견지될 수 있다. 그것은 토마스의 단언적斷言的 명제처럼 "언젠가 사물들이 아무것도 존재하지 않았다"aliquando nihil fuit in rebus라는 정도까지 나아가지는 않지만, 그러나 그것과 동일한 외연外延을 가진다. 그것은 존재할 수 있고 존재하지 않을 수도 있는 일체의 것과 관계된다.

따라서 우리의 본문에 따른 이 관찰을 토대로 우리는 일체의 것이 언젠가 존재하지 않았다는 것을 계산에 넣지 않으면 안된다. 일체의 것이 언젠가 존재하지 않았다면(혹은 우리가 조심스럽게 말하고자 하듯이, 적어도 존재하지 않았을 수 있다면), 또한 지금 아무것도 존재하지 않을 터이다(혹은 "아무것도 존재하지 않는다"는 것이 아무튼 지금 가능할 터이다). 그렇다면 존재자가 어떻게 그렇게 존재하게 되었는지 질문되지 않을 수 없다. 즉, 그것이 언젠가 도대체 존재하지 않았기 때문에 그것은 스스로에 의해서는 존재하게 된 것일 수는 없다. 단순한 가능성만으로는 그것이 또한 존재하게 된 것일 수는 없다. 왜냐하면 현실적인 것이 아니라, 단지 가능한 것일 뿐인 것은 실제로 존재하는 것에 의하지 않고서는 존재하기 시작하지 않기 때문이다. 따라서 언젠가 일체의 것이 무無였다면 혹은 일체의 것이 단지 텅 빈 가능성뿐이었다면, 결코 어떤 무엇이 존재하지는 않을 터이다. 그러나 이것은 우리의 본문에 따르면 분명 허위이다. 왜냐하면 어떤 무엇이 존재하고 있기 때문이다. 이 명제는 또한 단순히 가능한 "비-존재"에 대해서도 말해질 수 있을 것이다.

그러므로 일체의 존재자는 원초적 현실에 의해서 존재하게 된 것이다. 또는 우리가 다루고 있는 원문原文에서 말해지듯이, 그러므로 일체의 존재자들이 가능한 존재자들이 아니라, 오히려 사물들에 있어서 불가피한 어떤 무엇이 존재하지 않으면 안된다.

"Non ergo omnia entia sunt possibilia: sed oportet aliquid esse necessarium in rebus."[6]

---

[6] 같은 곳.

존재하지 않거나 혹은 존재할 수 없는 것은 현실적인 것에 의하지 않고서는 존재하게 되지 않는다. 이것이 여기에서 결과로써 나타나는 인과율 명제이다. 이 명제가 말하고 있는 것은 "비-존재"를 가능성으로서 지니는 그것은 자기 스스로에 의해서는 그것이 존재하도록 결정되어 있는 것이 결코 아니지만, 그럼에도 불구하고 그것이 이렇게 결정되어 있음은 따라서 다른 것으로부터, 즉 현실적인 다른 것으로부터 비롯된다는 것이다. 인과관계Kausalität의 명제는 존재와 "비-존재"의 활동공간 안에서는 능력 또는 가능성의 개념으로부터 그리고 현실적인 것만이 작용할 수 있다는 것을 확인하는 지성적 직관으로부터 논리적으로 개진된다.

따라서 여기의 문제제기는 우리가 이미 논하였던 그것과 분명 동등한 의미가 있다. 그것은 "도대체 어째서 어떤 무엇이 있는 것이며 아무것도 없는 것이 아닌가?"라는 물음과 동등한 의미를 가진다. 왜냐하면 이 물음은 그 숙고된 가능한 "비-존재"에 직면해 일체의 존재자에게 다음과 같이 묻기 때문이다. 그럼에도 불구하고 그것은 왜 존재하는가? 그 물음은 어쩌면 "존재하지 않을 수도 있는 것"이지만, 실제로는 존재하는 것, 즉 일체의 사실상의 존재자 일반이 처한 근본 곤궁을 전제한다. 우리의 본문은 바로 이 문제에 대해 물음의 해답을 위해서는 적극적으로 현실적인 어떤 무엇이 지적되지 않으면 안된다는 것을 말하고 있다. 왜냐하면 어떻든 어떤 무엇이 존재하고 있고, 그러니까 존재자의 존재가 실제로는 결정되어 있기 때문이다.

그러나 우리의 본문에 따라서 볼 때에 존재자의 존재를 근거짓는 그것은 무엇인가? 이를 설명하기 위해서는 **필연적인** (그러니까 존재할 수 있거나 아니면 존재하지 않을 수 있는 가능성을 지닌 것이 아닌) 어떤 무엇이 분명 존재하지 않으면 안된다는 것이 ─ "그러므로 일체의 존재자들이 가능한 존재자들이 아니라, 오히려 사물들에 있어서 불가피한 어떤 무엇이 존재하지 않으면 안된다"(Non ergo omnia entia sunt possibilia: sed oportet aliquid esse necessarium in rebus) ─ 또 그것이 그것의 존재 안에 있는 한에 있어서, 존재자는 결정되어 있는 것이고 따라서 "비-존재"와는 명백히 대조된다는 사실의 근거가 그러한 필연적인 것 안에

[7] 이전 시대의 견해들에 비추어본 두 구상들

있지 않으면 안된다는 것이 우리의 원문에서 더 계속해서 지적될 것이다. 그러므로 필연적인 것은 일체의 가능한 존재자들의 원인이지 않으면 안된다. 그러나 이 필연적 원인이 아마도 그 편에서도 재차 그것의 필연적 존재의 원인을 가질 수도 있다는 등 추가적으로 언급될 수도 있다. 그러나 이렇게 무한히 나아갈 수 없다는 것은 이미 증명되었다.

필연성과 무한한 대열에 대한 두 개의 숙고들은 분명 함께 짝을 이룬다. "도대체 어째서 어떤 무엇이 있는 것이며 아무것도 없는 것이 아닌가?"라고 사람들이 질문할 수 있는 것이라면, 그들은 또한 이 물음에 그 이상의 어쩌면 필연적인 존재자를 언급함으로써 임시적으로 답변해 볼 수 있다. 그럴 경우에 사실상 필연적인 존재자들의 일련의 무한한 대열이 결과로 나타날 터이다. 그에 대해 우리는 예컨대 자연법칙의 필연성을 상기해도 좋을 것이다.

그러나 본래적인 물음, 즉 "도대체 왜 존재자가 있느냐"라는 물음은 그러한 작업에 의해서 본래 답변된 것이 아니라, 오히려 회피된 것일 터이다. 왜냐하면 그것은 "도대체 왜 어떤 무엇이 존재하는가"라는 바로 그 물음이었기 때문이다. 따라서 그 물음은 경우에 따라서는 필연적인 존재자로서 내세워질 수도 있을 그것마저 포함한 것이다.

다시 말해, 물음이 아무튼 의미를 지니고 또 의미있게 답변될 수 있으려면, 어떤 존재자 혹은 여러 필연적인 **존재자들**을 언급함으로써는 그 물음이 답변될 수는 없다. 왜냐하면 일체의 필연적인 존재자란 그것이 무엇으로 말미암아 이 필연적 존재가 되었는가라고 재차 질문되지 않을 수 없을 터이기 때문이다. 필연적인 존재자로서 그것은 다시금 우선 단지 **사실상의 필연적인** 것일 터이다. 즉, 그것은 필연적으로 존재하거나 아니면 또한 그렇게 존재하지 않을 수도 있는 가능성에 있어서만 그렇다.

바꾸어 말하자면 일체의 물음들이 그 앞에서 침묵하지 않을 수 없는 그 필연적 필연성은 그것이 단지 존재하는 것일 뿐인 것들의 더 작거나 커다란 그 전체 대열 밖에서 찾아질,경우에만 비로소 도달될 수 있다. 이 대열이 얼마나 큰 것이든 존재자의 전체 대열 밖에서 존립하는 그것만이 진정으로 필연적인 것이다. 이것은 무한한 대열을 논함과 관련하여 필연적인 것에 대한 물음이 논의될 필요가 있음을 뜻한다.

아리스토텔레스에게서 이미 예시되어 있고[7] 칸트에게서 순수이성의 이율배반 Antinomien에서 변증법적으로 반복되듯이,[8] 무한한 대열의 불가능함에 대해 전반적으로 숙고함은 이 자리에서 내재적內在的 인과관계로부터 초월적超越的 인과관계에로 도약해 옮겨질 경우에만 비로소 의미를 가진다. 따라서 인과관계의 고리는 다만 존재자를 존재자에 결부시키는 등 — 아마도 심지어 필연적 존재자를 필연적 존재자에 결부시키면서 — 더 이상 끝없이 계속해서 그렇게 하는 것이 아니라, 더 정확히 말하자면 존재자가 (즉, 존재가 그것에 실제로 귀속되어야 하는 그러한 것이) 도대체 더 이상 질문되는 것이 아니라, 오히려 존재자 일반의 존재의 출처Woher가 질문될 경우에만 그것은 의미를 갖게 된다. 존재자 일반의 존재의 출처는 스스로는 더 이상 존재자가 아니라, 오히려 일체의 존재자를 뛰어넘어선 심연Abgrund이다. 이 심연만이 결코 소멸될 수 없으며, 그만이 필연적으로 필연적이며 그의 헤아릴 수 없는 필연성에서부터, 그 존재자 대열의 순서가 하찮은 것이든 거대한 것이든 또는 존재자 대열 내에서, 예컨대 자연법칙들로서 등장하는 그 존재의 사실적 필연성들이 강력한 것이든 약한 것이든, 일체의 존재자의 존재의 확고부동함을 그와같이 근거짓는다.

질문함의 한 방식으로부터 또 다른 방식에로의 이행이 불연속적인 이행이라는 것이 여기에 명백해진다. 왜냐하면 같은 방향에서는 도대체 더 이상 계속해 질문되지 않기 때문이다.

자기 스스로에 의해 결정되어 있는 것이 아니라, 다만 존재할 수 있거나 또한 존재하지 않을 수도 있음으로 해서 그것의 "비-존재"에 대해 미결정적인 존재자의 존재의 확고부동함은 우리가 사려깊게 사유할 경우 일체의 존재자를 뛰어넘어선 필연성의 심연을 일체의 현실의 현실로서 입증한다. 이것을 파악한다는 것은 여기에 문제가 되고 있는 전체 주제를 위해 결정적인 의미를 지닌다.

---

[7] *Aristoteles Metaphysik*, A 2, 994 a 1ff.

[8] Kant, *Kritik der reinen Verunft*, A 426-429; 그외 A 517의 본문을 참조하라.

일체의 존재자를 뛰어넘어서 있는 필연적 필연성의 그 심연에 대해 우리의 원문에서는 존재자의 이 중요한 차이가 명시적으로는 이루어져 있지 않으며, 또 그에 따라서 존재자 일반을 넘어서게 하는 내재적 인과관계와 초월적 인과관계의 그 차이가 특별히 논의되어 있지 않다.

그러나 우리는 이 구별이 토마스의 원문의 의미에 들어 있다고 가정해도 좋다. 그것은 단지 원문이 오직 이 전제하에서만 일관된 의미를 준다는 것일 뿐만이 아니다. 이것을 명백히 보여주는 다른 원문들이 있다.

예컨대 토마스가 절대자, 즉 신을 원칙적으로 일체의 유개념類槪念들의 영역 밖에 둔다는 것이 지적되어도 좋다. 그에 대해 우리는 이미 말할 기회가 있었다. 여기에서 우리는 이것을 다시 언급하지 않을 수 없다. "신은 어떤 유개념에도 속해 있지 않다"(Deus non est in aliquo genere). 이것은 토마스에게 있어서 한 기본 명제이다.[9] 다시 말해 신은 판단할 수 있는 가능한 방식의 하나에 속하지 않는다. 유개념들은 판단의 가능한 방식들이다. 그리고 여기에서는 어떤 것이 존재하는 방식에 따라서 판단되므로, 신은 이 명제에 따르면 존재자가 존재하는, 혹은 존재자에게 존재가 귀속되어야 하는 가능한 방식들의 하나로 더 이상 간주되지도 않는다. 즉, 우리가 시종 일관되게 생각한다면, 신은 도대체 아무런 존재자도 아니며, 그는 일체의 존재자를 뛰어넘어선 신비이다. 그런 까닭에 신은 어떤 판단으로도 파악될 수 없다. "Deus non est in aliquo genere"라는 논제로써 일체의 존재자에 대한 신의 차이가 명백하게 관철되고 있다. 이렇게 해서 토마스가 세계의 사물들로부터 신에게로 안내하는 생각과 관련하여 원인에 대해 말할 때에 결정적으로는 더 이상 내재적 원인에 대해서가 아니라, 초월적이며 한계를 넘어서는 원인에 대해 말하고 있음이 또한 분명하다.

토마스는 초월적이며 한계를 넘어서는 인과율 명제를 때때로 명시적으로도 표현하고 있다. 이에 대해서 우리는 특히 토마스 아퀴나스의 초기 저작『유와 본질』의 다섯번째 장을 지적해도 좋다.[10] 후에 발전적으로 개진된 "오도"의 생

---

[9] Thomas von Aquin, *S. c. gent.* I, 25; 그외에 *S. th.* I, 3, 5: "utrum Deus sit in genere aliquo."

[10] Thomas von Aquin, *De ente et essentia* V, 4를 참조하라.

각들이 대단히 집약적인 형태로 거기에서 표명되어 있다.

이 원문 안에서 우리는 실제로 일종의 인과율 명제를 만난다. 우리는 다음과 같은 구절을 읽는다. "Ergo oportet, quod omnis talis res, cujus esse est aliud quam natura sua, habeat esse ab alio."[11] 그러나 그것의 존재가 그 본성과는 상이한 어떤 것, 그것은 무엇인가? 그것은 존재하는 한에 있어서 존재한다는 이 사실이 그것에 **귀속되어야 하는** 그 어떤 것이다. 이는 동시에 그것이 반드시 존재해야 할 필요가 없음을 뜻한다. 그것은 존재가 그것에 귀속되지 않는다고도 생각해 볼 수 있을 정도로 그와같이 존재한다. 따라서 그것이 현실적으로 실존하는지 아니면 실존하지 않는지라는 물음을 미해결로 놔둔 채 우리는 그것을 생각해 볼 수 있다. 그런 까닭에 우리는 존재한다거나 실존한다는 이 사실은 이차적인 것으로서 그것의 본성에 덧붙여지는 것이며 이 본성으로부터는 직접적으로 추론될 수 없다고 말할 수 있다.

그런데 이런 의미로 존재가 "거기에로-오는" 그것은 철두철미 **존재자**이다. 그러면 "존재하는"이라는 이것은 무엇을 뜻하는가? 그것은 어떤 무엇이 있다는 것을, 어떤 무엇이 존재를 가진다는 것을, 어떤 무엇에 존재가 귀속된다는 것을 뜻한다. 술어적으로 사용된 "존재한다"는 존재의 귀속을 표현한다.

따라서 우리의 명제는 또한 이렇게 재현될 수 있다. 일체의 "존재자"는 어떤 다른 것으로부터 존재를 가진다.

그러나 존재자의 "다른 것" das andere 이라는 이것은 무엇인가? 이 "다른 것"을 언급함으로써 우리의 명제는 존재자 일반을 넘어서고 있다. 따라서 그것은 초월적인 인과율 명제이다. 그 명제는 어떤 존재자가 다른 존재자 안에 정초해 있지 않으면 안되며 또 어떻게 정초해 있어야만 하는가에 대해서는 더 이상 말하고 있지 않다. 오히려 그것은 존재자 전반이 일체의 존재자의 타자로 말미암아 그것의 존재와 그래서 그것의 근거를 가지고 있다는 것에 대해 말하고 있다.

---

[11] "그러므로 그 존재가 자기의 본성과는 다른 그러한 종류의 것은 모두 다른 것으로부터 존재를 가지고 있지 않으면 안된다"(같은 곳).

그런 까닭에 우리의 명제는 또한 다음과 같이 이어지는 명제에 의해서 같은 의미를 지니고서 표현된다. "스스로는 존재일 뿐이므로 모든 것에 대해 존재의 원인인 어떤 것이 존재하지 않으면 안된다"(oportet, quod sit aliqua res, quae sit causa essendi omnibus rebus, eo quod ipsa est esse tantum).[12] 이 명제에서 문제가 되는 것은 분명 어떤 사물이 다른 사물에 대해서 갖는 관계가 아니라, 다만 존재esse라고 일컬어지고 그러한 것으로서 일체의 유ens에 대해 타자인 그것에 대한 **일체의** 사물들 혹은 일체의 존재자의 관계이다. 그와 동시에 오로지 존재일 뿐인 것에 대해서도 그것이 입문적으로 어떤 것aliqua res으로 언급되고 있다는 역설이 감수된다. "것"res이라는 표현은 원문이 가리키듯이 여기에서 곡해될 수는 없다.

이 관찰은 다시 한번 "오도", 특히 세번째의 길에 대한 우리의 해석을 뒷받침한다. 그 자리에서는 이것이 특별히 논의되고 있지는 않다. 하지만 존재자를 존재자와 결부시키는 내재적 인과관계가 아니라 오히려 초감성적이고 초월적인, 즉 일체의 존재자를 넘어서는 인과관계가 거기에서도 또한 문제가 되고 있다는 것은 더 밀접하고 폭넓은 연관에서 볼 때에 명백하다.

이것은 토마스의 이른바 신존재 증명들이 사실상 우리가 제안한 사유과정과 같은 뜻을 지니고 있다고 말할 수 있는 가장 중요한 근거들이다. 일체의 존재자를 의문에 붙이고 일체의 존재자를 넘어서 질문하며 그것의 현실이 존재자의 존재의 확고부동함에 의해서 확증되는 그 "왜"가 그러한 증명들에 있어서도 문제가 되고 있다. 이 원문들은 우리와는 다른 개념어概念語로 말하고 있지만, 그것들은 동일한 주제에 대해 말하고 있는 것이다.

중세中世의 이 가장 중요한 구상을 토론함에 있어 우리가 우리의 구상을 돌이켜보며 반성함으로써 또한 내재적 인과관계와 초월적 인과관계 사이의 중요한 차이가 재차 명백해졌다. 그것은 이와 관련되어 있는 일체의 숙고들을 올바로 이해하는 데에 있어서 결정적이다.

방금 말한 것에 비하여 "오도"의 원문에서 의미물음이 결정적인 역할을 하지

---

[12] 같은 곳.

않고, 오히려 근거에 대해 되묻는 "왜"라는 물음이 전체 사고구조思考構造를 지배하고 있다는 것은 별로 중요치 않다. 이것은 의미물음을 전면에 내세우는 것이 우리의 현대사상의 특징인 것과 마찬가지로 중세의 사상가들의 특징적인 점은 근거를 되묻는 것이다. 이 차이는 흥미로운 것이지만, 결정적인 것은 아니다. 이것은 거꾸로 우리들 역시 비록 이차적이기는 하지만 "왜라는 물음"을 논의하고자 하였던 것처럼, 토마스에게서도 의미물음이 다른 연관들 안에서 분명 논의되고 있다는 사실에서 이미 알 수 있다.

전반적으로 결정적인 것은 무한하고 무조건적인 신비에로의 길이 두 경우들에 있어서 존재자 그 자체 전반과 존재자의 타자 사이의 활동 영역 안에서 전개되고 있다는 사실이다.[13]

2. 캔터베리의 안셀무스의 존재론적 논증

전승된 신존재 증명의 두번째 위대한 유형, 그 가장 유명하고 가장 중요한 간결한 표현이 캔터베리의 안셀무스에게서 유래하는 이른바 존재론적 증명을 다루어 보자.[14]

여기에서 문제가 되고 있는 것은 무엇인가? 우리의 원문은 우선 "aliquid quo maius nihil cogitari potest"(그보다 더 큰 것은 아무것도 생각될 수 없는 어떤 것)[15]라는 생각이 문제임을 말하고 있다. 이것은 적어도 "지성 안에 있는"in intellectu 어떤 무엇, 그러니까 사유력思惟力 안에서 사고되고 이 점에 있어서 존재하는 어떤 무엇이겠다. 그러나 "그보다 더 큰 것은 생각될 수 없는" 그것은 **단지** 지성에만 존재할 수 있는 것이 아니다("non potest esse in solo intellectu").[16] 단지 사유함으로써만

---

[13] 이에 대해서 지은이는 다음과 같은 글에서 더 상세히 의견을 피력하였다: *Der philosophische Glaube bei K. Jaspers und die Möglichkeit seiner Deutung durch die thomistische Philosophie*, 수록: *Symposion, Jahrbuch für Philosophie*, Bd. II (Freiburg i.Br. 1949) 1-190. 그리고 더 나아가서 다음과 같은 글에서 이를 다루었다: *El pensamiento filosofico actual frente las "quinque viae" de Santo Thomas de Aquino*, 수록: *Teologia*, Tomo VI/1, No. 12 (Buenos-Aires 1968) 75-122.

[14] Anselm von Canterbury, *Proslogion* c. 2를 보라.   [15] 같은 곳.   [16] 같은 곳.

사유함에 대해 존재하는 것은 분명 허무한 존재자로서, 즉 "존재한다"라는 말의 본래적이고 충분한 의미에 있어서는 존재하지 않는 어떤 것으로서 간주된다. 그것은 단지 생각된 것일 뿐인 것으로서 허무한 것이다.

그러므로 "존재한다"Esse라는 것은 우리의 원문에 있어서는 자기 스스로에 의해서 그리고 자기 자신의 힘으로 존재하며, 따라서 나의 사유가 그것에로 향하든가 않든가와는 무관함을 뜻한다.

그러므로 **단지** 사유의 힘으로 그리고 사유함에 대해서만 존재하는 것은 사유함이 어떤 것을 사유하고 있으므로 어떤 것이기는 하지만, 그것은 단지 생각된 것일 뿐인 것으로서는 허무하며 그리고 그것의 존재에 관해서 볼 때에 결핍된 어떤 것이다.

그러나 "quo maius cogitari nequit"(그보다 더 큰 것은 생각될 수 없다)라는 생각은 우리의 본문에 따르면 다름아닌 존재의 결핍과 허무함을 배제하고 있다. 그러므로 "quo maius cogitari nequit"라는 생각에서 사고된 것이 다만 사유함에 의해서만 존재하는 것이고 따라서 자체로는 허무한 것이라면 모순이 될 터이다. 그 생각은 자기 자신을 지양하는 것이 될 터이다. 따라서 "quo maius cogitari nequit"라는 생각에서 사고된 것은 절대적으로 가장 큰 것, 즉 절대적으로 가장 완전한 것의 완전한 "그-자체로-있음"An-sich-Sein을 포함한다.

주지하는 바와같이 이 생각에 대해 처음부터 수많은 이의들이 제기되었다. 존재론적 신존재 증명과 그것의 형식적 논증에 대한 가장 철저한 비판은 칸트에 의해서 이루어졌다. 칸트는 존재란 아무런 현실적 술어述語가 아니며 현실적인, 그러니까 당연히 존재하는 백 개의 은화들은 백 개의 생각된 (즉, 당연히 존재하지 않는) 은화들보다 더 많은 것이 아니라는 사실을 환기시켰다. 따라서 존재와 관련해서는 아무것도 "현실적 술어들"로부터 따라나오지 않는다. 우리가 오로지 형식적으로만 논거를 고찰하고 또 형식적인 고찰에 있어서 그리고 사실에 부합한 (현실적) 술어들과 술어의 존재("그-자체로-있음") 사이의 차이에 있어서 마찬가지로 형식적으로 엄격하게 논거를 전개하는 한, 그러한 비판적 생각은 완전히 옳다. 안셀무스의 표현이 그러한 형식적 이해를 시사할 수

있다는 것도 인정되지 않을 수 없다.[17]

하지만 "quo maius cogitari nequit"라는 안셀무스의 생각이 본래 무엇을 의미하는지 또한 그러한 생각이 어떻게 사유되게 되었는지 그리고 끝으로 그것이 그 현실성을 어떻게 증명하는가라는 것만은 질문되지 않을 수 없다.

가) 더 큰 것은 생각될 수 없는 그것

"quo maius cogitari nequit"라는 생각은 무엇을 뜻하는가? 우리가 유한한 존재자의 영역에 머무는 한, 여전히 더 큰 것이 생각될 수 있으므로, 더 큰 것에서 더 큰 것에로의 끝없는 전진이 있게 된다. 그러나 이것은 그 편에서 보아 만족스럽지 못한 것으로 밝혀진다. 따라서 "더 큰 것은 생각될 수 없는 그것"이라는 생각은 구상될 수 있는 끝없는 전진을 넘어서 가리켜 보인다. 그것은 그 자신의 의미로 말미암아 작든 크든, 혹은 심지어 끝없는 것이든, 원칙적으로 유한한 존재자의 가능한 총계를 초월한다. 그것은 모든 유한한 크기와 모든 유한한 대열을 초월한다. 그래서 그것은 우리가 언명하고 끝까지 사고할 수 있는 일체의 것을 또한 넘어서 지시해 보인다. "quo maius cogitari nequit"라는 것은 그것에 대해 "생각해 **내어**질 수 없다"(excogitari nequit)라고 우리가 말해야만 하는 그것이기도 하다.

물론 안셀무스는 그의 생각의 이 초월적 측면을 간과하지는 않았지만, 그러나 특별히 주제화主題化하지는 않았다. 그에게서 이 생각의 초기 표현방식이 발견되는데, 그러나 적지 않은 것이 다만 함축되어 있을 뿐 충분히 명시되어 있지는 않다. 그만큼 더 "quo maius cogitari nequit"라는 생각이 지닌 초월超越의 설명은 이것 자체에서부터 나오는 것이지 어떤 부가적인 것에 의해서 실현되는 것이 아님을 보여줄 수 있는, 더구나 명백히 보여줄 수 있는 계기가 결과적으로 나타났다.

---

[17] Kant, *Kritik der reinen Vernunft*, A 592-602를 참조하라.

나) 이 생각이 어떻게 사유되게 되는지

어떻게 그렇게 거대하고 진기한 생각이 도대체 인간의, 즉 유한한 사유함에로 들어오게 되었는가? 그것은 확실히 인간의 자의적인 임의任意에서 비롯된 것이 아니다. 또 그것은 단지 유한한 등급들의 계산들에서 비롯된 것도 아니다. 왜냐하면 거기에서부터는 결코 무한한 것이 결과될 수 없을 것임은 뻔하기 때문이다. 이 생각은 오히려 그 안에서 사고된 것이 "자기-스스로를-나타냄"으로써 우리의 사유함에로 들어오게 되는 것이 아닐까?

우리가 마침내 더 이상 능가될 수 없는 물음, 즉 "도대체 왜 어떤 무엇이 있는 것이며, 아무것도 없는 것이 아닌가"라는 물음에로 접어들기까지 대저 무엇이 우리로 하여금 그렇게 거대한 원인에서도, 그렇게 길게 늘어선 원인 대열에서도 멈추어 쉬지 않고 "왜라는-물음"을 계속케 하는 것일까?

그렇다면 무엇이 일체의 존재자를 뛰어넘어서면서도 일체의 존재자를 지탱하고 정초하는 그러한 것으로 하여금 우리의 시야에 들어오게 하는가? 그것은 "그보다 더 큰 것은 생각될 수 없다"라고 참으로 말해질 수 있는 가공할 "무"인가?

"quo maius cogitari nequit"라는 것은 대부분 처음에는 눈에 띄지 않을지라도, 사유함 안에 이미 언제나 있었다. 그것 자체가 자신을 "가장 큰 것"으로서 나타내며, 우리의 물음의 결코 끝낼 수 없는 동요動搖 안에서 그리고 마침내 일체의 것을 지탱하며 결정짓고, 비록 그것이 우선은 "무"로서 나타날지라도, 일체의 현실의 현실인 그 심연深淵의 열림 안에서 관철된다. 그것이 경험적으로는 임의로 생기더라도, "증거"는 본질적으로는 어디인가에서 시작되는 것이 아니다. 오히려 그것은 본질적으로는 그것의 결과와 함께 시작한다. 이것은 이미 사유 안에서 그것이 조심스레 첫걸음을 내디딜 때에 활동하였던 것인데, 마침내 무의 낯설기만 한 모습 안에서 자기 자신을 나타낼 때까지 사유함을 이끌고 움직이고 쉬지 않게 하였던 그것이다. 따라서 이것은 그 어떤 존재자에서부터 입증되는 것이 아니라, 오히려 스스로 그리고 자기 자신에 의하여 사유함 안에서 섬뜩하고 무한한 것으로서 증명되는데, 그것은 동시에 또 "자신을-관철함"의 그같은 활동 안에서 절대적 현실로서, 즉 일체의 현실을 지탱하는 것으로서 나타난다.

다) 현실의 입증

끝으로 무한한 신비는 어떻게 해서 우리의 사유함에 대해 자신의 현실을 입증하는가? 나타나는 무가 아무런 허무한 무가 아니라 오히려 무한한 권세 자체가 숨겨져 나타남이라는 것이 어떻게 명백해지는가?

이 관점에서도 현실에로 넘어감은 단순한 생각에 의해서가 아니라, 다시금 사실 그 자체에 의해서 이루어진다는 것이 강조되지 않으면 안되는데, 사유 안에서 사실이 그것을 요구하고 움직이는 것으로서 작용한다는 것이 여기에 입증된다. 물론 그것은 존재자 일반의 확실성을 변증법적으로 깊이 생각해 봄으로써 그렇다. 이 사실에 관심을 기울이는 것을 안셀무스는 특별히 중요시 여기지 않았다. 그러나 그의 입장을 조망해 본다면, 다음과 같은 사실이 강조되지 않으면 안된다. 사유함은 절대자를 그 어디에서인가 가져오거나 구성해 낼 필요가 없으며, 절대자의 현실을 그의 사고상의 구성에서부터 비로소 전개할 필요가 없으며, 오히려 일체의 존재자의 존재라는 전체 영역 안에서 다만 그것이 "자기-자신을-관철할" 틈을 주고 그것에 주목할 필요가 있을 뿐이다. 안셀무스의 생각이 이 점을 표현하고 있는 한에서 그것은 내용 없는 모든 형식화를 뛰어넘어 커다란 진리를 표현하고 있는 것이다.

그 핵심이 — 우리가 그것을 돌이켜본다면 — 인간의 "의미-요청"Sinn-Postulat 이었던 우리의 첫번째 생각을 돌이켜보더라도, 같은 것을 우리는 말할 수 있다. 왜 우리는 우리의 생의 모든 실행들에서 의미를 전제하는가? 어째서 의미 전제는 결정적인 실행들, 즉 구체적으로 윤리적인 실행들에서 확신있게 요구된 것으로서 나타날까? 그러니까 자기 스스로를 나타내는 것이지 단지 우리에 의해서 생각된 것이 결코 아니며 언제나 우리를 요구하는 그것은 무엇 때문에 그 어떤 유한한 의미 모습에서도 우리로 하여금 쉴새없이 마침내 "존재와 현존재란 전체로 통틀어서 무슨 의미를 갖는 것인가"라는 헤아릴 길 없는 물음에로 우리를 몰아가는 것일까? 일체의 존재자를 뛰어넘어선 "무"가 결국 우리의 시선에로 들어오지 않는다면, 그것은 허무한 무로서는 아무런 의미도 갖지 못하며 아무런 의미도 줄 수 없다는 것을 그것 스스로 보여주는 것이 아닌가? "Id quo maius cogitari nequit"(더 큰 것은 생각될 수 없는 그것)은 이 도상에서 자기 스스로를 관철하는 것이며, 허무한 무란 우리에게도 또 존재하는 일체의 것에도 아무런 의미를 줄 수 없다는 통찰에서부터 자신의 현실을 스스로 입증한다.

물론 유한한 존재자의 존재의 확고부동함에 의해 무한한 신비의 현실이 이렇게 "중개됨"은 안셀무스의 사유 과정에서 특별히 강조된 어떤 역할을 하고 있지는 못하며, 의미 요청에 의해 그것이 "중개됨"은 더욱더 그렇지 못하다는 것이 우리 눈에 띌지 모른다. 하지만 이것은 중요한 특성들이 역시 함축되어 있기는 하되, 명시적으로는 밝혀져 있지 않은 그 어떤 초기 형태의 생각이 안셀무스에게 있다는 것을 다시 한번 보여준다.

뿐만 아니라 이 "중개"에 의해 영원한 신비의 "자기-자신을-보여줌"이 무효화되지 않는다는 것을 우리는 덧붙여 말하지 않으면 안된다. 이 신비가 오히려 한편으로는 스스로 그의 무한하고 무조건적인 차원을 여는 것이므로, 이 차원은 유한한 것으로부터는 계산되어 나오지 않는다. 신비의 나타남은 무를 부정적으로 해석할 경우 유한한 것과의 모순이 발생함으로 말미암아 비로소 결정되어야만 하는 무의 그 모호성 안에서 우선 발생하는 것이라면, 이 모순 역시 자기 스스로를 나타내며, 그 안에서 신비 자신이 자신을 일체의 현실의 현실로서 고지한다는 것이 상기되지 않으면 안된다.

"자기-자신을-보여줌"의 이 성격은 안셀무스의 증명에서 당연히 견지되어 있으며, 무한자의 나타남을 부정적으로 (즉, "사실이"in re 아니라, "지성 안에서의"in intellectu "더 큰 것은 생각될 수 없는 그것"으로서) 해석함으로써 빚어지는 모순이 그 안에서도 나타난다. 그것은 단순히 형식적 모순으로서 고찰되어서는 안된다.

오늘날 우리가 이 관점에서 강조하지 않으면 안되는 이 구별이 안셀무스의 사상에서는 명시적으로 이루어지고 있지 않다는 것은 확실하다. 그러나 안셀무스의 사상은 결정적인 요소들을 이미 보았다.

"더 큰 것은 생각될 수 없는 그것"에 대한 생각이 자기 스스로를 입증한다는 것에 우리가 주목하도록 그것은 각별히 힘주어 환기시키고 있다. 이것은 앞으로 더 명백해질 것이지만, 중요하고 지속적인 의미를 지닌다.

그래서 안셀무스의 논증은 그것이 보여주는 것처럼 형식적으로 암호화된 것이지만, 그러나 우리가 지금껏 몰두하였던 그 숙고들의 비길 바 없는 논리의 표현으로서 이해될 수 있다. 그와같이 이해될 경우 그것은 그 숙고들을 돌이켜 보여주며, 그것들에게서 이 중요한 특징, 즉 무한자는 단지 고안해 낸 것에 지나지 않는 것, 인간의 작품이 아니라, 오히려 인간의 사유가 그것에 기회를 부여하고 주목할 경우에 그 안에서 자기 자신을 관철한다는 사실을 분명하게 드러나게 한다.[18]

그래서 전수된 위대한 사상이 우리의 생각들로 말미암아 분명해지며 거꾸로 우리의 생각들이 전승 안에서 반영되고 변형된 형태로 재인식됨으로써 결정적인 특징들에 있어서 더 명료해진다.

만일 영원한 신비가 우리의 유한한 생각 안에서 자기 스스로를 알릴 정도로 사정이 그렇다면, 실제로 만연한 불신앙의 사실은 하나의 문제가 된다. 절대자가 처음부터 또 스스로 사유함을 요구하고 마침내 그 안에서 자신을 관철하는 것이라면, 어째서 무조건자를 신앙하지 않는 수많은 사람들이 존재하는가? 그렇다면 불신앙은 신앙보다 더 시급한 문제인 것이다. 우리는 이 문제를 잠시 미루어두고 후에 다시 다루도록 하겠다.

3. 신존재 증명에 대한 칸트의 비판

우리의 주제, 즉 신의 인식을 다루고 있는 모든 견해들 중에서 임마누엘 칸트의 견해는 가장 중요한 견해들 중의 하나이다. 그것은 또한 최근의 의식 전반에 엄청난 영향을 끼친 한 역사를 갖고 있다. 그러므로 우리는 끝으로 우리 자

---

[18] 이에 대해서는 C. Hartshorne, *What Did Anselm Discover?*, 수록: *Union Seminary Quarterly Review* (March 1962) 213-222; 그리고 또한 A. Plantinga (ed.), *The Ontological Argument* (Garden City N.Y. 1965)를 보라. 그외에 Schubert M. Ogden, *The Reality of God* (London 1967) 21ff.; 독어판: *Die Realität Gottes* (Zürich 1970)을 보라.

신의 시도들이 칸트의 견해의 엄격함과 중대성에 비추어볼 때에 어떻게 보이는가를 묻지 않으면 안된다.

우리가 여기에 특히 따르고 있는 『순수이성비판』에서 칸트에게 문제가 되고 있는 것은 학學으로서의 형이상학의 가능성이다. 그와 동시에 신은 칸트가 형이상학이라고 지칭하는 그것의 가장 중요한 대상이라는 사실이 전제된다. 따라서 학으로서의 형이상학의 가능성을 묻는다는 것은 신에 대한 과학적 인식의 가능성을 묻는다는 것을 뜻한다. 그러나 학이란 무엇이며 과학적이란 무엇인가? 이 책의 제2판의 서문은[19] 이성理性의 일에 속하는 인식과 또 그 인식이 학의 확실한 과정을 밟고 있는지 아닌지가 문제되고 있음을 언급하고 있다. 학은 인식, 즉 그것이 확실한 길을 걷는 것이므로 성공을 기약하는 객관적 인식의 확실한 과정에 의해서 특징지어져 있다. 그러한 학들의 모델은 칸트에 있어서 수학과 자연과학들이다. 따라서 신에 대한 인식이 수학과 자연과학들의 확실한 모델에 따라서 가능한 것인지가 문제이다. 동시에 칸트는 수학과 자연과학들의 최근의 발전으로 말미암아 인간 이성의 역사적 과정에서 혁명적인 새로운 어떤 것이 결과되었음을 잘 알고 있었다. 칸트는 그것들이 "갑자기 실현된 하나의 혁명을 통해서 그것들의 현재의 상태인 그것이 [⋯] 되었다"[20]라고 그것들에 대해 말한다. 그러니까 칸트의 시도는 스스로 학에 대한 특별히 근대적 이상에 속해 있음을 알고 있는데 형이상학, 즉 확실한 객관적 신인식의 가능성이 문제인 바로 거기에서조차 그렇다.

그러한 근본 입장 내에서 신은 이성에게는 순수이성의 이상상Ideal으로서 전혀 이론의 여지가 없어 보인다. 이상상은 칸트에 따르면 "개별적인 것 안에서"의 관념, 즉 "오로지 관념에 의해 규정될 수 있거나 혹은 심지어 규정된 개별적인 것"이다.[21] 그것은 신의 개념이 우선 사물의 개념으로서 평가되어 있다는 것을 의미한다. 오늘의 언어로 표현한다면 신의 개념이 존재자의 개념이 된 것이다. 사물이나 존재자는 칸트에 있어서 일체의 존재자가 옛적부터 그랬던

---

[19] Kant, *Kritik der reinen Vernunft*, B VII을 참조하라.
[20] Kant, 상게서, B XVf.
[21] Kant, 상게서, B 596.

것처럼 본질 혹은 무엇에 의해서 규정된 것이다. 이 규정에 의해 "존재사실"Daß과 "무엇"Was이, 존재Existenz와 본질이 일체의 존재자에게서처럼 신의 개념에서 구별된다. 사물의 이 개요로 말미암아 확실한 객관적인 인식에 대한 요구가 나오게 된다. 인식은 존재와 본질을 출현시키지 않으면 안된다.

칸트가 신의 개념과 그리고 이와 관련해서 신에 대한 인식의 과정을 마치 당연한 듯이 그렇게 시작한다는 것은 우연한 일이 아니다. 이 발단은 오히려 전술前述하였던 사유의 그 혁명과 관련있으며 또 그런 혁명에 의해 야기된 새로운 존재이해의 역사적 필연성과 관련있는데, 이에 따르면 사람들이 그에 대해 무엇인가를 알고 말할 수 있는 일체의 것은 그것의 존재와 그것의 알 수 있는 본질 혹은 규정 안에서 객관적이고 보편타당한 방법을 토대로 파악될 수 있는 어떤 존재자의 성격을 지닌다.

칸트에 따르면 사물들은 더군다나 일반적으로는 술어들에 의해서 규정되어 있다. 술어들은 마땅히 사물들에 속하는 것인데, 그것들에 다시금 마땅히 속하는 특성들이 그 술어들 안에서 언명된다.[22]

이 소견에 의해 사물의 표상과 그와 동시에 또한 신의 표상이 갖는 합성된 성질이 강화된다. 일체의 사물들과 신 역시 그것들이 존재와 본질, 주어와 술어로 구성된 것인 한에서 고찰된다. 이렇게 해서 "최고유"ens summum라고도 일컬어지는 것을[23] 위한 전제들이 주어진 것인데, 이 전제들로 말미암아 최고유에 대한 가능한 또는 불가능한 객관적 인식에 있어서 최대한의 결과들이 따른다.

이성이 이제 그와같이 이해된 신을 확인하고자 한다면, 그것은 확실한 보편타당한 원리들의 도움으로써만 그렇게 할 수 있을 뿐이다. 뿐만 아니라 이성은 여타의 학문들에서도 그렇게 행동한다.

그러나 우리의 경우에서 적용될 수 있고 또 그렇게 되어야만 하는 보편타당한 원리는 모순원리일 수 없다. 왜냐하면 그것은 "신이 존재한다"라는 명제가 결과적으로는 단지 "초라한 중복어"Tautologie[24]만을 제시하는 것일 터이기 때문

---

[22] Kant, 상게서, B 599-601.   [23] Kant, 상게서, B 606.   [24] Kant, 상게서, B 625.

이다. 따라서 그러한 명제는 단순한 생각을 넘어서는 어떤 것도 언명하지 못할 터이다. 그것은 신의 현실적 존재에 대해 도대체 아무것도 말하지 않을 터이다. 따라서 이 전제와 이 이해의 테두리 안에서는 단순한 개념들의 관점에서 또 단순한 모순원리의 도움을 빌려 어떤 지고의 본질의 존재에 대해 존재론적 증명을 한다는 것은 헛수고일 따름이다.[25]

그러나 당면한 전제들 아래 인과율 명제를 사용한다면, 그것은 겉보기에만 더 괜찮은 것일 뿐이다. 그 인과율 명제는 선험적으로 증명될 수 있는 보편타당한 원리, 즉 가능한 경험의 맥락을 비로소 가능케 하고 따라서 이 맥락에 대해서만 통용되는 한 원리의 의미로 사용되기도 한다. 그러므로 그 원리는 역시 현상들의 규칙적인 결과만을 알려줄 뿐이다.

그러나 그로써 결과하는 것은 어떤 것이 그것의 존재와 관련해서는 필연적이며, 그 본질과 관련해서는 가장 완전하다는 것이 밝혀져야만 할 경우, 그리고 그와같이 이해된 인과율 명제를 그 목적으로 사용할 경우, 우리가 도달하는 것은 사실적 필연성일 뿐이라는 사실이다. 그러한 식으로 원인 대열의 시작에 필연적인 것으로서 생각된 존재는 실제로는 사실적으로만 필연적이다. 사실적인 것은 우리가 그것의 필연성을 덧붙여 생각하거나 혹은 그것이 없는 것으로 생각할 수 있는 그것이다. 그런 까닭에 칸트에 따르면 그러한 존재란 스스로 다음과 같이 자문하지 않을 수 없을 것이다. "그러나 나는 도대체 어디에서 비롯된 것일까?" 칸트는 이에 다음과 같이 덧붙여 말한다. "여기에 일체의 것이 우리의 발 아래에로 가라앉아 버린다. 그리하여 가장 사소한 완전무결함이 그렇듯이, 가장 뛰어난 완전무결함도 지지대 없이 단순히 사변적 이성 앞에서 떠돌 뿐인데, 조그만한 방해도 받지 않고 양쪽 모두를 사라지게 하기 위해서 그 이성이 필요로 하는 것은 아무것도 없다."[26]

그러나 이 숙고로 본질과 그 규정, 즉 지고의 완전무결함이 정당한 이상想像을 제시하는 것이기는 하지만, 그러나 주어진 전제들을 토대로 존재의 필연

---

[25] Kant, 상게서, B 630 참조.   [26] Kant, 상게서, B 641.

성과의 연관은 설명될 수 없다는 것을 알 수 있다. 또한 가장 완전무결함에 대해 다음과 같은 사실이 적용된다. 단순히 형식적인 인과율 명제가 문제되고 있기 때문에, 또 그것의 내용적 전제, 즉 세계가 고작해야 비례적인 한 원인, 즉 아무튼 세계처럼 그렇게 거대하지만, 그러나 그 까닭에 아직은 무한히 거대하다고는 할 수 없는 한 원인을 요구하기 때문에, 지고의 완전무결함은 세계의 관점에서는 해명될 수 없다. 그러므로 칸트는 그러한 증명을 토대로 고작해야 세계 건축사가 추론될 수는 있겠지만, 세계 창조주는 추론될 수 없을 것이라고 당연히 주장한다.[27]

그러나 더 철저히 또한 아주 일관되게 주장하는 칸트에 따르면, 우연적인 것의 개념과 마찬가지로 원인의 개념은 그와같이 단지 사변적으로만, 즉 칸트가 말하는 의미에서 일체의 경험을 넘어서게끔 사용될 경우 모든 의미를 상실한다.[28]

그런 까닭에 객관적으로도 또 칸트의 전제들 아래에서 보면, 존재의 필연적 필연성의 결론과 마찬가지로 절대적 전체성(즉, 가장 완전무결함)이라는 결론은 실제로 거의 가능하지 않다.

이 상황들 아래에서는 객관적이고 또 객관적으로 확실하고 과학적인 신인식神認識이란 존재하지 않는다. 근세近世에 널리 통용되던 사고와 존재이해의 조건들이 여기에 목표설정적으로 앞에 놓여 있기 때문에, 다음과 같이 말해지지 않을 수 없다. 현재 널리 통용되는 사고방식으로는 신인식이란 존재하지 않는다. 그렇지만 드물지 않게 있었듯이, 만일 신존재 증명들이 이 사고방식 테두리 내에서 시도될 경우에 그것들은 오늘날에도 여전히 칸트의 비판을 받지 않을 수 없다.

그러나 바로 이 숙고를 통해서 우리의 사고 과정들이 새롭게 조명된다. 왜냐하면 그것들은 처음부터 존재자를 객관화시킬 수 있게 보장하는 것을 넘어서 이끌어가기 때문이다. 그것들은 결정적으로는 하나의 경험, 즉 감각적으로는

---

[27] Kant, 상게서, B 655 참조.   [28] Kant, 상게서, B 663 참조.

확인될 수 없는 경험, 무한하고 우리를 무조건적으로 요구하는 신비가 그 자체로 주어짐에 대한 경험에 의거하는데, 이것은 칸트에게서 아직 전혀 고려될 수 없었고 또 현대의 과학 전체에서도 고려될 수 없는 것이다. 또한 이 결정적인 경험에서도 이 신비가 존재자와 그것의 객관화될 수 있음을 뛰어넘어서 있다는 것이 명백해졌다.

"무엇 때문에"라는 물음과 똑같이 "왜라는-물음"이 내재적으로뿐만 아니라, 또한 바로 한계를 뛰어넘어 초월적으로도 사용되고 있다는 것이 마찬가지로 명백해진다. 물음을 그렇게 사용할 수 있는 권리는 칸트도 인정하였던 "도덕적으로-자명한" 의미 요청에 의해서 또 존재자의 사실적 우연성, 즉 현대과학과 마찬가지로 칸트에게서도 유일하게 고려되었던 그 우연성을 뛰어넘어서 있는 존재자의 존재의 선험적 확고부동함에 의해서 입증된다.

그런 까닭에 우리의 숙고들에 있어서 초월적이고 한계를 넘어서는 인과관계가 그에 상응하는 목적성과 더불어 내재적이고 존재적인 일체의 인과관계와 목적성과는 근본적인 차이 안에서 조망되었는데, 그것은 칸트가 설정한 전제들의 관점에서부터는 고찰될 수 없었던 어떤 무엇이다.

따라서 우리의 사고 과정들은 칸트의 비판과 동시에 또한 현대과학의 능력의 범위를 뛰어넘어 진행되고 있는 것이다. 신은 예컨대 지금까지는 알려져 있지 않은 소립자素粒子나 또는 지금까지는 알려져 있지 않은 중력 중심을 사람들이 입증할 수 있을 것처럼, 그렇게 입증되는 것이 아니다.

칸트의 견해는 우리가 이 한계설정, 즉 존재적인 것과 객관화될 수 있는 것을 뛰어넘어서는 사고의 이 운동을 분명하게 실행하도록 의무지운다. 따라서 칸트와의 논쟁은 우리의 숙고들을 이끌었던 우리의 방법론적 자각을 강화시키지 않을 수밖에 없다. 그리고 그것은 바로 그 결정적인 근본 특징들에 있어서 우리가 취하는 행동양식을 비판적으로 확증해 준다. 그렇기 때문에 그것은 우리의 주제를 더 명료하게 하도록 간접적이고도 비판적으로 도움을 준다.

절대적 신비의 인격적 특성

우리는 절대적이며 무한한 신비를 인격적으로 이해해도 괜찮은 것인가? 우리는 그에 대해서 "너"Du라고 말해도 좋은 것인가? "너"라고 말하면서 우리는 그것에 말을 건네도, 그러니까 그에게 기도해도 좋은 것인가? 간청과 기도는 분명 종교적 태도의 근본을 이루고 있다. 따라서 우리가 절대적 신비의 인격적 특성을 논함으로써 우리는 또한 종교적 실행들 특히 기도의 가능성의 근거를 논하는 것이며, 그렇기 때문에 거대한 신비 자체를 종교적 신비로 논하는 것이다.

그러나 우리가 무한한 신비의 인격적 특성에 대해서 숙고한다면, 그것은 우리가 우리의 인간적인 태도와 같은 인간들의 태도의 어떤 근본 특성을 이 신비에 전용轉用하고 적용하려는 것은 아닐까? 우리가 이렇게 해도 괜찮은 것일까? 이렇게 유추類推해도 무방한 것일까? 우리의 숙고들과 관련하여 우리는 이 물음에 대해 생각해 보지 않으면 안될 것이다.

그러나 우선 이 근본 특성 일반에 대해 우리는 명백히 이해하지 않으면 안된다. 인격성Personalität이란 무엇을 뜻하는가? 우리가 인격적 특성에 대해서 말할 경우, 요컨대 무엇에 대해 우리가 말하고 있는 것인지 우리는 우선 알지 않으면 안된다. 이 입문적인 논의를 위해서는 물론 우리는 필연적으로 우리의 인간적이고 "공통된-인간적" 생활 형태들을 조망하고 그것들을 기준삼지 않으면 안된다. 그러니까 우리가 이렇게 하는 것은 그러한 인격적 범주들을 절대자에게 전용할 권리가 우리에게 있는가라는 문제에 대해서 후에 숙고하기 위함이다.

1. 인격적이란 무엇을 뜻하는가?

우리가 태도의 인격적 특성에 대해서 말할 경우 우리가 말하려는 것은 무엇인가? 인격적 특징이 두드러지는 행위들 특히 인간의 언어행위들을 다룸으로써 우리는 이것을 가장 잘 뜻할 수 있다. 예컨대 우리가 다른 동류 인간에 대해 "너"라고 말을 걸 경우, 이 호칭행위는 분명 인격적 영역 안에서 움직이고 있으며, 더욱이 어쩌면 인격적 영역을 여는 것인지도 모른다. "너-호칭"Du-Anrede 은 인격적 특징이 탁월하게 나타나는 언어행위이다. 인격들이란 우리가 "너"라는 말로써 의미있게 말을 건넬 수 있는 그러한 존재자들이라고 말할 수 있을 것이다. "너-호칭"이 실행되는 곳에서 인격적인 것이 나타난다.

이 행위, "너-호칭"은 기초적이며 단순한 사건이다. 그것이 전제하는 것은 아무것도 없으며 그것은 자기 자신과 더불어 시작한다. 그리고 그것이 여러 관점들과 여러 계기들을 망라할지라도, 그것은 복합적인 것도 아니다. 그러한 행위가 이루어지면, 그것은 아무튼 그저 존재하는 것이다.

그럼에도 불구하고 우리는 "너-호칭"의 현상적 내용들이 명백해지도록 그것들을 개념적으로 설명하고자 한다. 다만 우리는 이것이 간접적인 방법임을 명확히 알게 되기를 바랄 뿐이다. 그것은 한 인간이 다른 이에게 "너"라고 말을 건넬 경우 발생하는 기초적이고 단순한 것을 필연적으로 한쪽 편에서 강조하게 마련인데, 이는 그 안에 내포된 계기들이 단독으로 두드러지도록 하기 위함이다. 그러나 사건 자체 안에서는 그것들은 단독으로 두드러져 있지 않으며, 전체적인 것이 그저 단순히 발생할 따름이다. 연관들을 더 명백히 깨닫기 위해서는 우리는 이 상황을 감내하지 않으면 안된다. 그러나 결국 우리는 모든 것을 다시 발생, 사건, 체험 자체가 지닌 단순하고 직접적인 것에로 되옮겨 표현하지 않을 수 없을 것이다.

가) 자아실행自我實行

"너-호칭"은 **그 자신**으로서의 말 건네진 사람에게 말 건넨다. 그것은 말 건네진 사람의 자아와 관계하며 자신의 방식으로 이 자아, 즉 너 자신을 성취한다.

자아는 이 점에 있어서 재귀적再歸的인 것으로 이해되어 있다. 그것이 혼자서 현존재하며 자신 안에서 밝혀져 있음으로써, 더 나아가 또한 자신을 실행하고 자기 자신에서부터 그것 자신으로 행동함으로써, 자아는 자기 자신과 도로 관련되는 동일한 것으로 실행된다. "너"는 자기 자신을 소유하고 자기 자신을 실행하는 어떤 자아를 뜻한다.

나) 시작할 수 있음

"너"라는 호칭으로 말 건네질 수 있는 사람들에 대해, 즉 자기 자신에 명백하고 자기 자신을 실행하는 사람들에 대해 우리들은 그들이 **응답할** 수 있으리라 기대한다. "너"라는 호칭은 그것이 어떤 응답의 가능성을 예상할 경우에만 의미를 가진다. 즉, 그러한 호칭은 상대방을 그 자신에서 출발하여 그 자신으로 우리에게 자신을 표현할 수 있는 어떤 사람으로 이해한다.

그러므로 "너"라는 말이 실제로 표현된 것으로 의미하는 그것에는 또한 응답할 수 있는 능력과 그리고 이와 더불어 출발할 수 있는, 시작할 수 있는, 근원적일 수 있는 능력이 속한다. 자유롭게 자기 자신에 속하는 자아 외에는 아무것도 전제하지 않으며 그리고 이 자유에서부터 출발하여 도약하고 또 응답하면서 나에게 말하는 응답하는 "근-원"根-源이 거기에 속한다. "너"에게 속하는 이 "응답할 수 있음"은 아무것도 전제하지 않으며, 따라서 그것은 앞에 놓여 있어 확인할 수 있는 어떤 상태의 결과로 이해될 수는 없고 또 이해되지 않는다는 것을 아는 것이 중요하다. 그것은 자아로부터의 자유로운 시작 혹은 자유로운 근원이다.

여기에서 사람들은 그러한 응답하는 시작이 그에 앞서 있는 일련의 복합적 조건들, 즉 심리학적 혹은 사회적 종류의 복합적 조건들에 결부되어 있다고 생각할지도 모른다. 그렇게 되면 물론 기대될 수 있는 응답의 어떤 특징들에 대해 몇 가지의 것이 시사되고 심지어는 예견될는지도 모른다. 그러나 인격적 너의 이해를 위해서 결정적인 것은 바로 그렇게 될 경우라도 그러한 복합체의 테두리 내에서 **너 자신**이 시작하고 응답하며 그래서, 비록 그 시작이 아무리 미리 결정짓는 연관들에 둘러싸여 있다 하더라도, 또다시 어떤 순수한 근원이 시작하고 응답한다는 사실이다.

이것은 특히 우리가 단지 그러한 심리학적이거나 사회적 결정인자決定因子들과 관련있을 뿐 그외의 아무것과도 관련이 없는 경우에 "너"는 인격적 범주로서는 전혀 나타나지 않으며 또한 자리매김하지 않는다는 사실에서 분명해진다. 왜냐하면 그럴 경우에 문제되는 것은 다만 사실적인 확인 가능성, 즉 그것이 이러저러하다든가 이러저러한 것이 기대될 수 있다는 것일 뿐이기 때문이다. 그러한 "사실-언명들"Es-Aussagen에 "너"가 등장하자마자 그것이 아무리 그러한 사실적 연관들을 고려한다 하더라도 그것들을 능가하여 질적으로 새로운 전망, 즉 인격적인 것의 자유로운 근원성根原性의 전망에로 들어간다.

그래서 우리는 다음과 같이 말할 수 있다. 인격적 "너"는 자기 자신을 소유하고 자기 자신에서부터 출발할 수 있는 근원성을 뜻한다.

다) **통교**通交

더 나아가서 인격적인 것은 특별히 그에게 속하는 **장소**Ort를 가진다. 그것은 인격과 인격의 관련, 인격적 만남의 사건, 생동적인 공동인격성共同人格性에 속한다. 이미 "너"라는 단순한 호칭은 그 안에서 **내가 너에게** "너"라고 말하고 따라서 두 개의 인격들 사이의 한 만남이 일어나는 어떤 말함이다. 이 연관으로 말미암아 단지 그러한 "공동의-인격적" 만남에서만 "너"가 발생할 수 있다는 것이 밝혀진다. 그러한 만남은 "너"와 동시에 인격성이 발생하고 나타날 수 있게 하는 특별히 그에 속하는 장소이다. 인격적 자아는 본질적으로 대화적으로 구성되어 있다.

따라서 인격이 단순한 사물들을 대면하여 대화적 통교의 가능성이 없는 상태에 있다면 그것은 장소가 없는 것이며, 장소가 없는 것으로서 그것 자체는 결핍된 방식으로만 존재하는 것이다. 이 경우에 있어서 그것의 인격성에는 통합적인 요인, 즉 인격적 응답의 가능성이 결여되어 있는 것이다. 세계의 사물들은 그럴 경우 다만 그와같이 산재散在해 있을 뿐이며, 그것들의 어떤 것도 나와는 상관이 없으며 나를 부르지 않는다. 이 경우에도 나는 나 자신이기는 하지만, 그러나 나는 마치 텅 빈 공간 안에 있는 것처럼 그렇게 나 자신이며, 특별히 나에게 속하는 장소 혹은 나에게 속하는 대상, 즉 대화對話가 나에게는 결여되어 있다.

그런 까닭에 우리는 이렇게 말하지 않으면 안된다. 인격은 자기 자신을 소유하는 것으로서 본질적으로는 대화적 연관, 즉 근원과 근원과의 만남의 연관에 속하는 한 원천이다.

라) 세계지평世界地坪

그러나 그뿐만 아니라 인격들은 그것들에 속하는 한 **지평**地平을 가진다. "너" 그리고 "나"와 "너"의 연관 역시 유리되어 있는 지점들이거나 유리된 극점들이 아니다. 나는 너에게 말을 건네면서 **나의 세계의 연관구조 내에서의 어떤 것 때문에** 너에게 말을 건네는 것이다. 나는 "너"만을 말하는 것이 아니다. 아마도 나는 이렇게 말할는지 모른다. "여보게, 나 너에게 어떤 것을 보여줄 게 있네." 아니면 "자네, 그를 주의하고 조심해"라든가 혹은 이와 유사하게 말할는지 모른다. "너"라고 말하면서, 나는 그것을 내가 너에게로 향하는 세계의 한 지평 안에서 말한다. 그리고 나는 너 역시 세계를 소유한 자로서 이해한다. 그렇지 않다면 나는 너에게 그와같이 말할 수 없을 것이다. 인격적 및 "공동의-인격적인" 삶은 처음부터 어떤 세계 연관 안에 있는 것이다. "너"라고 말함은 나의 세계 내에서의 한 운동이며, 너 편에서 응답함 혹은 응답할 수 있음은 너의 세계 내에서의 한 운동이다. 그리고 말 건넴과 응답이 이루어지면서 너의 세계와 나의 세계로부터 단 하나의 세계, 즉 우리의 세계가 생겨난다. 그것 안에서 말 건넴과 응답이 진행하며, 그것 안에서 인격적 사건이 발생하는 것이다.

따라서 인격적 사건에서 매번 함께 실행되는 세계지평은 나와 너의 그리고 마침내 우리의 세계지평이다. 나는 너의 세계에 참여하고 너는 나의 세계에 참여한다. 바로 이같은 상호적 참여 안에서 세계는 우리의 세계가 된다. 대화적 만남의 사건 안에서 우리는 지속적으로 세계와 관련되어 있으며, 세계는 우리와 관련되어 있다. 그리고 바로 이렇게 해서 우리 역시 매번 우리 자신과 관련되어 있으며 동시에 서로 관련되어 있는 것이다.

모든 인격적 관계들에 속하는 세계지평은 근본적으로는 제약되어 있지 않다. 그것은 우선 그것의 한계들 안에서 나타나는 것이긴 하다. 그렇지만 각기 한계들보다 더 광범위하고 그것들을 능가하는 어떤 영역에로 우리가 이 한계들을 끌어들이지 않는다면, 가령 우리의 앎이나 우리의 능력의 한계들에 대해 우리는 서로 이야기할 수 없을 것이다. 인격적인 것에 속하는 지평은 근본적으로는 제한이 없다. 그렇지 않다면 우리는 한계에 대해 도대체 말할 수 없을 것이다. 그런 까닭에 인격들은 생각할 수 있는 일체의 것에 대해 그리고 심지어는 생각할 수 없는 일체의 것에 대해서조차 서로 말할 수 있는 것이다.

이와 관련하여 세계지평 안에서 인격적이고 대화적인 삶이 존재자의 생 및 이와 더불어 존재자의 존재의 특별히 밀도있고 탁월한 한 형태를 나타낸다는 것을 인식한다는 것이 특히 중요하다. 너와 나 사이의 대화, 이 "저쪽으로"와 "이쪽으로" 및 "사이에"는 어떤 무엇으로 **존재한다**, 그러니까 그것은 존재자의 존재이며, 더욱이 사정에 따라서는 가장 크고 집약된 의미를 지닌 존재이다. 우정이나 사랑 또는 심지어 반목이나 운명 및 그외 많은 것들에 함축된 의미가 그렇다. 바로 인격적 생 안에서 존재자의 존재가 불타오르고 빛난다.

존재자의 존재의 세계지평에 관해서 우리는 인격적 생과 또 서로 엮어져 있는 인격적 관계들로부터 전체 세계지평이 그 결정적인 의의意義를 얻는다고 말하지 않으면 안된다. 인격적인 것은 말하자면 세계 전체 위에로 의미있는 빛과 색깔을 발산한다. 인격적인 것으로부터 또 그것을 기초로 하여 비로소 세계의 존재자의 존재의 의의가 너와 나 그리고 우리의 의의와 더불어 함께 열린다.

단순히 물질적인 방식으로 "눈앞에 있는 것"으로서의 존재자의 존재는 그것이 다만 홀로 있을 뿐이고 단지 그것 자체로만 고려되는 한에 있어 공허하고 맹목적이고 아무런 의미도 없다. 그러나 인격들과 인격적 관계들이 등장하자마자 한 인격이 또 다른 인격에게 세계의 모든 눈앞에 있는 것과 모든 생각해 볼 수 있는 것을 **가리킬** 수 있다. 그렇게 되면 바로 그러한 "공동의-인격적인" 가리킴의 빛 안에서 세계의 전체는 그 존재의 투명함과 확실성 및 의의 안에서 나타난다. 이제야 이렇게 말해질 수 있다. "보십시오, 이 모든 것이 거기에 있습니다." 그리고 이 "보십시오"에는 동시에 그것이 얼마나 독특하고 중요하며 의미심장한 것인가라는 뜻이 담겨져 있다.

이런 의미로써 인격적 실행들은 그것들 자신의 존재와 더불어 전체 세계의 존재 혹은 존재자 전체의 존재를 전개하는 것인데, 이것은 특히 의의와 관련해서 그렇다. 인격들은 세계지평이라는 것을 가지며, 그리하여 인격들에 의해 세계의 그리고 이렇게 해서 존재자 전체의 의미와 의의가 맨 처음으로 해명된다.

따라서 인격들은 근원과 근원의 한 연관에 속해 있음과 동시에 그러한 것으로서 그것들은 존재자 전반의 존재를 그 의의와 관련하여 해명하는 자기 자신에 속하는 근원들이다.

만일 우리가 이것을 그와같이 말한다면, 그것은 대단히 복잡한 것처럼 보인다. 그러나 이 모든 것은 한 인간이 또 다른 인간에게 "너"라고 말을 건네는 단순한 사건 안에서 생긴다. 그러므로 인격성은 존재하는 가장 단순한 것인 동시에 가장 풍부한 것이다.

이 연관성들은 비교적 최근에 특히 프란츠 로젠츠바이그F. Rosenzweig,[1] 페르디난트 엡너F. Ebner,[2] 마틴 부버M. Buber[3] 그리고 이들에 이어서 새로이 발터 카스

---

[1] 특히 그의 대표작 *Der Stern der Erlösung*. 제4판. 수록: F. Rosenzweig, *Der Mensch und sein Werk. Gesammelte Schriften*. 2. Abteilung. 간행: R. Mayer (Den Haag 1976)를 보라.

[2] 특히 *Schriften*, Bd. I: Fragmente, Aufsätze, Aphorismen. Zu einer Pneumatologie des Wortes (München 1963)를 보라.

[3] *Werke*, Bd. I: Schriften zur Philosophie (München – Heidelberg 1962). 여기에서 특히 방향제시적 저술인 *Ich und Du* (상게서, 77-170)를 보라.

퍼B. Casper[4]와 미카엘 토이니센M. Theunissen[5]에 의해서 종종 주목되었다. 그에 대해 주의를 환기시키는 것은 이 시대에도 매우 중요한 의미를 가진다. 왜냐하면 과학적 세계의 객관성과 더불어 그리고 그것이 하나의 세계관으로서 나타남으로써 전체에 대한 순전히 사실적이고 기능적인 존재이해의 모델이 널리 만연하게 되어 결과적으로 모든 것은 단지 눈앞에 있는 것으로만 또 그것이 확인될 수 있는 가능성 안에서만 나타나게 되었기 때문이다. 그러나 이것은 과학 역시 알려지는 데에 가장 큰 가치를 두지 않을 수 없다는 사실에서부터 이미 유래하는 하나의 기만이다. 그 결과로 과학은 흔히 그것을 알아채거나 특별히 그것에 관계하지 않고서도 "공동의-인격적" 공간 안에서 움직이고 있는 것이다. 따라서 이 공간은 세계이해를 위해 일반적으로 없어서는 안되는 기초적인 것이다.

"공동의-인격적" 공간은 그래서 절대자에 대한 종교적 이해를 위해서도 기초적인 것이다. 이에 대해 우리는 이전에 개진되었던 우리의 생각과 관련시켜 이하에서 언급하고자 한다.

2. 의미물음과 인격성

무한하고 무조건적인 신비를 인격적인 것으로 이해할 수 있는 근거가 있는가라는 문제를 탐구하기 위해서 우리는 이 새로운 관점 아래 다시 한번 이 신비에로 마침내 우리를 인도하였던 두 개의 노정들을 회고해 본다.

우선 세계 내에서의 우리의 현존재의 목적 혹은 의미에 대한 물음이 있었다. 이 물음은 이미 인격적 지평의 물음으로 규정되었으며, 이제야말로 그것에 유의할 때이다. 그것은 우리가 인격적 통교와 연대성 안에서 더불어 영위하는 우리의 생에서부터 출발한다. 그러므로 중대한 물음은 본시 이렇게 제기될 것이다. **우리의** 생은 어떤 의미를 가지는 것인가?

---

[4] *Das dialogische Denken. Eine Untersuchung der religionsphilosophischen Bedeutung Franz Rosenzweigs, Ferdinand Ebners und Martin Bubers* (Freiburg i.Br. 1967).

[5] *Der Andere. Studien zur Sozialontologie der Gegenwart* (Berlin 1965).

이와 관련하여 그와같이 중요한 의미요청의 절대적 타당성이 문제가 되는 곳에서 이 요청은 같은 인간과 따라서 같은 인격들에 대한 책임이 문제인 바로 그 경우에 절대적 타당성을 띠고서 나타난다는 것은 분명 우연한 일이 아니다.

이 점에 있어서 우리들은 절대적 신비에로 이끄는 노정과 발단發端이 이미 인격적 영역에서 시작한다고 말할 수 있다.

우리는 흔히 그것을 생각하지는 않는다. 하지만 이로 말미암아 그와같이 중요한 이 발단이 인격적 및 "공동의-인격적인" 지평에 속하지 않게 되는 것은 아니다.

이 지평은 흔히 충족된 것이 아니며 따라서 우리가 외로움과 고독함을 느낀다는 사실 역시 인정되지 않으면 안된다. 그러나 이 경우에도 비록 그것이 충족되지 못한 것으로서이기는 하지만 그래도 그 지평은 존재하는 것이다. 비록 내 곁에 없는 자들로서이기는 하지만 같은 인간들이 현존재한다. 따라서 심지어 우리가 홀로 있을 때에라도 제기되는 물음은 다시금 인격적으로 함께 규정된 것으로서 다음과 같은 물음이다. 나의 생은 어떤 의미를 가지는 것인가? 우리의 전체 숙고의 출발점은 이미 인격적 구조를 띠고 있는 것이다. 이 인격적 출발점은 절대적이고 무조건적인 것의 인격성에 관한 물음을 아직은 결정짓는 것이 아니지만, 그러나 이와 관련해서 그것은 충분한 의의가 있다.

그러나 결정적인 사실은 우리가 이 출발점으로부터 절대적이고 무조건적인 것을 질문하고 거기에서 해답을 발견하고자 한다는 것이다. 우리가 살펴보았듯이 해답이 또한 결국 찾아지는데, 더 정확히 말해 그것은 우리에게 다가오는 무한하고 무조건적인 무無 안에서이다. 그 안에서 우리는 우리의 현존재의 일체의 의미를 보장하고 보존하는 무한하고 무조건적인 권세權勢의 숨겨진 현현顯現을 추측할 수 있는 바로 그 근거를 발견한 것이다.

그렇게 되면 우리는 다음과 같이 묻지 않을 수 없다. 만일 그 권세가 "비-인격적으로"a-personal 그러니까 예컨대 자기 자신을 알지 못할 절대적인 어떤 원리로서 혹은 마찬가지로 자기 자신을 알지 못할 암반岩盤과 같은 어떤 부동의 존재로서 이해되어야만 하는 것이라면 그것이 과연 우리의 현존재에 참으로 의미를 부여하고 간직해 줄 수 있을까? 죽은 사물이나 자기 자신을 알지 못하는 명제처럼 그 혼자서는 아무것도 아닐 어떤 것이 우리에게 절대적으로 중요한 의의를 지닐 수 있을까? 그러한 어떤 것이 있다면 그것은 우리에게 있어서도, 더욱이 윤리적 결단이 문제가 되는 곳에서 특히 아무것도 아닌 것으로서 생각될 수 있고 또 그렇게 생각될 수밖에 없을 것이다. 즉, 그로 말미암아 그것의 윤리적 실체가 무효화될 수밖에 없을 것이다. 그러나 이것은 우리가 보았듯이 명백한 이유들로 말미암아 가능하지 않다. 따라서 그 스스로에게 명백하게 자기 자신을 실행하며 그것에 대해 우리 역시 명백한 그러한 권세만이 실제로 의미를 보장할 수 있다. 우리가 그것에 호소할 경우 우리에게 응답하기 위해 등장할 수 있는 그러한 권세만이 실제로 의미를 보장할 수 있다. 의미에 대한 물음은 인격적 응답을 전제하는 것이며, 우리가 살펴보았듯이 우리의 생에 당연한 의미의 요청은 그것이 의미보장의 인격적 권세를 요청하고 전제할 경우에만 스스로 의미있는 것이다. 따라서 인격적 구조는 단지 의미물음에만 속하는 것이 아니라, 또한 그 대답에도 속해 있다.

이와 관련해서 우리들은 심지어 다음과 같이 말해도 좋으며 또한 그렇게 하지 않으면 안된다. 우리가 무한하고 무조건적인 신비에 직면하여 의미를 전제함에 있어서 인격적 구조는 의미의 선험적 소여성所與性에 마찬가지로 속해 있다. 왜냐하면 오직 그와같이 이해되었을 경우에만 그것은 의미를 가져오기 때문이다. 그밖의 다른 모든 것은 아무런 의미를 가져오지 못한다.

따라서 이와 관련하여 무한하고 무조건적인 권세의 인격성은 이 지상의 것이 아닌 초인간적인 것에로 그 어떤 인간적 범주를 전이轉移하는 것으로서도 이해될 필요가 없다. 오히려 그것은 우리가 언급하였던 그 연관 자체로부터 등장하는 것이며, 엄밀히 말해 그 신비가 우리를 만나듯이 이 신비의 소여성에서부터 직접적으로 유래하는 것이다.

물론 동류 인간적 모델에서 우리가 발견한 인격적인 것의 그 대화적 성질에 관하여 그리고 마찬가지로 이 모델에서 우리가 얻어낸 세계지평에 관하여서도 우리가 이 두 개의 범주들을 무조건적 신비에 적용하고자 할 경우 우리는 결과적으로 난관에 봉착하게 된다. 왜냐하면 그것이 무조건적인 것으로서 이해될 근거가 있는 것이므로, 우리는 그것을 다른 인격들의 조건과 더구나 유한한 인격들의 조건에 종속된 것이 되도록 할 수 없기 때문이다. 우리는 그것을 또한 우리들 인간에 속하는 유한하고 단순히 사실적인 세계의 조건에 종속된 것으로서 생각할 수 없다. 인격성의 대화적 구조는 그것의 세계지평과 마찬가지로 인격성의 유한한 현현에 속하는 것으로서 이에 대해 우리는 이제 알게 될 것이다. 따라서 그것은 무조건적이고 무한한 것이 문제가 되는 거기에서 아무런 어려움 없이 주장될 수는 없다.

그러나 물론 여기에 덧붙여 말해지지 않으면 안되는 것은 대화적 특성Dialogizität과 세계지평은 오로지 사실상의 것으로서만 조건지어져 있고 유한한 것이지, 그것들이 가능성의 양태樣態로서 생각되는 한에서는 그렇지 않다는 사실이다. 그 까닭은 서로 연관된 다수의 유한한 인격들이 그것에 속한 유한한 세계와 더불어 존재하였다는 것은 언제나 있을 수 있는 일이었기 때문이다. 이 가능성은 그것이 가능성이라는 점에서는 그밖의 유한한 조건들에 좌우되지 않는다.

그러나 만약 무조건적인 것이 실제로 무조건적인 것으로서 존재한다면, 가능성은 바로 가능성으로서 무조건적인 것에 종속되어 있다. 그런데 가능성은 가능한 현실이다. 따라서 아무튼 가능한 것은 현실적인 것과 마찬가지로 그것이 현실적인 것으로서 정립되었을 경우 무조건적인 것에 의해서 정립되어 있는 것이며, 무조건적인 것에 종속되어 있다. 그럴 경우 우리들은 다음과 같이 생각해도 좋으며 또 그렇게 하지 않으면 안된다. 무한한 신비는 무조건적인 것이고 그때문에 아무것에도 종속된 것이 아니다. 그러나 그것은 모든 가능한 "너"에 대해 그리고 모든 가능한 세계에 대해, 그때문에 또한 모든 현실적 "너"에 대해 그리고 그것이 그에 의해서 존재에로 불리어진 한에서 또한 모든 현실적 세계에 대해 자기 자신으로 말미암아 개방되어 있다. 따라서 유한한 인격들인 우리는 우리의 유한한 세계와 더불어 거대한 신비에 대해 현존재하는 것이다. 그러니까 우리 편에서 우리는 그것에 "너"를 말하고 그를 불러도 좋은 것이다. 그리고 우리가 그것에 대해 "너"를 말해도 좋은 신비 자신은 우선 자신의 무조건적 자유로 말미암아 우리와 우리의 세계를 존재에로 부른 다음 자신의 무조건적 신비 깊은 곳에서부터 우리를 부르고 응답하기 위해 언제든지 불쑥 나타날 수 있다.

따라서 이런 의미로써 다름아닌 대화적인 것 역시 대화적인 것의 세계 구조와 더불어 무조건적 신비에 속한다. 그런 까닭에 그것은 어떠한 의미로도 인격적으로 이해되어도 좋으며 또 그렇게 되지 않으면 안된다. 우리가 살펴보았듯이 그밖의 다른 모든 것으로부터는 아무런 의미있는 연관이 따라나오지 않는다.

3. 존재자의 근거와 인격적 근본구조

우리가 무한한 신비를 존재하는 일체의 것의 출처 또는 근거로서, 즉 "왜 어떤 무엇이 아무튼 있는 것이며 아무것도 없는 것이 아닌가?"라는 물음에 답할 수 있는 그것으로서 고찰할 경우 우리는 유사한 결론에 도달한다.

이 결론은 우리가 "아무튼 어떤 무엇이 존재한다"라는 것이 무엇을 뜻하는지에 대해 그리고 더 나아가서 "이것이 어디로부터인가 존재한다"는, 즉 "어떤 근거에 의해 정초되어 있는 어떤 무엇이다"라는 것이 무엇을 뜻하는지에 대해 우리가 더 정확히 숙고할 경우에 분명해진다.

아무튼 존재하는 그것에 대한 이해는 우리가 존재자의 존재의 모델 혹은 모범으로서 이해하는, 즉 우리가 일체의 존재자의 존재의 이해를 위한, 말하자면 척도가 되는 것에 의해서 매번 특징지어져 있다.

특히 실증주의와 그리고 실증주의에 의해 영향을 받은 이해지평들 안에서 그렇듯이 우리가 존재자의 존재의 모범과 척도로서 이해하는 것을 단순히 눈앞에 있음, 단순한 사실에서 찾는다면, 뿐만 아니라 이 생각이 포착할 수 있고 경험적이고 물질적으로 눈앞에 있음에 여전히 맞추어져 있다면, "어떤 것이 존재한다"라는 것은 우선적으로 "어떤 것이 포착할 수 있게 눈앞에 있고 경험적으로 확증될 수 있다"라는 것을 뜻한다.

그러나 그것에 대해 다음과 같은 사실이 언급되어야만 한다. 인격적이고 "공동의-인격적인" 현존재는 시사된 모델과는 완전히 다른 것일 뿐만 아니라, 또한 동시에 그 자신의 이 본성 안에서 존재자 전반의 존재의 가장 강렬하고 존재이해의 전반을 위해 가장 의미있는 형태임을 자처할 수 있다.

본래적 의미로써 인격적인 것은 물론 포착할 수 있는 어떤 사물이 아니다. 인간 모습의 모조품은 실제적인 인간 모습과 아주 똑같아 보일 수 있을 것이다. 이론적으로는 두 경우들이 동일하게 존속한다는 것을 확인할 수 있을 것이다. 그러나 결정적인 것, 즉 인격적인 "나다"와 "너다"는 완전히 다른 어떤 무엇이다. 그것은 단순히 눈앞에 있음을 뛰어넘어서 있는 어떤 무엇이다.

그것은 **존재하며**, 더욱이 탁월하고 집약적으로 존재한다. 이에 대해서 우리는 이미 위에서 언급하였다.

인격적 관계들이야말로 거기로부터 또한 **일체의 다른 것들이** 명백해지고 의의를 획득하게 되는 그것이라는 것 역시 이미 언급되었다. 그것들은 다만 때때로 다른 것 틈에 끼여 등장하면서 그것들과 동등하게 배열된 그저 그때그때 이루어지는 관계들이 아니다. 오히려 그것들은 존재 전체 그리고 그 결과 인격 이외의 존재가 거기로부터 비로소 명백해지고 의미있는 것이 되는 생동적인 중심들이다. 그것들은 존재의 전체를 위해서 결정적이다. 그러므로 인격성의 중심들에서부터 세계 또는 존재자 전체의 의의가 최초로 전개된다. 만일 내가 누군가에게 그것을 알리지 않음으로써 그에게 어떤 이익을, 어떤 기쁨을 마련할 수 없다면, 눈앞에 있음, 사실 그대로의 물질적 존재란 무엇을 뜻하는 것이며 무슨 의미를 지닌단 말인가? 그 어떤 종류의 것이든 인격적 관계들의 테두리 내에서 비로소 세계관계들은 그것들의 의의를 펼쳐나갈 수 있는 것이다.

이 이유 때문에 우리의 지상적 경험들의 테두리 내에서 인격적인 것과 그 관계들의 존재는 존재자 전체의 존재를 이해하기 위한 본래 주도적 모델로 간주될 것을 요구할 수 있다. 존재자 전반의 존재는 그것을 거기에서부터 또 그것을 목표로 이해한다는 것을 뜻한다. 왜냐하면 인격적 존재는 우리의 존재 및 세계경험의 전체 영역을 위해 단연 결정적인 것이기 때문이다.[6]

따라서 "왜 어떤 무엇이 아무튼 있는 것이며 아무것도 없는 것이 아닌가?"라고 우리가 묻는다면, 그것은 분명 존재자 전반의 이유에 대해 묻는 것이다. 그러나 이제 분명해진 사실의 논리에 따르면 이것은 특히 인격적 존재의 방향에로 질문해 들어간다는 것을 뜻한다. 그것은 "너와 나는 왜 존재하는가?", "인격적 영역과 세계를 여는 그것의 힘은 왜 존재하는가?"라고 묻는 것이다. 왜냐하면 오로지 거기에서부터 아무튼 존재자의 존재가 언급되고 질문되기 때문이다.

따라서 인격적 존재의 관점에서 우리가 "왜 어떤 무엇이 아무튼 있는 것이며 아무것도 없는 것이 아닌가"라고 묻고, 새롭게 표명된 이 질문에 따라 이제 일체의 존재자의 존재의 무한하고 무조건적인 근거를 더듬어 찾아나간다면, 이 근거를 이해함과 관련해서 무엇이 결과하는가?

이전에 이미 살펴보았듯이, 우리는 모든 것을 떠받치고 그 의미를 결정짓는 신비가 일체의 존재자의 존재의 **근원**이며, 일체의 존재자를 떠받치고 결정짓는다고 생각해도 좋다. 그러나 근원이라 함은 여하간 그것으로부터 생겨나고 그러니까 그것으로부터 규정되는 그것에 대해 "생겨나게 하는 것"이 가지는 한 관계를 의미한다.

그러나 이것이 맞는 말이라면, 생겨난 것은 우선 그것이 발원發源하게 되는 **출처**Woraus인 그것 안에 존재한다. 그렇지 않다면 이것은 그것의 생겨남, 그것의 새로운 시작을 자신에서부터 허락할 수 없을 것이고 따라서 그것의 근원이 아닐 것이다. 근원에서부터 생겨났고 또 생겨나는 것은 그것이 **그것으로부터** 나타날 수 있기 위해서는 우선 이것 **안에** 살아 있고 존재한다. 그것은 바로 "생겨나게 함"이 이루어질 때마저 이 근원 안에 살아 있다. 근원은 그것이 생겨나게 하면서, 자신을 생겨나게 하고 규정하는 사건으로서 펼쳐나가면서, 자기 자신을,

---

[6] 인격적 모델이 존재자의 존재의 이해를 위해 그리고 그 이유에서 또한 인식을 위해 본래 주도적이고 기초적인 모델이라는 것은 또한 F. von Baader에 의해서도 강조되었다. 이에 대해서는 특히 다음을 참조하라: *Vorlesungen über speculative Dogmatik*, 2. H., VII. Vorlesung, 수록: 『전집』, 상게서, 제8권, 229-34쪽 또는 3. H., VIII, 상게서, 339쪽.

자기 자신의 생을 전개한다. 따라서 우리는 이 사건을 아리스토텔레스와 더불어 *epídosis eis autó*, "같은 것에 첨가하기"라고 부를 수 있다(어떤 것이 덧붙여지지만 그러나 원천의 관점에서 보면 그것은 같은 것으로 머문다[7]).

근거지움과 생겨나게 함의 이 관계가 그밖에 어떻게 생각되든간에, 근거짓는 것으로부터 근거지어진 것에로의 연속성이 결과로서 나타난다. 근거짓는 것은 근거지어진 것의 모든 영역들에까지 뻗치는 것이지만, 그러나 특히 그것으로부터 비로소 유한하게 정초된 일체의 존재가 이해되는 그 영역, 즉 인격적인 것을 망라한다는 결과에 이른다. 따라서 그 신비는 우리가 인격적 영역에서 지각한 그 밝혀져 있음Gelichtetheit과 자발성 및 대화적 관계성을 지탱하고 근거지으면서 펼쳐나간다는 결과에 이른다. 그러나 그것이 이 대화적인 인격적 존재방식을 지탱하고 근거짓는 것이라면, 그것은 앞서 말한 연속성 때문에 분명 그 스스로도 그러한 것일 수 있다고 생각되어도 좋다.

근거지움의 언급된 그 연속성을 해명하기 위해 우리는 인간 언어의 유비類比를 원용해도 된다. 말하면서 우리는 우리가 말하는 낱말들이 알려지는 이유를 제시하고, 그래서 이 낱말들 자체를 정초한다. 이렇게 정초되어 있음이라는 측면에서 보면, 낱말들은 그것들 편에서는 다만 말하는 사람의 존재가 생동적으로 전개되는 것일 뿐이다. 말함과 그리고 그것 안에서 말하는 것이 낱말들에 도달하여 그것들을 떠맡고 그것들을 성취하며, 뿐만 아니라 낱말들로서 **존재하는** 것이다. 그럼에도 불구하고 우리는 발설된 낱말들을 또한 그것만으로, 예컨대 그것들의 구조, 그것들의 연관, 그것들의 어휘 등과 관련해서 고찰할 수 있는가?

이 유비에 따라 인격적 존재는 무한한 근거의 "발설된 말씀"으로서 고찰되어도 좋은 것인가? 하여튼 보나벤뚜라는 — 그만이 이렇게 한 것은 아니다 — 두려워하지 않고 이 유비를 원용하였다. "Pater ... dixit se et similitudinem suam similem sibi – et cum hoc totum **posse** suum; dixit quae posset facere, et maxime quae voluit facere, et omnia in eo expressit"(아버지께서

---

[7] Aristoteles, *Peri Psyches*, B 417 b 7.

는 … 당신과 당신을 닮은 당신의 동질성*을 발설하셨다 — 그리고 그 점에 있어서 당신의 전 **능력**을 발설하셨다. 그분은 당신이 만들어내실 수 있었던, 특히 만들어내고자 하셨던 것을 발설하셨으며, 모든 것을 그분** 안에서 표현하셨다).[8] 그러니까 근거지움이 정초된 것과 갖는 연속성으로 말미암아 근거를 근거지어진 것과 연관짓는 유비의 한 관계가 매번 이루어진다. 유비의 개념은 물론 오래 전부터 평가절하되고 의심스러운 것으로 여겨졌다. 그러나 절대적인 것은 비절대적非絕對的인 것의 근원이라는 생각이 고수될 경우 우리가 어떻게 그 개념을 회피할 수 있는지 이해될 수 없다.

뿐만 아니라, 유비 개념은 우리가 그것의 짐작건대 본래의 그리스적 의미에 따라서 그것을 이해할 경우 그것이 지닌 본래의 생동감을 어느 정도 되찾을 것이다.

이미 아리스토텔레스는 유비 개념을 형식화하였고 그것은 이렇게 형식화된 채 서양 사상사에로 넘어갔다. 그러나 유비Analogie라는 낱말의 본래의 의미를 우리는 약간의 그리스 원문들 안에서 파악할 수 있다. 여기에서 로고스*Logos*는 한 영역을 뜻하는데, 전치사 *Ana*는 로고스의 이 영역을 거치는 한 움직임을 가리킨다. 따라서 *Anà tòn autòn lógon*[9]은 "동일한 의미 영역을 거쳐서"를 말한다.[10] 그러므로 유비적이란 이렇게 더 오래된 의미에 따라서 보면 동일한 의미영역을 거쳐서 어떤 영역으로부터 또 다른 한 영역에로 움직이는 것이다.

---

* 영원으로부터 아버지(= 천주 성부)에게서 낳음을 받으신 아드님(= 천주 성자) — 역자 주.

** 영원한 진리이며 중심이신 아드님 — 역자 주.

[8] *Hexaemeron* I, 13. 이에 대해서는 K. Hemmerle, *Theologie als Nachfolge. Bonaventura – ein Weg für heute* (Freiburg i.Br. 1975), 특히 72-76을 보라; 또한 Margot Wiegels, *Die Logik der Spontaneität. Zum Gedanken der Schöpfung bei Bonaventura* (Symposion 28) (Freiburg – München 1969)도 참조하라. 특히 스꼬뚜스 에리우제나(Scotus Eriugena)도 보나벤뚜라의 본문과 비교될 수 있다. 에리우제나 배후에는 디오니시우스 아레오빠지따(Dionysius Areopagita)가 있으며 디오니시우스 배후에는 또다시 쁘로클로스(Proklos)와 플로틴(Plotin)이 있다. 전체 연관에 대해서는 W. Beierwaltes, *Negativa Affirmatio: Welt als Metapher*, 수록: *Philosophisches Jahrbuch* 83 (1976) 237-265를 참조하라.

[9] 예컨대 Plato, *Phaidon* 110 d.

[10] 이에 대해서 W. Pape, *Griechisch-Deutsches Handwörterbuch*, 제3판의 증판 (Graz 1954). 제1권. 178f.를 참조하라. 이에 대한 자세한 것을 저자는 논문 *Logik des Ursprungs und Freiheit der Begegnung*, 수록: *Zeit und Geheimnis*, 상게서, 53-65에서 다루었다.

이 유비 개념을 우리가 염두에 두고 있는 경우에 적용한다면, 로고스는 동일한 것으로 머물고 또 그것을 거쳐 근원이 자신의 타자를 정초定礎하는 그 의미영역인데, 그 결과 이 타자는 비록 그것이 타자로서이기는 하지만 그 의미에 따라서 볼 때에 근원과 연결되어 있는 것이다. 그것은 이러한 의미로 유비적인 것일 것이다.

근거지움의 운동을 특징짓는 이 유비구조Analogik와 연속성으로 말미암아 우리는 정초된 것으로부터 동일한 의미영역(로고스)을 거쳐서 정초하는 것을 조망할 수 있다. 따라서 우리는 인격적 생으로부터 인격적 생의 의미영역에 머물면서 무한한 근거를 향하여 나아갈 수 있다. 이것이 가능한 것은 무조건자 자신이 처음으로 일체의 조건지어진 것의 근원이고자 하였고 그래서 자신의 심원한 근거에서부터 로고스를 생겨나게 하였기 때문이다. 이 로고스의 활동 영역 안에서 세계의 존재자는 그것인 바 그것이다. 따라서 절대자 자신이 우선적으로 — 앞서 시사된 의미로 — 유비를 조성하였으며 **이로 말미암아** 우리의 유한한 사유가 존재자의 존재 안에서 인격적인 것의 근본 특성에 주목하고 거기에서부터 동일한 로고스를 거쳐서 영원한 신비를 조망할 수 있는 것이며 또 그렇게 하도록 허용되어 있는 것이다. 그렇다면 우리는 이 조망에 따라서 만일 인격적인 것이 그러한 신비에서부터 그것의 생의 창조적 전개로 나타나는 것이라면, 그것은 이미 근거 안에 있지 않으면 안된다고 말해도 좋은 것이다. 절대자는 그것으로부터 유래하는 것보다 못한 수준의 것일 수 없다.

4. 초월적 인격성

그러나 절대자는 우리가 우리의 인간적 생 안에서 만나는 인격성이 지닌 특별히 유한한 조건들을 능가할 수 있고 또 능가하지 않으면 안된다. 그것은 분산되어 다수가 되는 것이 아니며 또 그의 인격적 생의 조건으로서 세계를 필요로 하지 않을 것이다. 이에 대해서는 이미 언급된 바 있다.

그러나 무한한 신비가 일체의 유한성을, 또한 인격적인 것의 모든 유한성도 능가하게 되는 결정적인 것은 여전히 또 다른 더 근본적인 점에 있다.

우리의 유한한 "공동의-인간적" 맥락에 있어서 인격적인 것은 우리가 살펴보았듯이 유한한 존재자의 근본 특성이다. 그런데 존재자는 그것에 그의 존재가 귀속되는 그러한 것이다. 우리들 인간에게는 다름아닌 인격적인 존재도 부여되어 있다. 그때문에 우리는 실제적으로 인격들이지만, 그러나 필연적으로 그렇지는 않다. 존재가 귀속됨 혹은 "존재자이다"라는 특성은 또한 우리들 인격적 존재자가 지닌 유한성의 가장 심오한 특성이다.

그러나 무조건자는 엄밀히 말해서 아무런 존재자가 아니며, 따라서 아무런 인격적 존재자도 아니다. 인격성이란 무조건자에 부여되지 않는다. 인격성은 도대체 어디에서 기인하는 것일까? 그것은 완전히 자기 스스로에 의해 그것의 존재 형태인 바 그것으로서 존재한다. 우리는 그것을 확실히 마틴 부버와 더불어 또 이미 언급된 것에 따라서 영원한 너Du라고 말해도 좋다. 그렇지만 그것은 그 절대적인 초월과 그 신비 안에 머문다. 그것은 어떤 개념으로도 파악되지 않는 말로 형언할 수 없고 상상할 수 없는 것으로 머문다. 그것은 토마스의 다음과 같은 명제로 머문다. Deus non est in genere(신은 유개념類概念으로는 존재하지 않는다). 그것이 하나의 유개념인 한에 있어서 어떤 인격적 개념도 신을 표현할 수 없다. 신은 그것이 존재자라는 특성을 뛰어넘어서는 것이기에 파악함을 뛰어넘어서 있다. 신은 일체의 인격적 생의 원천이요 근원이며 따라서 근원적 인격성에 의해 충만되어 있다. 그렇지만 그것은 어디까지나 이 인격성이 불가해한 신비로서 머무는 한에서 그렇다.

우리의 숙고들에 의거해서 볼 때에 영원한 신비는 확실히 또한 인격적인 것으로서 존재할 수 있지만, 그러나 그것은 한없이 그 이상의 것일 수 있다. 그것은 인격적으로 이해되고 "너"라고 불리어진 것으로서도 사람들이 존재라는 낱말의 변화된 형식에 의해서 말할 수 있는 일체의 것을 뛰어넘어, "그것이 있다"es ist를 뛰어넘어, 물론 "너가 있다"Du bist도 뛰어넘어 무한하고 형언할 수 없는 신비로 머문다. 이 낱말들 그리고 특히 "너가 존재한다"라는 인격적인 낱말의 본질적인 내용을 포함하고 있기는 하지만, 그러나 일체의 말함과 일체의 심사숙고를 벗어나 신비에로 들어가 머무는 방식으로 그러한 내용을 포함하는 어떤 뛰어넘어섬Jenseits 안에서 신비로 머문다. 그것은 영원한 너의 절대적 초월로서 머문다.

이 숙고로 말미암아 우리는 인격적인 것의 테두리 내에서 그리고 이와 관련하여 너라는 중대한 낱말을 사용할 때에 개재되는 일체의 친숙함을 조심하지 않을 수 없다. 이 낱말을 통해서도 우리는 신비를 파악할 수 없으며, 그것을 수중에 넣지 못하며, 우리가 여느 때에는 그것에 대해 친숙한 그러한 직접적인 방식으로는 적합한 것이 못 된다.

그럴수록 신의 이 초월에도 불구하고 우리가 "너"를 말해도 좋다는 것은 더욱더 놀라운 일이다. 그 결과로 절대자는 우리에게 하나의 크기가, 뿐만 아니라 종교적 크기가 되기 시작한다. 왜냐하면 종교는 기도로 표현되면서 동시에 이렇게 하여서 접촉될 수 없는 것과 접촉하고 또 표현될 수 없는 것을 부르면서 표현한다는 자각으로 배어 있는 기도의 "너"와 더불어 시작하기 때문이다.

⑨

절대적 신비의 신격神格

우리는 신비를, 절대적이고 무한한 신비를, 영원한 너를 또한 신적인 것göttlich이며 신으로서 이해해도 좋은 것인가? 이 점은 계속해서 숙고될 수 있어야 한다. 그것은 우리의 언어 습관상 "신"이라는 낱말이 이와 관련하여 사용된다는 단순한 이유만으로 자명하다고 여겨져 간과되어서는 안된다. 이 습관으로 인해 우리가 생각없는 사람이 되어서는 안될 것이다. 현상학에 따라서, 하이데거의 신중하고 비판적인 물음[1]과 또한 올바로 이해된 언어철학에 따라 우리는 다음과 같은 것을 물을 수 있다. "신"이라는 낱말 또는 "신성"神性이라는 낱말은 본래 무엇을 말하는 것인가? 또 그러한 낱말들이 말로 나타내는 것은 어디에서 입증되는 것인가? 영원한 너를 신적인 것으로서 또 신으로서 일컬을 수 있는 근거들이 있는가?

이 물음에 우선 하나의 가설假說이 구상될 수 있어야 하겠다. 그것은 이중적인 것을 의미한다고 하겠다. 1. 무한한 신비는 그것이 어떤 **형태**Gestalt가 되면서 신이 된다. 2. 그것은 우선 **계시의 사건** 안에서 형태로서 구성된다. 이 가설에 따르면 신은 공현적公現的, 즉 계시와 관련된 규정어이다.

---

[1] 하이데거에 대해서는 특히: *Die onto-theo-logische Verfassung der Metaphysik*, 상게서, 70과 그밖에: *Brief über den "Humanismus"*, 수록: *Platons Lehre von der Wahrheit*, 상게서 85f., 재인쇄:『전집』제9권, 상게서, 338f.를 참조하라.

1. 인간적 모델 안에서의 형태와 계시

우리는 우선 이 가설을 인간적 모델에서 설명해 보기로 한다. 우리는 다시 한 번 인간적인 것의 유비를 시도해 보는 것이다. 그것은 이와 관련하여 심지어 특별한 의미마저 있다. 왜냐하면 계시가 전반적으로 의미있게 언급되려면 그것은 절대자가 인간적 경험의 지평에로 들어오거나 혹은 이미 들어왔음을 뜻하지 않으면 안되기 때문이다. 그러나 이것은 절대자가 스스로 특별하고 출중하게 인간적인 것과의 유비를 이루거나 이루었음을 뜻한다.

따라서 우리가 그렇게 가정하듯이 그러한 가능성이 고려된다면, 가능한 계시의 사건을 향해 사고하기 위해서 우리는 그 점에 있어서 우리의 견지에서도 인간적 유비를 구상할 수 있는 새롭고 추가적인 근거를 가진다. 그러므로 우리는 이 새로운 목표와 더불어 다시 한번 "인간적-인격적" 모델에로 되돌아와서, 그것의 테두리 내에서 지금까지 숙고된 것의 범위를 넘어 몇 가지 특징들에 주목한다.

우선 다음과 같은 점이 주목된다. 각 인간 및 같은 인간의 자아존재自我存在는 자기 자신에게는 명료한 생의 한 원천이다. 그것 자체는 나뉠 수 없으며 또한 직접적인 것이다. 왜냐하면 오로지 나 자신만이 나 자신이며, 오로지 너 자신만이 너일 수 있듯이, 나 자신만이 나일 수 있기 때문이다. 그밖에 어떤 누구도 어떻게 해서 이와같이 나 자신이거나 또는 너 자신인지 알 수 없다. 그밖에 어떤 누구도 자아존재의 이 가장 내면적 영역에로 들어갈 수 없다. 그러므로 만일 이러한 것만이 존재한다면, 인간의 자아존재는 타인들에게는 아무런 얼굴이나 형태가 없는 것일 터이다.

그러나 인간의 자아존재는 단지 폐쇄적인 내면성일 뿐만이 아니다. 오히려 모든 자아존재는 끊임없이 자신의 내면적 영역에서부터 나와 타영역들의 공개적인 것에로 들어간다. 그것은 "자기-자신에-속함"이 모두 다름아닌 이와같이 다른 영역들을 향해 "자신을-개방함"이라고 할 정도로 명백하다. 우리는 다음과 같이 말할 수 있다. 그것은 계시啓示함이다. 바라보면서, 말하면서, 행위하면서 그리고 반응을 보이면서 모든 인간은 다른 이들에게 향한다. 각자 나타나서 타인에 대해 자신을 자기 자신으로서 계시한다. 같은 인간들과 이렇게 대화적으로 행위하는 인간관계에서 각자 확증되거나 혹은 그렇지 못한다.

이 사건 안에서 나타나는 것은 더 정확히 무엇인가? 그것은 몸짓들, 말들 그리고 행위들의 **다양성**이다. 그러나 이 다양성 안에서 그리고 그것과 더불어 우선 그것들의 **단일성**이 나타나는데, 그것은 무엇보다도 통일된 근본 특성과 성격의 형태로, 전체 다양성을 통일되게 조율하고 그 안에서 통일성으로서 나타나는 어떤 일치된 확실성의 형태로 나타난다.

그것이 다양하게 드러남에도 불구하고 통일되게 조절됨으로써 인격은 그의 같은 인격들에 대해서 **형태**가 된다. 그것이 뚜렷한 윤곽과 특색을 지니게 되어, 사람들은 그들이 누구와 상대하는지를 그 윤곽 또는 특색의 도움으로, 다시 말하면 그 형태의 도움으로 알게 된다.

단일성 또는 형태로서 이렇게 조절된 다양성 안에서 또한 완전히 벗어난 채로 있는 그것, 즉 다만 자신을 드러내는 자아에게만 속하는 그 자아가 동시에 언제나 함께 고지告知된다. 그것은 다양한 것을 단일하게 하는 가장 결정적이고 극도의 점이다. 그리고 이 가장 내밀한 자아가 역설적으로 바로 그것이 벗어나 있는 가운데 접촉되는 것이다. 자신을 표현하는 자가 그의 표현 안에서 획득하는 형태 안에서 접근될 경우에라도, 그는 그 점에 있어서 또한 자신의 간격을 감지한다: 너 자신 이외에는 어떤 누구도 너 자신일 수 없으며, 나는 네가 너를 표현하고 이 표현 안에서 나를 받아들이는 바로 그 경우에 그것을 감지한다.

따라서 자신을 표현하는 인격적인 것의 그 드러냄에는 이중적인 변증법이 속한다: 표현에 있어서 단일성과 다양성, 즉 형태의 변증법과 표현 전반의 그리고 그 안에서 자신을 함께 알리지만 그러나 자신을 유보하는 인격성의 중심의 변증법.

2. 가능성으로서의 신적 발현

따라서 우리는 영원한 "너"로서의 절대자가 사멸할 인간을 위해서 그들의 역사 안에서 자신을 알리고 자신을 드러내는 가능한 경우를 이 유비의 관점에서 이제 구상해 보도록 하자. 이 경우에서 우리가 기대할 수 있는 것은 무엇인가?

이미 우리가 살펴보았듯이, 상상해 볼 수 없는 그 신비는 우선 일체의 형태를 뛰어넘어서 있으며 이 의미에서 단지 자기 자신에게만 유보되어 있다. 이 사실 역시 이미 자주 인용된 토마스의 다음과 같은 명제가 말해주고 있다. 하느님은 유개념類概念으로는 존재하지 않는다Deus non est in genere.[2] 그때문에 우리는 이 신비를 우선 형태 없는 것으로서, 순수 벗어남으로서, 무無로서 만난다. 우리가 그 안에서 "너"라는 특성das Du-hafte을 추측한다는 사실 역시 우선 이 초형태적임Übergestalthaftigkeit과 비형태성Gestaltlosigkeit을 무효화하지 않는다.

그러나 거대한 신비가 인간 경험에 자신을 적극적으로 알리거나 나타난다는 것은 다름아닌 그것의 "너"라는 성격상 배제될 수는 없다. 그런데 이 점이 우리가 발현發顯으로써 의미하는 것인데, 일단 그것의 부정적 특성상 불허되어 있는 것이 적극적인 것이 되고 적극적으로 열리는 것이다. 이렇게 함에 있어서 우리는 계시라든가 발현과 같은 개념들을 더 넓은 의미로 사용하며, 따라서 이 개념들이 그리스도교적 신학의 테두리 내에서 갖는 그러한 의미에 제한되지 않는다.

그러한 사건이 있다는 사실은 단순한 사유에 의해서는 입증되지 않는다. 하지만 그것은 단순한 사유에 의해서 역시 배제될 수도 없으며, 언급된 의미로서 계시들에 대한 긍정적 보고들에 접해서 우리는 그것들이 가능하다고 생각해 볼 수 있으며 이 가능성의 조건들의 몇 가지에 대해 숙고해 볼 수 있다.

계시의 가능성의 이 조건들 중에서 가장 중요한 것은, 어쩌면 사유될 수 있

---

[2] *S. th.* I, 3, 5 참조.

는 유일한 것이기조차 할 그것은 다음과 같은 것들이다. 무한자는 그것이 나타날 때에 유한성의 조건들 아래로 들어올 만큼 그와같이 적극적으로만 우리의 인간 경험들의 유한성의 맥락 안에서 자신을 알릴 수 있다. 그러나 이에 따른 직접적인 결과로 인간 경험을 뛰어넘어 존재하는 것이 이 경우에 존재자가 되고 따라서 우리가 사유 안에서 아무튼 발견할 수 있는 가장 심원하고 가장 철저한 차이, 즉 초존재자Überseiende와 존재자Seiende의 그 차이가 계시 안에서 슬며시 넘어가게 된다.

거기에서부터 상당히 많은 그밖의 결과들이 따라나온다. 이름없는 것이 이제 그것을 다른 것과 구별짓는 하나의 이름을 얻게 된다. 영원한 것이 거기에서 그것이 계시되고 발생했던 그의 시간, 그의 카이로스Kairos를 얻게 된다. 무한한 것이 시사될 수 있고 그것이 거기에 발생했다라고 말해질 수 있는 유한한 한 장소를 얻게 된다.

우리는 이와같이 말할 수 있다. 무한자가 그의 발현 안에서 유한의 조건들에로 들어옴으로써 하나의 **형태**가 된다. 그것은 구체적으로 다양한 계시활동들을 일치시키는 것이 된다. 특히 구약성서 책들은 출현하는 절대자가 그의 출현 안에서 작용들의 생동적 중심으로서 떠오른다는 것을 보여주는, 예컨대 높이고 넘어뜨리며, 받아들이고 배척하며, 그의 얼굴을 빛내고 외면하는 등 광범위한 영역의 실례들을 제공한다. 풍부하고 다양하게 경험할 수 있는 작용들 안에서 동시에 작용자의 단일성이, 일체의 것 안에서 하나의 정신이 이루 형언할 수 없는 이유에서 돌발하면서 존재한다.

그러나 그러한 경험들 안에서 영원한 너는 인간에 대해 윤곽과 얼굴을 획득한다. 사람들은 그가 누구를 상대하고 있는지 이제 안다. 그것은 정말이지 분명한 형태를 가지고 있는 것이다. 그렇게 모습을 지니고서 출현함으로써 **그** 무한자는 **이** 사람들에 대해 **이** 신이 된다. 그가 모습이 되었기 때문에 그는 구약성서 책들에서 야훼!라고 불리었듯이 이제 역시 명명될 수 있다. 형태로서 그는 사건이기 때문에, 그는 본질적으로 계시사건의 출중한 역사적 수신자受信者들, 즉 계시의 보유자保有者들과 본질적으로 결부되어 있다. 그는 아브라함의 하느님, 이사악의 하느님 그리고 야곱의 하느님이 된다. 제약된 모습 안에서 그는 하나의 역사적 민족에 속하며 이것은 그의 역사적 생에 속한다. 모습으로서 신은 구체적으로 역사적으로 나타나며 그렇게 해서 그는 하나의 역사를 정초한다.

사건적으로 자신을 계시하는 신비의 형태는 그것이 자기 홀로 있는 것이 아니라, 오히려 자기를 계시하는 것과 그것의 계시의 형태가 하나되어 발생하는 symballein 한에 있어 또한 상징象徵이라고 불릴 수 있다. 그와 동시에 유념해야만 될 것은 이 일치Zusammenfall가 원래 언제나 하나의 생동적인 사건이라는 사실이다. 그에 비해서 상징Symbol이라는 단어는 최근의 언어 사용법에서는 오히려 정적靜的인 의미를 취하였다. 그렇게 되면 그 단어는 정적으로 존립하면서 그것과는 구별될 수 있는 어떤 것을 의미하는 하나의 사물을 말한다. 이에 반해서 우리의 문맥 안에서 상징이라는 단어가 사용될 경우, 우리는 이 단어가 원래 말하는 그 일치란 다름아닌 본래 생동적인 사건임을, 발생하는 어떤 무엇임을, 형언할 수 없는 신비가 인간에게 자신을 계시하는 어떤 무엇임을 지적하고자 한다.

결정적인 것은 그것이 그러한 방식으로 나타나면서 존재자, 명명될 수 있는 것이 되는 그 초존재자적 영원한 너가 형태를 갖추고 상징이 되지만, 동시에 바로 이 그의 유한한 출현 안에서 일체의 유한성을 뛰어넘어 자신의 초월을 보존한다는 사실이다. 그것이 자신을 알리고 계시하는 바로 그러한 경우에, 초존재자적 영원한 너는 같은 인간의 자아가 저마다 그 자신이며 또 그렇게 머물고 자기 자신에 유보되어 있는 그 이상으로 그리고 그와는 전혀 다르게 그 자신을 완전히 유보하면서 탁월한 의미로 그것 자체이며 그러한 것으로 머문다. 영원한 너는 그 이상으로 또 전혀 다르게 그것 자체이다. 왜냐하면 그것은 완전히 초월적으로 존재하며 "존재한다"라는 단어마저 그 점에서 실패할 정도로 참으로 그렇게 머물기 때문이다.

그러므로 그것이 계시될 경우, 그것은 유한한 모습 안에서 그것이 접근되지만, 그러나 그 안에서 그의 접촉될 수 없는 초월의 "멀리 떨어져 있음"Ferne을 함께 감지케 한다는 절대적 역설에 도달한다.

이것은 모든 계시의 결정적인 변증법이다. 만일 모습 안에서 일체의 형태를 넘어서는 초월이 인지되지 못한다면, 우리는 불가해한 신비가 참으로 나타났다고 더 이상 말할 수 없을 것이다. 그럴 경우 나타나는 것은 어떤 사물이거나 또한 다른 형태들과 같은 하나의 인격적 형태일 터이고, 거기에는 아무런 특별한 것도 나타나지 않을 것이다. 다른 한편으로 그것이 하나의 유한한 모습이 되지 않는다면, 그것은 도대체 나타나지 않을 것이다.

그런 까닭에 그것이 모습 바로 그 안에서 일체의 가능한 것과는 결코 어떤 대등한 관계가 되지 않고, 오히려 일체의 것에서 이끌어내져 있으며, 그의 황홀경, 그의 초월, 그의 "전혀-달리-존재함"Ganz-anders-Sein을 가장 내밀한 것으로서 자신 안에 보유하고 이를 그의 출현과 작용 안에서 발산하고 선사한다는 것은 영원한 신비의 발현에 필수적이다. 따라서 나타나는 모습은 자신을 자신 안에 가두는 것이 아니라, 일체의 형태를 완전히 능가하는 것을 위해 투명한 것이 된다. 계시는 바로 그때문에 언제나 완전히 비범한 것이며, 게다가 출현 안에서 그것이 접근하고 비할 나위 없게 계시의 수취자와 관계하면서도 마음대로 해볼 수 없고 가까이 할 수 없다. 바로 여기에 동시 발생 또는 상징이 놓여 있다.

이 연관에 특히 한 가지 더 첨가되지 않으면 안된다. 신의 신비가 그 계시 안에서 인간에게 모습으로서 나타난다면, 그것이 나타나는 발현적 사건들은 불가피하게 인간에게서 반향을 가져오고 그의 비축된 언어와 생각들을 이용하지 않을 수 없다. 인간의 관점에서 인간적 표상들과 언어적 전형들이 그에게 주어지게 된다. 그럴 경우 신성은 즉시 완전히 인간적이고 각 인간 집단에 독특한 표상들의 복장을 갖추고 나타날 것이다. 또 그것은 하나의 대화의 경우에서처럼 존재할 것이다. 신이 말하거나 말한 곳에서 인간은 즉시 그 편에서 더불어 말하고자 할 것이며 그렇게 할 것이다. 베르그송이 조형적 기능fonction fabulatrice 으로 묘사한[3] 인간의 그 힘이 활동하게 될 것이다. 그렇게 해서 신의 모습 안에서 신적이고 인간적인 특징들이 차차 하나로 합쳐진다.

---

[3] H. Bergson, *Les deux sources de la Morale et de la Religion*, Paris 1939 제17판. 111ff.

이 방식으로 다양한 상징들이 출현하는 신의 모습을 위해 형성될 것이다. 지상의 모습들 안에서 일체의 형태를 뛰어넘는 신비가 신으로서 인간에게 말을 건넬 것이다.

그 지상적 모습 안에서 상징은 일체의 지상적인 것과 일체의 형태를 뛰어넘어 그의 신비에 대해서 말할 것이다. 존재자가 초존재자에 대해서 말하는 것이다. 상징 안에서 가까움과 마찬가지로 "멀리 떨어져 있음"도 경험된다. 그러나 이 차이는 서로 갈라져 있는 것이 아니다. 그것은 단일한 것으로 경험된다. 신은 그의 나타남 안에서, 즉 그의 상징 안에서 말하고, 인간은 이 상징을 만나면서 동시에 상징 그 이상의 것인 그것을 경험한다.

이 연관 때문에 그와같이 이해된 상징이 취소할 수 없다는 것도 또한 명백하다. 신비는 상징의 이름 이외에는 다른 이름을 갖고 있지 않기 때문에, 우리는 그것을 독자적인 낱말을 가지고 말하자면 상징 곁에 세울 수 없다. 오히려 상징을 바로 상징으로, 즉 신비의 격려의 말Zuspruch로 경험해야만 할 따름이다.

3. 발현적 현상으로서의 거룩한 것

영원한 너가 지상적 경험들의 맥락에로 들어옴으로써, 그것이 그의 나타남 안에서 동시에 접근하고, 마찬가지로 그의 "멀리 떨어져 있음"을 그의 초월로서 함께 계시한다는 사실에 드러나는 이 변증법은 우리의 연관을 위해 중요한 그 이외의 결과들을 가져온다.

이제 그러한 것이 일어나는 사람에게 그것은 아무튼 접근할 뿐만 아니라 또한 그 이상으로, 즉 그의 내면 안에서 그와 관계되지 않을 수 없다. 그것은 "형태 그 자체"와 같은 어떤 것으로서가 아니라, 오히려 형태를 취하게 되거나 상징이 되는 사건 안에서 또는 우리에게 가까이 다가가는 영원한 너로서 머문다. 가장 높은 곳에서 인간과 관계되고 그에 대해 일체의 것을 결정짓는 것이, 일체의 것과 특히 인간의 가장 내밀한 관심과 동기들을 요구하는 것이 이 경우에 접근하는 것이다. 그러므로 접근은 관계됨의 접근이며 더욱이 가장 내밀하고 동시에 가장 전반적인 관계됨의 접근이다. 이것은 완전히 출중하고 비길 바 없는 접근의 형태이다.

그것이 동시에 그리고 같은 것 안에서 우리에게서 완전히 벗어난 것, 전혀 마음대로 할 수 없고 일체의 표상들을 능가하는 것으로서 자신을 알리기 때문에, 그 결과 또한 간격의 한 뛰어난 형태가 나타난다. 이 형태의 간격 역시 그저 중립적일 뿐인 "형언할 수 없음"보다 훨씬 그 이상의 것을 뜻한다. 그것은 전율케 하는 "멀리 떨어져 있음"으로써 개인적으로 관계되는 "멀리 떨어져 있음"과 "접근될 수 없음"이다. 왜냐하면 그러한 간격은 무한히 관계되는 것이면서도 동시에 무한히 접근할 수 없고 마음대로 할 수 없는 것으로 머물기 때문이다.

그러나 이것은 오토가 당시에 "성스러운 것"Das Heilige이라고 묘사한 그것이 당연한 결과로 나타난다는 것을 뜻한다.[4] 즉, 전율케 하고 매혹시키는 신비mysterium tremendum et fascinosum가 매혹시키는 것으로서는 인간과 완전히 상관이 있고 그를 요구하며, 같은 특징 안에서 그것이 전율케 하는 것으로서는 인간을 완전히 자신과 멀리하는 것이다. 성스러운 것이 그 결과로 나타나는데, 더욱이 하나의 인격적 모습이나 상징에로 모여져 나타난다. 그러한 인상을 받는 가운데 아우구스티누스 자신이 그 순간에 놀라움을 금치 못하면서 다음과 같이 말했던 그것이 결과로 나타난다. "사랑과 경악으로 나는 전율하였다"contremui amore et horrore.[5] 이와 유사한 수많은 표현들을 우리는 종교의 증언에서 발견한다.

따라서 성스러운 것과 신적神的인 신神의 영역에서 발견되는 현상학적 차이는 종결되기 시작한다. 해당 사실의 내적 논리에 의해서 우리는 신적인 신의 특별히–종교적인 현상성에 가까이 도달하였다.[6]

---

[4] *Das Heilige* (¹1917) 그 이후 많은 증판들.   [5] *Confessiones*, VII, 10, 16.

[6] 이에 대해서는 언급된 R. Otto 외에 M. Scheler의 *Vom Ewigen im Menschen*, I (¹1921), 특히 거기에서 발견되는 논문 *Die wesensphänomenologie der Religion*을 참조하라. 쉘러는 여러 번에 걸쳐 — 예컨대 166과 391 — 오토를 참고로 인용한다. — 우리가 지적했듯이 하이데거는 이와 상응하는 곳들에서 종교적 현상성에 대한 물음을 매우 철저히 새롭게 개시하지만, 그러나 그것들을 묘사함에 있어서 오토와 쉘러보다 덜 구별하고 있다.

인격적 모습으로서의 성스러운 것은 신적인 것이며 신이다. 발현 안에서 신은 비로소 신이 된다. 마이스터 에크하르트의 말을 인용하자면, 이전에 "(그는) 오히려 그였던 바 그것이었다".[7]

4. 현실로서의 신적 발현

그와같이 묘사될 수 있는 이 가설은 우선은 그것이 진행되는 가운데 우리가 "거룩한", "신적인" 그리고 "신"이라는 말들이 의미하는 그것의 영역에, 즉 신과 관련되는 노에시스들Noeses의 현상적 노에마Noema에 실제로 도달함으로써 적어도 대략적으로 입증된다.

물론 신으로서의 영원한 너의 그러한 계시가 실제로 존재하는지는 — 우리가 이미 말했듯이 — 사유에 의해서는 결정될 수 없다. 그렇지만 여기서 사유는 종교적 경험의 긍정적 증언을 경청할 충분한 근거를 가진다. 우리는 특별히 중요한 실례로서 이미 구약성서 계시문서들을 환기시켰다. 다시 한번 그것을 회상한다면, 야훼가 아브라함과, 이사악과 야곱에게 자신을 어떻게 계시했는지, 모세에게 가시덤불 환시幻視에서 자신의 이름을 어떻게 말했는지, 자신의 백성을 에집트에서 이끌어내면서 자신을 어떻게 야훼로서 입증했는지, 그의 백성을 어떻게 "그의 원수들의 손아귀에서 구원했으며", 자신의 백성을 어떻게 또한 벌하고 심판했는지 거기서 보고되고 있다. 이 모든 계시행위들 안에서 야훼는 자신을 이 하느님, 즉 자신의 백성 앞에서의 야훼로서 입증한다. 따라서 우리는 이렇게 말할 수 있다. 야훼는 거기에서 이 백성의 이 하느님이 **된다**.

아마도 특별히 호소력있게 말하는 대목은 민수기 15장 41절일 것이다:

---

[7] *Deutsche Predigten und Traktate*, 간행 및 번역: J. Quint (München ³1969) 305쪽. 계시와 나타남과 신성 사이의 연관은 특히 신플라톤적 전통 안에서 자주 다루어졌다. 이에 대해서 특히 W. Beierwaltes, 상게서를 참조하라. 이 중요한 논문에서 스꼬뚜스의 다음과 같은 구절이 인용되고 있다: "Omne namque, quod intelligitur et sentitur, nihil aliud est, nisi non apparentis apparitio"(즉, 인식되고 감각되는 모든 것은 나타나지 않는 것의 발현일 뿐이다), 상게서, 241쪽, 출전: *Periphyseon* 또는 *De divisione naturae* III 4, 633 AB (Pl 122).

나는 너희 하느님이다.
너희의 하느님이기 위해서,
내가 너희를 에집트 땅에서 이끌어 내었다.
나 너희의 하느님이.

"이기 위해서"라는 낱말은 — *lihejoth*(즉, 너희를 위한 너희의 하느님) — 여타 히브리어 원문에서처럼 여기에서 정적인 존재로서 이해될 수 없음은 명백하며, 오히려 "너희를 위해" 사건발생적으로 "거기에-있음"과 "그-자리에-있음"으로써, 즉 야훼가 "너희의 하느님"으로서 발생하는 그 계시적 행위들과 작용들 안에서 이해될 수 있어야 한다. 그의 신격神格과 신성神性은 그의 계시의 행위로부터 생긴다.

동시에 같은 원전의 문맥에서 알 수 있는 것은 접근될 수 없는 것에 대한 경외심이 마찬가지로 고지된다는 사실이다. 모세는 그 장소가 거룩하였기 때문에, 그의 발에서 신발을 벗지 않으면 안되었다. 모상들과 이름을 금지하는 법이 반포되었다. 그 결과 후에 신의 장소로서의 지성소至聖所에 출입하는 것이 금지되었다. 자신의 백성 앞에 자신을 신으로 입증한 그를 가까이할 수 없다는 경험이 성스러운 것의 여러 가지의 형식들 안에서 표현되었다.

그러한 언명들을 고려해 볼 때에 신적인 신의 계시적 특징이 로젠츠바이그F. Rosenzweig와 부버M. Buber와 같은 바로 유태 종교사상가들에 의해서 특별히 강조되었다는 것은 우연한 것이 아닌 듯하다.[8]

그러므로 긍정적인 종교적 보고는 그 나름의 방식으로 우리의 가설이 우선은 가설적으로 구상한 것을 확인해 준다. 그것은 긍정적인 역사적·종교적 보고로 말미암아 논제論題가 된다. 다른 유사한 보고들과 마찬가지로 이 보고들을 고려해 볼 때에 우리는 우리가 하고 있는 것을 분명하게 자각하면서 전적으로 정당하게 신적인 신 또는 단순하게 말해 신에 대해 언급해도 좋은 것이다.

---

[8] 이에 대해 요약하고 사변적으로 더 사유하면서 제시하고 있는 B. Casper, *Das dialogische Denken*, 상게서, 특히 349ff.의 요약을 참조하라.

신의 모습의 역사적 변천

우리의 경험을 위해서는 그것이 계시사건들에 기초해 있는 한에 있어서, 신의 신성은 특별한 역사적 성격을 띤다. 사건들은 생기고 발생한다. 즉, 그것들은 인간 역사의 특정의 맥락을 요구하며 동시에 새로운 연관과 새로운 역사를 개시한다.

이것 역시 영원한 신비가 발현하면서 초존재자超存在者와 존재자 사이의 근본적인 차이를 뛰어넘는, 그러니까 그것이 존재자의 질서 안에서 나타난다는 근본 사건의 결과이다. 그래서 그것은 필연적으로 시간과 공간의 질서 및 그 갈라져 있음 안에서 나타나게 마련이다. 그것은 그것의 시대에 나타나 새로운 시간을 연다. 그리고 그것은 또한 인간의 운명들의 공간 안에서도 나타난다.

그러나 시간과 공간에로 펼쳐진 것으로서 역사의 활동 여지는 언제나 다양한 것이다. 그렇기 때문에 신적神的인 신의 모습은 역사 안에서 다양하게 변화되지 않을 수 없을 것이다. 그것은 시간적으로 뻗어 있는 역사의 특정의 지점에서 생기어 아마도 다른 시기들에는 재차 퇴색될 것이다. 그리고 사람들이 공간적으로 흩어져 있으면서 때로는 다시 결합되고 때로는 다시 갈라서는 수많은 분가分家들을 이룬다는 것은 인간의 역사상 당연한 것이므로, 신과 인간들의 모습 자체가 다양한 형태를 띤다는 것은 그 이외에도 있을 수 있는 것이다. 즉, 시간과 공간에 따라서 신의 모습이 역사적으로 변모한다는 것은 있을 수 있는 것이다. 종교들의 역사는 이에 대한 충분한 실물 자료를 제공한다.

이에 따라서 신의 모습은 두 개의 차원들에서 역사적 변천을 겪을 것이다: 한편으로는 시간의 차원 안에서, 즉 계시와 그리고 매번 그로써 개시된 시간의 오고감 안에서, 또 다른 한편으로는 공간적으로, 즉 공간 안에서 사방으로 갈라지는 다양한 인간 역사 안에서 신의 모습들이 서로 엇갈림 안에서. 이 두 차원들에 대해 우리는 좀 숙고해야만 할 것이다.

1. 계시와 벗어남

시간적인 것을 야기惹起시킴은 그 안에서 각기 싹트는 것이 또한 사라진다는 것을 전제로 한다. 그런 까닭에 신의 출현뿐만 아니라, 또한 신의 모습이 재차 희미해진다는 것도 신의 발현의 역사적 삶에는 필연적이다. 이름들과 상징들은 나타났다가 사라지게 마련이다. 모습들은 상승세를 타며 위세를 떨치다가 다시 점차 사라진다. 그러나 그와같이 오고가는 것, 이름과 모습과 암호들 그 모든 것이 근본적으로 말하고 뜻하는 것은 역사적으로 변천하는 가운데에서도 언제나 동일하고 영구적이며 모든 언어와 상들을 뛰어넘어서 근본적으로는 형언할 수 없는 신비이다.

  신적인 신의 이 역사적 생에 특히 당연한 것은 그의 현존과 동시에 그에 대한 경험이 때때로 가라앉고, 점점 사라져 생기지 않을 수도 있다는 사실이다. 그리고 이것은 중대한 경우에는 바로 이 생기지 않음 자체가 여전히 경험될 만큼 그렇다. 그러나 더 극단적인 경우에는 그것이 생기지 않음 자체에 대한 이 경험마저 생기지 않는다. 하이데거에 따르면 휄더린Hölderlin이 "신의 결여"Fehl Gottes라고 일컬은 그것이 여러 가지로 발생할 수 있다. 이럴 경우 때때로 수중에 없는 것의 어떤 은밀한 자취가 수중에 없는 신에 대한 경험 안에 보존된다. 그것마저 없어질 경우 신의 부재不在의 밤은 완전한 암흑이 되었을지도 모른다.

  신의 부재Gottesferne, "신의 암흑"Gottesfinsternis, 점점 세속화되어 가기만 하는 시대에 대해 우리의 시대에 와서 종종 견해들이 표명되었다. 중요하고 특별히 현대적인 경험이 거기에서 표현되고 있다.

  이와 관련하여 중요한 것은 우리 세대가 그러한 것을 경험하고 그러한 것으로 시달리는 첫번째 세대가 아니라는 점을 깨닫는 것이다. 성서의 책들은 유사한 경험들에 대한 다양한 실례들을 보여준다. 예를 들어 예레미야서 14장 8-9절의 인상적인 부분을 환기해 보라. 거기에서 예언자는 이렇게 기도하고 있다. "이스라엘의 희망이신 이여, 고난의 시대에 이스라엘의 해방자시여, 당신은 어찌하여 이 땅의 이방인처럼, 밤에 야영하는 방랑자처럼 되셨나이까, 당신은 어찌하여 힘없는 장정처럼, 구원할 수 없는 용사처럼 되셨나이까?" 밤 시간의 타향인과 방랑자는 누구에게도 목격되지 않으며 그는 볼 수 있는 시간, 즉 낮 시간에는 자신의 천막을 이미 또다시 거두어 말하자면 재차 사라져버린 그런 사람이다. 그리고 마찬가지로 힘없는 장정은 그에게서 더 이상 아무런 남성다움도 감지될 수 없는 그런 남자이다. 따라서 대조될 수 있는 다른 본문들에서처럼 이 본문에서는 멀어져버린 신에 대한 대단히 유별난 경험이 표현되고 있다.

신의 부재의 운명은 강제적인 조치들을 취함으로써 변경될 수는 없다. 그러나 소리가 멎어버리고 사라져버린 계시들의 신은 종종 아득히 멀리 뻗어 있는 장구한 시간Äon 내내 마치 먼곳에서처럼 계속해서 **기억**에 현재한다. 그럴 경우 그의 경험은 그의 현존이 사라져가는 오랜 기간 내내 기억에는 잊을 수 없는 것으로 머문다. 잊을 수 없음은 우선은 자신을 계시하는 신 자신에 의해서 조성되고 개시되지만, 그럴 경우 인간들의 기억력과 그들의 신앙의 충실을 요구한다.

이에 상응해서 우리는 많은 위대한 종교들이 이전의 위대한 계시들의 상기된 증언으로 살아가며 또 그것들의 장구한 시간 내내, 그것들이 기초해 있는 위대한 경험들을 넘어, 상당히 오랜 기간 지속된다는 것을 본다.

또한 부재하는 신의 재출현을 사유 안에서 조심스럽게 준비하려는 시도가 이루어질 수도 있다. 이 준비에 더 잘 어울리는 것은 신을 재구성하려는 분주한 시도들보다는 침묵과 마음가짐일 것이다. 기억과 각오, 되돌아봄과 앞을 바라봄은 사멸할 인간이 신의 부재의 시대일망정 신에게로 쭉 뻗어, 정말이지 그에게 매달릴 수 있는 두 팔들일 것이다. 그렇게 해서 형태들이 나타나고 떠나감 중에서 어떤 깊은 확신이 남아 있을 수 있다.

2. 모습의 증가

신적인 신의 모습의 역사적 변천의 다른 차원은 이 모습이 인간의 다양한 경험들로 다양하게 엇갈린다는 것이다.

신으로서의 신비가 그와 존재자 사이의 차이를 뛰어넘어 인간들을 위한 형태와 상징으로서 나타난다면, 이 출현은 인간들 앞에 놓여 있는 다양한 존재자의 상태가 되고 만다. 다시 말하면 신이 인간에게 자신을 알릴 수 있는 여러 가지 가능한 형태들과 여러 가지 가능한 상징들이 존재한다.

그와 동시에 인간의 경험에는 상징과 그 안에서 자신을 알리는 신비 사이의 차이가 계시의 일차적 단계에서는 제거된 것 같다. 너가 직접적으로 "너"라는 말마디 안에서, 우리가 참으로 서로 말하는 거기에 현재하듯이 그렇게 신은 그의 출현 안에 직접적으로 현재한다. 그럴 경우에 그것은 한 걸음씩 진척되는 것이 아니다. 여기에 출현하는 이것이 신이다. 상징에 직면하여 다음과 같은 신원확인적身元確認的 언명이 가능하다. "이분은 우리의 하느님이다."

그렇지만 차이는 여전히 있다. 그것으로 말미암아 말하자면 행동 여지가 생겨난다는 것이 밝혀진다. 경험의 중심점은 그것의 범위 내에로 옮겨질 수 있으며, 사람들의 주목은 이 차이의 범위 내에로 완전히 옮겨질 수 있다.

그렇기 때문에 상징의 다양성은 더 확고부동한 것이 될 수 있지만 여전히 신성한 신비를 알릴 수 있다.

그럴 경우 신은 여러 형태들 안에서 그리고 다수의 신들로서 출현한다는 것은 자명하다. 거의 모든 고대종교들 안에서 그러했던 것이다. 그와 동시에 다수의 상징적 모습들이 그 안에서 통합되어 있는 하나의 질서가 원칙적으로 생겨난다. 이 질서는 사람들이 그들의 세계의 존재자의 범위 내에서 자신을 경험하게 되는 그 질서들과 부합된다. 그것은 하늘과 땅의 질서들일 수 있으며 또는 남자와 여자의 그리고 이런 종류의 여러 가지 것들의 질서들일 수 있다. 그러한 질서들은 종교적 상징들 안에서도 서로 교차될 수 있다.

그래서 다신론多神論이라고 일컬어지는 그것의 다양한 가능성들이 생겨난다. 더 진척된 다신론 안에서는, 이에 대한 실례로서 그리스의 다신론이 해당될 수 있는데, 그것의 단일성 안에서 동시에 개별적인 어떤 지고至高의 모습으로 현재하게 되는 지고의 어떤 신성한 신비가 다양한 신적 모습들 안에서 두각을 나타내며 빛나는 한에 있어서 그것은 유일신론적唯一神論的 특징을 가진다. 그럼에도 불구하고 특색이 있어 보이는 것은 일체의 형태를 뛰어넘어 그의 신비 안에 머문 채 살아가는 그것보다는 모습을 지닌 것이 인간에게는 더 가깝다는 사실에 걸맞게 다양한 모습들이 숭배의 중심을 이루고 있는 듯하다는 점이다.

그렇지만 그러한 더 진척된 다신론이 유일신론에로 정화되는 거기에서도 우리는 역사적 인간의 다양한 생의 영역 및 경험 영역들에 속해 있는 대다수의 숭배들과 상징들이 생겨남을 마찬가지로 관찰할 수 있다.

그럴 경우 신이 그와같이 인간들을 위한 상징들 안에서 나타나는 곳에서 인간들은 그 편에서 신비와 상징적 형태의 존재자 사이의 차이를 그들이 포착할 수 있는 상징을 위해 최소화한다는 것도 분명히 있을 수 있는 일이다. 그렇게 되면 비록 그것이 이번에는 다른 의미를 지닌 것이긴 하지만 신원확인적 언명들이 다시금 가능하게 된다. 하지만 그것은 다시 다음과 같은 것을 뜻할 수 있다. "이것은 우리의 하느님이다." 그럴 경우 "이것"이라는 지시적인 것은 이 포착할 수 있는 형성물을 우선적으로 의미한다. 그렇게 되면 포착할 수 있고 묘사할 수 있는 상징적 모습을 위해 그 차이가 퇴색되어 버린 것이다. 그리하여 유한자가 위험스럽게도 우상화偶像化되기 쉽다.

물론 차이의 잔재, 즉 어느 정도 신비적이고 초월적인 것이 인간들의 경험을 위해 어쩌면 그들에 의해서 만들어졌을 형성물들과 결부되어 있는 신비스러운 권세의 형태로 종종 남는다는 것이 거기에서 목격될 수 있다.

그럴 경우 이와 관련하여 이외에도 쉽게 일어날 수 있는 일은 사람들이 그러한 사건의 윤곽 안에서 그들의 표상들에 따라서 또는, 그들이 반성적으로 더 발전되었을 경우, 그들의 개념들에 따라서 자기 자신들을 위해 자신들의 신을 고안해 낸다는 것이다. 그리고 더 나아가 사람들은 자신들의 행동들에 의해 자신들의 신을 마음대로 다루고, 그를 장악하고 그를 고정적으로 붙들어 둘 수 있다고 생각할 수도 있다.

　여기에서부터 다시 한번 종교 역사가 새롭게 밝혀질 수 있다. 즉, 이름들과 상징들이 다양하게 갈라져 변화하면서 순수한 형태들과 때로는 매우 순수하지 못한 형태들도 등장하여 강력하게 되었다가 점차 사라짐이, 그것에 대해 아무런 상도 조각해서는 안되는 순수한 신성으로부터 수준 높은 형태들을 거쳐 마침내 엄청난 혼란들에 이르기까지 이어지는 활동 공간이 새롭게 밝혀질 수 있다. 생생한 모습들과 상징들이 늘상 재차 새롭게 싹터 위험스럽게 고착되고 마침내 그것들이 약해지고 비판으로 여과되어 해체된다는 것은 이해될 수 있다. 또한 존속하는 종교 내에서도 예언자적인 거부 혹은 일체의 이름과 상징들을 뛰어넘어서 있는 그것에로 신비적으로 침잠沈潛함으로써 신적 모습들을 정화할 필요가 늘상 다시 대두된다는 것은 수긍할 수 있는 일이다.

3. 사회적 신원 확인들과 분리들

이와 관련하여 신적 모상들과 상징들이 분산되는 또 다른 중요한 형식, 즉 역사적-사회적 형식이 주목되지 않으면 안된다. 신이 나타나는 거기에서 그는 누군가를 위해 그리고 대개는 어떤 공동체를 위해 나타난다. 아니 그의 출현은 드물지 않게 공동체를 조성한다. 신적 발현의 수취인은 개인이지만, 그는 수취인으로서 일반적으로는 더 큰 사회적 집단의 대표자이며 그럴 경우 그러한 자격이 있거나 아니면 그러한 자격을 갖추게 된다. 특정의 모습들과 상징들 안에서의 신의 발현은 이미 기존의 사회적 집단을 향한 것이거나, 아니면 새로운 사회적 집단을 정초한다.

　그렇게 해서 신은 각 집단에 대해 "우리의 하느님"이 된다. 즉, 신은 이 집단과 그리고 이 집단은 신과 일치한다. 거기에 속하는 모든 이들은 자신들을 "우리"로서 이해함으로써, 집단은 발현의 힘에 의거하여 새로이 집단으로서 출현하거나 아니면 예배자들의 도시 또는 백성 또는 집단으로서 이미 존재한다. 신은 이와같이 우리의 하느님이 된다.

그러나 인간의 집단들은 흩어져 있다. 사람들이 인류의 일치라고 부르는 그 것이 그 다양한 집단들 안에서 드러난다. 이것은 인간의 역사적 삶의 근본구조인 듯하다.

그러나 모든 집단은 또한 외부에로 향한 요구들을 가지고 있으며, 그래서 집단들이 격돌하는 거기에서 집단들은 서로 경쟁하게 된다.

그 결과 "우리의 신"이 경쟁적으로 논쟁을 벌이는 가운데 "너희의 신"과 구별된다. 집단들의 경쟁들은 하나의 신과 또 다른 신의 경쟁이 되면서, 각기 타인들의 신 또는 신들이 평가절하되지만, 그러나 그것은 대부분 여전히 두려움의 대상이 된다.

그럴 경우 "집단-이기주의들"과 이기주의적 집단 주장들이 "우리의 신"에 대한 자각自覺으로 표현된다. 이것은 신이 지상적 특징들을 지니게 되거나 인간들의 산물이 된 것일수록 그만큼 더하다. 그렇게 되면 하나의 집단이 다른 집단에 대항해서 벌이는 투쟁은 동시에 마치 하나의 신이 또 다른 신에 대항해서 벌이는 투쟁이며, 하나의 집단이 다른 집단들에 대해 쟁취하는 승리는 하나의 신이 또 다른 신에 대해 쟁취하는 승리인 것처럼 생각된다. 30년전쟁 시대에 이르기까지 장구한 역사 안에서 그러한 대결들은 늘상 되풀이하여 그와같이 이해되었다. 그리고 비록 잠재의식적으로 또 현대의 계몽에 의해 그것이 억압되고 있다 하더라도, 그러한 이해는 여전히 계속되는 것은 아닐까?[1]

그럴 경우 신은 존재자에 대한 초존재자적超存在者的 신비의 차이를 일단 넘어선 다음 마치 다양한 모습들에로 흩어질 뿐만 아니라, 또한 이 모습들 안에서 마치 자기 자신에 맞서 투쟁하는 것처럼 보일지도 모른다. 아니면 때때로 그들의 신을 스스로 만들어 내어 다른 신들에 대항해 그것을 그들의 인간적 대결에

---

[1] 집단들의 경쟁과 그 이유에 대해서 나는 다음의 저서에서 더 상세히 말하였다: *Über das Wesen und den rechten Gebrauch der Macht* (Freiburg i.Br. ²1965). 그러한 집단들과 집단 대결들이 초월에 대해 갖는 관계를 나는 다음의 논문에서 자세히 다루었다: *Miteinandersein und Transzendenz*, 수록: *Auf der Spur des Ewigen*, 상게서, 74-82.

로 끌어들이는 것은 그저 인간들일 뿐인가?

  어떻든 우리는 다음과 같이 말할 수 있다. 사회적 및 종교적 발전의 시작에 가까운 초기 단계들에는 자신의 백성을 홀로 요구하고 또 이 백성에 의해 그들의 언어로 불려진 신이 우리의 신이 된다는 것은 자연스럽다. 그래서 신이 그 자체로서 지켜지기 위해서는 그는 다른 집단들과 그들의 신들과의 논쟁적인 구분지음을 통해서 그러한 역할로부터 해임되지 않으면 안된다. 종교적 자각이 보존되고 그것의 원천을 확고히 견지하기 위해서는 이것이 필요하다. 이스라엘 백성의 하느님으로서의 아브라함과 이사악과 야곱의 하느님이 그랬고, 그의 계시가 처음으로 주어진 후 신속히 그리고 급속히 성장하는 과정 안에서 그리스도인들의 신앙 공동체의 하느님이 된 신으로서의 예수의 하느님이며 아버지가 역시 그러했다. 신앙 공동체 역시 원천을 보존하기 위해서는 우선 논쟁적으로 자신의 경계를 긋지 않으면 안되었던 것이다.

  그러나 종교가 더 발전하고 더 성숙하게 되고 또 "사회적-역사적" 과정 역시 더 진척되고, 민족들과 집단들의 접촉이 비록 그것이 빈번히 논쟁적일지라도 강화되었을 경우에, "우리의 하느님"은 점점 더 집단의 한계를 극복하고 초기 그리스도교의 경우에서처럼 더욱더 "유다인과 이방인"의 하느님이 되는 시기가 무르익게 된다. 이 발전의 초석은 만백성들의 하느님에 대해서 설파하는 구약성서의 예언자들에게서 이미 놓여졌다. 그럴 경우에 신의 다양하고 집단에 맞추어진 특유의 모습들과 출현들과 상징들에 대한 새로운 형태의 관용이 불가피한 것이 될 수도 있을 것이다. 어쩌면 관용 이상의 것, 즉 아마도 서로 배우고자 하는 마음가짐이 생겨날지도 모른다. 왜냐하면 모든 신의 경험에는 정화가 요구되며, 사람들은 다양한 신의 경험들로부터 각각 배울 수도 있기 때문이다. 그러한 정화 및 학습 과정 안에서 신은 더욱더 위대해질 뿐이며, 그러한 과정들 안에서 다양하게 신의 상을 얼룩지게 하는 너무나 인간적인 것마저 경우에 따라서는 극복될 수 있을지도 모른다.

무신론

우리가 사유하면서 우리의 현존재를 떠받치고 그것에 의미를 부여하는 무한한 신비를 암시할 수 있고, 또 이 사유에 인간 역사의 경험들도 포함되는 한에 있어서, 게다가 — 우리가 여기에서 그렇게 시도하였듯이 — 신적인 신마저 암시될 수 있다면, 무신론無神論의 현상은 그에 대한 하나의 설명을 요구한다. 따라서 종교철학은 종교의 부정, 즉 무신론 역시 다루지 않을 수 없는 충분한 이유를 가진다. 우리의 시대에는 그렇게 해야 될 이유가 더욱더 있다. 왜냐하면 무신론은 이 시대에 전세계적으로 두루 퍼졌기 때문이다. 무신론은 시대의 역사적 세력이 되었는데, 이것은 인류의 전체 역사 안에서 지금까지 결코 이러한 폭과 차원으로 존재한 적이 없었던 완전히 생소하고 당혹스러운 현상이다.[1]

그러므로 우리는 다음과 같이 물을 수 있다. 어떤 이유에서 무신론이 존재할 수 있는 것일까? 무신론이 왜 존재하는가? 그리고 무신론이 오늘날 왜 그러한 역사적 위세를 떨치고 있는가? 그리고 무엇보다도 대략 다음과 같은 물음이 제기될 수 있겠다. 무신론, 이것은 도대체 무엇인가?[2] 그 까닭은 무신론이 그때마다 본래 무엇인가라는 것은 결코 두말없이 명백한 것이 아니며, 또한 무신론이 언제나 그리고 도처에서 동일한 것인가라는 것도 명백하지 않기 때문이다.

---

[1] 이에 대해서 나는 다음의 책에서 더 자세히 다루었다: *Die Würde des Menschen und die Religion. Anfrage an die Kirche in unserer Gesellschaft* (Frankfurt 1977).

[2] 이에 대해서는 F. Ulrich, *Atheismus und Menschwerdung* (Einsiedeln 1966); J. C. Murray, *Das Gottesproblem gestern und heute* (Freiburg i.Br. 1965); B. Welte, *Die philosophische Gotteserkenntnis und die Möglichkeit des Atheismus*, in: *Zeit und Geheimnis*, 상게서, 109-23을 참조하라.

1. 그 성격상 강요하지 않는 구상들

우선 우리가 지적하지 않으면 안되는 것은 그것들을 이용해 우리가 신을 암시할 수 있고 또 고찰해 보고자 하였던 그 숙고들이 진지한 것이긴 하지만, 그러나 **강요하지 않는** 숙고들이라는 사실이다. 그것들은 결단하는 인간의 유한한 자유가 활동할 수 있는 여지를 허용하며, 그래서 예컨대 수학적 논증들이나 "경험적-과학적" 실증들 내지 반론들과는 아주 다른 어떤 것이다. 그것들은 자유에 호소함으로써 비록 그것들이 논증된 것일지라도 자유롭게 동행할 수 있거나 동행하기를 거부할 수 있는 자유를 허용한다. 이것은 세부적으로 간략히 설명되어야 하겠다.

가) 더할 수 없는 질문들

사람들은 다음과 같이 있을 수 있는 최후의 물음들을 제기**할 수** 있다. 모든 것은 도대체 어떤 의미를 지니고 있는 것일까? 왜 어떤 무엇이 무릇 현존재하는 것일까? 그러나 이 질문들은 반드시 제기되어야만 하는 것은 아니다. 인간이 더할 수 없는 물음들을 다만 제기하는 것마저 잊을 수 있으리만큼, 또 이 물음들이 그에게 어쩌다 외부로부터 무리하게 요구될 경우 하루의 일과들의 관점에서 보면 그러한 물음들은 전혀 쓸데없는 것처럼 여겨질지도 모를 만큼, 그의 세계와 그의 과제에 가장 인접한 것에 전념하도록 인간의 나약함이 그를 요구하고 긴장시키곤 할수록 그만큼 그러한 물음들이 제기되어야 할 필요는 적어진다. 그런 까닭에 결국 신에 대한 물음들인 최종적이고 극도의 것에 대한 그 물음들이 이미 전혀 제기되지 않는다는 것은 충분히 있을 수 있는 일이다.

그뿐만 아니라 이 가능성은 인간의 나약함이 그의 세계와 그의 과제들의 가장 인접한 것으로 역사적으로 증강되어 가고 조직화됨으로써 대단히 강화된다. 이것은 근대의 인류 전체가 부담하는 역사적 강화이다. 그때문에 세계 내적으로 행하여지고 조직되고 도달되고 투쟁될 수 있는 그것은 한 인간을 위해서 중요한 바로 그 **전부**여서 그밖의 모든 물음들과 심지어 최후로 가능한 물음들이 전혀 제기되지 않게 된다는 것은 그만큼 더 납득할 만한 것처럼 보인다.[3]

나) 무의 모호성

설령 있을 수 있는 최후의 물음들이 제기될지라도, 우리가 이미 살펴보았듯이 그러한 물음들이 열어놓은 지평 안에서 우선 나타나는 것은 심연과 같은 "무엇이-아님"Nicht-Etwas 또는 무Nichts이다. 그러나 무는 그 자체로 그것이 인간에게 손짓하기는 하지만, 그러나 이 알림은 일체의 강요와는 아주 동떨어진 것이라는 사실에서 그 현상적 특성을 드러낸다. 사람들은 그것에 응**할 수** 있다. 그렇게 할 경우 사람들은 그들이 인간 현존재의 가장 극도의 진리에 관여하고 있다는 것을 안다. 그러나 그들은 반드시 그렇게 **해야만 하는** 것은 아니다. 무의 손짓은 조용하며 강제하지 않는다.

뿐만 아니라 그것은 오히려 거부하고 공포를 야기시키는 것이다. 그래서 사람들은 그것을 하찮은 것으로 여기어 아무튼 그것에 관여하기를 거부할 수 있다. 뿐만 아니라 사람들은 그것을 억압하고 그들이 관계하는 것이 무엇인지를 적어도 알고 있는 적극적인 것에로 슬쩍 넘어가버릴 수 있는 충분한 이유를 결국 찾아낸다.

다만 무에 응하는 것마저 사람들은 그렇게 하도록 강요된 것이 아니다. 그렇게 하지 않는다면, 사람들은 어떻게 무의 수수께끼 같은 모호성Zweideutigkeit을 그저 예감할 수조차 있단 말인가?

다) 윤리적 요청

인간이 최후로 가능한 물음들의 끝에 가서 무를 견디어내고 그것의 모호성을 예감하기에 이르기까지 진척하였을 경우, 거기에서 무한하고 적극적인 신적인 신비를 추측하도록 그 어느 것도 또다시 강요하지 않는다.

---

[3] 이에 대해 더 자세한 것을 알고자 하면 위 172쪽 이하를 보라.

사람들은 이렇게 추측할 수 있고 또 해도 좋은 충분한 이유들을 갖고 있다. 그러나 그 이유들은 우리가 보았듯이 무엇보다도 윤리적 성질의 것이다. 그런데 윤리적인 것은 완전히 자유의 영역이다. 결정적인 윤리적 통찰들은 윤리적 실제實際 안에서만 이루어진다. 그러나 윤리적 실제는 상황 안에서 일어나는 선善의 그 호소에 대한 자유로운 응답의 성격을 지닌다. 여기에서는 강제란 전혀 있을 수 없다. 호소를 회피하고 그것을 거절할 수 있다는 것은 인간과 그의 유한한 자유에 속한다. 그렇게 할 수 있는 가능성은 언제든지 열려 있다.[4] 그러나 인간이 호소를 회피하고 거절할 경우 윤리적 행위에 내포된 무조건적 의미는 전혀 경험되지 못한다.

일체의 존재자의 모든 존재의 출처와 이유Warum에 대해 있을 수 있는 최후의 물음을 일체의 존재자의 진리의 무조건적인 확고부동함을 고려하여 해결하고자 하였던 또 다른 생각 역시 비록 그것이 논증된 것일지라도 강제적인 것이 아니다. 이 방향에서도 더할 수 없는 물음을 제기함은 그러한 물음의 방향에서도 그 가능성이 있는 "무엇이-아님"에 대한 조망이 그렇듯이 강제하지 않을 뿐만이 아니다. 또한 일체의 존재자의 진리의 무조건적인 확고부동함 역시 그것을 알아채는 사람에게 분명해질지라도 강요하지는 않는다. 그런데 그것은 모든 사물들, 모든 관계들 또 이 사물들과 관계들이 지식이나 사유 안에서 파악될 수 있도록 해주는 그 모든 전망들의 표면적이고 명백한 가변성可變性에 의해 쉽게 은폐된다. 그러나 모든 사물들과 전망들의 가변성이 일단 주시되면, "진리란 무엇인가?"라는 빌라도의 물음은 더 이상 아무런 답변을, 적어도 아무런 무조건적 답변을 갖지 못한다.

아주 일반적인 회의懷疑, 더 나아가 허무주의는 결과적으로 있을 수 있는 태도들이다. 신의 무한하고 무조건적인 신비를 고려할 때에 이것도 저것도 극복해야 할 이유들은 진지한 이유들이긴 하지만, 그러나 그것들이 그 누구도 강제

---

[4] 이에 대해서는 나의 다음과 같은 연구를 참조하라. *Über das Böse. Eine thomistische Untersuchung* (Quaestiones disputatae, Bd. 6) (Freiburg i.Br. 1959). 또한 다음과 같은 제하의 나의 연구도 참조하라. *Thomas von Aquin über das Böse*, 수록: *Auf der Spur des Ewigen*, 상게서, 155-169.

하지 않는다는 것을 우리는 안다.

영원자, 신에 대한 신앙을 위해서 우리가 열거하였던 모든 생각들은 그러한 것을 자유롭게 받아들이는 사람에게는 명백하다. 그러나 그렇게 하도록 그 누구도 강제된 것이 아니다. 그것에 "따르지-않을" 수 있는 여지가 남아 있는 것이다. 그래서 무신론의 가능성의 여지는 정말 남아 있는 것이다.

라) 역사적 회고들

지난날의 위대한 신의 경험들에 대한 역사적 회고回顧들 역시 무신론의 이 가능성을 배제하지 않는다. 신을 어차피 믿지 않으려는 자에게 그것은 아무것도 말해줄 수 없다.

뿐만 아니라 그러한 회고들은 근대의 확신이 그의 이전의 역사로부터 벗어나면 날수록, 사람들이 옛것과 이로써 이전의 신마저 최종적으로 능가한 완전히 새로운 역사가 시작되었다고 믿어도 좋을수록 그만큼 더 신빙성이 없고 중요치 않은 것처럼 보인다. 이 역사의식Geschichtsbewußtsein의 특징을 이루는 것은 꽁뜨 A. Comte의 역사의식처럼 역사의 구성들인데, 그에 의하면 역사는 종교적 단계에서 시작하여 형이상학적 단계를 거쳐 마침내 우리 시대에 들어와서 앞서 극복된 단계들로부터 완전히 자유로워진 외견상 최종적 단계로서의 실증과학實證科學의 단계에로 넘어갔다.

그러한 견해 안에서 이루어지듯이 더 이전의 역사와 그 경험들을 밀쳐냄으로 말미암아 역사 역시 비록 그것이 상당 부분 종교적으로 영향을 받고 있고 또 종교적 경험들에 대한 회상을 간직하였을지라도 무신론의 가능성을 열어놓으며, 더 나아가 그 근대적 단계에 이르러서는 그것을 대단히 증대시켰음은 아주 명백하다. 역사 및 현재에 대한 꽁뜨의 이해는 우리의 시대에 예컨대 토피치E. Topitsch에 의해서 새로이 시도되었다.[5]

---

[5] E. Topitsch, *Vom Ursprung und Ende der Metaphysik. Eine Studie zur Weltanschauungskritik* (Wien 1958)을 참조하라. 마찬가지로 *Mythos, Philosophie, Politik. Zur Naturgeschichte der Illusion* (Freiburg i.Br. ²1969)을 참조하라.

2. 무신론의 가능한 종류들

무신론의 가능성에 대한 이 숙고들 자체만으로는 전세계적으로 만연된 무신론의 현상을 실제로 설명하기 위해서는 충분하지 않다. 근본적으로 보아 그것들은 오로지 소극적 가능성, 즉 무신론이 "불가능하지-않음", 말하자면 그것의 가능성의 소극적 활동 여지만을 보여줄 뿐이다. 그러나 무신론의 적극적 가능성, 무신론의 입장을 견지하도록 적극적으로 설득하고 그것을 적극적으로 논증하거나 그것을 선택하도록 동기유발하는 그것에 대해서 우리는 계속해서 묻지 않으면 안된다. 그중에서 몇 가지는 이미 암시되었다. 그러나 이제 우리는 그것을 특별히 다루지 않으면 안된다.

무신론의 적극적 가능성 역시 밝히려는 이 시도에서 무신론의 가능한 상이한 종류들이 갈라질 것이다. 우리가 그것을 하나하나 유념한다면 유익할 것이다.

가) 소극적 무신론

무신론의 첫번째 방식은 인간이 그의 세계 방향감각에는 여타의 모든 것이 더 이상 아무런 역할을 하지 않을 만큼 그렇게 눈앞에 있는 존재자에 깊이 몰두해 있음으로 말미암아 생겨난다. 이에 대해서는 이미 간략히 지적된 바 있다. 뿐만 아니라 눈앞에 있는 존재자를 기준으로 삼는 이 입장은 존재자가 언제나 지식 안에서 확인될 수 있으며, 행위 안에서 자유롭게 처리될 수 있는 것으로서만 고찰됨으로써 고조된다. 이러한 세계 고찰을 전체화함으로써 외견상 적어도 원칙적으로 확인될 수 있고 자유처분이 가능한 존재자 이외에는 아무것도 존재하지 않는다는 생각이 마침내 초래된다. 그리고 이 허상虛像으로 말미암아 사람들은 무신론의 입장을 취하도록 적극적으로 권유되는 듯하다.

그러한 입장을 취하는 확신 안에 신은 더 이상 존재하지 않으며, 마침내 신에 대한 물음은 이미 완전히 중단되지 않을 수 없다. 본래 **소극적인**negativ 무신론이 여기에 생겨난다. 이 무신론에서는 신이 존재하지 않는다는 주장은 적극적으로 내세워지지 않는다. 그에 대해서는 아무런 주장도 내세워지지 않는다. "신"이라는 문제가 그저 탈락하는 것이다.

실증주의와 신실증주의 그리고 또한 그것과 같은 뿌리의 비판적 합리론의 약간의 변형된 무신론이 여기에 속한다. 마르크시즘이 역사적-사회적 과정의 조작할 수 있음에서 출발하고 이 영역 안에서 만들어질 수 있는 것은 그에게 관건이 되고 중요한 모든 것이다라고 하면서 그러한 조작 가능성을 마찬가지로 전체화하는 한에 있어서, 하여튼 마르크시즘적 무신론의 구성요소도 이와 관련이 있다. 여기에서부터 과학과 기술, 즉 존재자를 체계적으로 확인할 수 있고 자유로이 처분할 수 있도록 하는 것이 어째서 마르크시즘적 체제의 선호 수단인지 이해된다.

이 관점에서 본다면 마르크시즘적 무신론 역시 소극적 무신론일 수 있을 것이다. 마르크시즘적 무신론이 실제로 이를 넘어서 공격적 무신론이라면, 그것은 앞으로 언급될 다른 이유들에서 그렇다.

이 유형의 소극적 무신론의 구조에는 우리가 유념하지 않으면 안되는 두 개의 요인들이 있다. 그 하나는 확인될 수 있고 자유로이 처리할 수 있는 존재자를 기준으로 삼는 것이다. 여기에서부터 과학과 기술의 거대한 세계가 생겨난다. 휴고 그로씨우스가 말했듯이 과학과 기술에 있어서는 "마치 신이 존재하지 않는 것처럼" 진행되는 것이 이치에 맞는다.[6]

그러나 이렇게 주어진 구조는 그 자체만으로는 신의 신비를 의식에서 지워버릴 필요가 없을 것이다. 하지만 두번째 요인이 여기에 덧붙여져 첫번째 요인과 결합된다. 그것은 과학과 기술의 원리들을 전체화하고 절대화하는 것이다. 전체화에 맞게 다음과 같이 쉽게 생각될 것이다. **모든 것**은 경험과학의 방식으로 원칙적으로는 알 수 있는 것이다. 아니면 다음과 같이 쉽게 생각될 수 있을 것이다. 과학 안에서 숙지될 수 있는 그것은 어떤 의미로든 존재하는 것의 **전체**이다. 이 전체화는 동시에 절대화이다. 왜냐하면 그것은 더 나아가 다음과

---

[6] H. Grotius: *De jure belli ac pacis, Prolegomena II*. 이에 대해서는 또한 B. Casper, *Die Unfähigkeit zur Gottesfrage*, 상게서를 참조하라

같은 태도 안에서 생각되는 것이기 때문이다. 이것은 — 즉, 과학적으로 원칙상 알 수 있는 것은 — 완전히 또는 절대적으로 보아 존재하는 바 그것이다. 그 이외의 것은 완전히 또는 절대적으로 무이다.

과학과 그에 따른 기술은 대부분 명시적으로는 그와같이 전체화하지 않는다. 그러나 과학적이며 기술적인 행위에 있어서 그리고 이 범위를 넘어서 자주 그러한 전체화에 따라 다루어진다. 일종의 보편적 세계관Weltanschauung이 거기에서 형성된다. 물론 이렇게 될 경우 신에 대한 물음은 결과적으로 탈락할 수밖에 없다.

그렇지만 그에 대해 우리는 다음과 같이 말하지 않을 수 없다. 정밀과학의 원리들을 이와같이 전체화하고 절대화함은 그 자체로는 과학적으로 입증될 수 없다. 우리가 위에서 언급하였듯이, 이러한 태도를 표명하는 명제들은 과학과 관련된 것이기는 하지만, 자체로 과학적 명제들은 아니다. 모든 것이 경험적으로 입증될 수 있다는 것은 또다시 경험적으로 입증될 수는 없다. 사람들이 그렇게 생각한다면, 그들이 관계하는 것은 완전히 하나의 **신앙**이다.

그럼에도 불구하고 이런 태도가 존재하며 또 그것을 표명하는 명제들은 우연한 것이 아니다. 그것들은 모든 인간적인 것 안에서 그리고 또한 인간의 학술 연구활동 안에서 나타나는 전체에로의 경향의 극단화 내지 전체에로의 의지로 말미암아 이해될 수 있다. 이 경향 내지 의지는 경험적으로 입증될 수 있는 일체의 것을 넘어서 매번 전체적인 것을 구상하고, 경험적인 것의 모든 한계를 넘어 경험적으로 보증할 수 있는 것을 추론하며 그래서 경험적으로 획득되거나 획득될 수 있는 자료를 사용해 전체성을 구상한다.[7]

그러므로 과학적으로 살거나 그러한 삶을 기준으로 삼는 이 방식으로부터 소극적 무신론이 생겨나는 것이라면, 즉 신에 대한 물음이 탈락하는 것이라면, 그것은 과학의 지평과 그 활동 범위 안에서 이루어지는 것이지만, 그러나 본래

---

[7] 이에 대해서는 Schubert Mlles Ogden, *The Reality of God and other Essays* (London 1967) 7ff.를 참조하라. 독일판: *Die Realität Gottes* (Zürich 1970). 여기에서 세속화된 의식과 세속주의적 의식이 구별된다. 이러한 차이는 우리가 여기에서 논의한 구별과 유사하다.

과학으로 **말미암은 것**은 아니다. 오히려 그것은 그 안에서 작용하기는 하지만 그 자체로 보아 과학적으로는 정초되지 않은 어떤 경향 내지 신앙으로 말미암아 생기는 것이다. 이 점에서 소극적 무신론은 그 자신의 이유를 갖고 있다.

우리가 알 수 있듯이 이 소극적 무신론은 이 이유에서 또한 적극적이기도 하다. 무언가가 사람들로 하여금 존재하는 모든 것은 알 수 있고 실행 가능한 것이며, 또 알 수 있고 실현 가능하고 마음대로 다룰 수 있는 것이 전부이며, 따라서 이외에 존재할 수 있는 것이란 아무것도 없기를 적극적으로 의욕하게 하는 것이다. 역시 하나의 의지이기도 한 이 신앙을 가지도록 하는 것을 깨닫는다면, 오늘날 그토록 만연되어 있는 소극적 무신론의 본래의 실제적인 뿌리를 알 수 있을 것이다. 그러나 여하튼 우리가 여기에서 이미 살펴보았듯이, 이 뿌리 내지 신앙 또는 의지는 과학의 결과에 따른 특성이 아니다.

나) 비판적 무신론

이와 관련해서 무신론의 또 다른 방식이 드물지 않게 등장한다. 우리는 이것을 "**비판적 무신론**"이라고 부르도록 하자.

사람들의 의식意識이 세속적이고 정밀과학의 실증성實證性에 의해서 좌우되고 있으면서도 신의 존재를 고수할 경우에, 신은 남아 있기는 하지만, 그러나 그것은 여타 모든 사물들처럼 원칙상 알 수 있고 확인될 수 있는 한 사물로서 남게 될 수도 있다. 신이 마치 개념 정의 안에서 규정되고 이 규정 안에서 인지될 수 있는 듯한 인상이 생겨난다.

이렇게 되면 우선 그 부정적인 결과로 신의 초월이 왜곡되고 의식에서 사라지게 된다. 그럴 경우 신은 더 이상 모든 개념을 능가하는 신비가 아니라, 오히려 개념이 인지認知된 것에 지나지 않는다.

그런 방식으로 인지된 신이란 인지될 수 있는 여타의 세계 내재적 경험들과 비판적인 경쟁관계에 들어설 수밖에 없다. 그러한 신은 말하자면 그것들과 같은 수준에서 의식된다. 이 비판적 경쟁으로 한결같이 빚어지는 것은 모순들이다. 사람들은 신의 정의가 무엇인지 안다고 생각한다. 그럴 경우 이 앎은 세계 내에서 발생하는 현실적 불의들에 대한 경험들과 모순되게 된다.

그럴 경우 이 비판적 모순은 소위 알 수 있으며 그래서 비판될 수 있는 신을 마침내 단념하도록 몰아간다. 그것은 비판에 의해서 논박論駁되고 마침내 해체되고 외견상 파괴된다. 그러나 실제로 파괴된 것은 신의 개념적 상像일 뿐이다. 그러나 초월적 신이 모든 개념을 능가하는 그의 신비 안에서 이미 시야에서 사라졌기 때문에, 그 경우에 무신론 이외에는 아무것도 남아 있지 않게 된다. 그렇게 되면 이 무신론은 외견상 알 수 있는 신에 대한 비판의 결과이다. 그것은 비판적 무신론이다.

여기에 시사된 비판적 무신론의 조처는 마르크시즘에 의해서도 자주 적용된다. 그러나 이것은 마르크시즘적 무신론적 체계 안에서는 다만 표면적인 것일지도 모른다. 실제적 뿌리는 더 깊은 곳에 있다.

이와같이 개략적으로 묘사된 비판적 무신론의 발생에는 마찬가지로 숨겨진 측면이 실제로 또 있다. 그것은 우리가 지금까지 거론하였던 그것보다 훨씬 더 근본적인 것일지도 모른다. 그것은 마르크시즘적인 무신론과 다른 많은 무신론들에게 있어서 전형적이다.

신을 하나의 존재자로서 또 그것이 존재자임으로 인해 알 수 있는 신으로서 고찰하는 자는 그의 앎, 그의 개념, 그의 개념 규정을 이용해서 신을 마음대로 다룰 수 있다. 따라서 그의 생각은 사고된 것, 즉 신보다도 본래 더 막강하고 더 포괄적인 것이다. 그는 이 신을 "에워싸-붙들고"um-greift 또 "다가서-잡는다"be-greift. 사유에 의해 사유된 신을 이렇게 마음대로 다룰 수 있을 정도로 사유가 막강해짐은 대부분 무의식적으로 또 별 생각 없이 은밀하게 이루어진다. 그러나 숙고되지 않는 것이 종종 살아지고 실행되는 것이다.

그런데 사유가 이 방식으로 일단 사유된 신보다 더 막강해지고 나면, 이 막강함은 언제든지 은밀한 것을 깨고나와 봉기할 수 있다. 사유될 수 있는 신은 사유에 의해서 또한 의심되고 마침내 실각되고 살해될 수 있다.[8] 사유가 종종

---

[8] 이러한 연관은 하이데거(M. Heidegger)에 의해 특히 *Nietzsches Wort "Gott ist tot"*에서 가장 심오하게 해석되었다. 수록: *Holzwege* (Frankfurt a.M. ²1950) 193-247, 또는 240.

별 생각 없이도 그것에 의해 사유된 신 이상으로 더 강력하게 된다는 데에서 이미 그러한 단초가 발견된다.

이것은 비판적 무신론의 가장 깊숙한 측면이다. 그것은 이미 언급된 전부 또는 전체성에로의 그 경향과 분명히 관련이 있다. 그것은 거기에 가능성으로서 박혀 있는 신앙과 의지, 즉 지식과 만듦 안에서 모든 것을 지배할 수 있고 또한 지배해야만 한다는 그 신앙과 의지와 관련이 있다. 따라서 그 점에 있어서 비판적 무신론은 방금 언급된 소극적 무신론과는 내면적 뿌리로부터 유사하다. 그러면 다음과 같은 물음이 다시금 제기된다. 이 경향, 이 믿음, 이 의지는 어디로부터 유래하는 것일까?

다) 적극적 무신론

여기에서부터 이미 세번째 종류의 무신론이 또한 조망된다.

지금까지 고찰된 두 종류의 무신론에서는 우리는 인간으로 하여금 전부를 원하게끔 유도하는 어떤 충동이 각기 작용하고 있음을 보았다. 그런 까닭에 인간이 모든 것을 지식적으로 확인하고 확인된 모든 것을 마음대로 다룰 수 있기를 바란다는 것은 명백하다. 이 충동은 우리가 살펴보았듯이 과학이나 기술의 도움으로 또는 이성적 비판의 도움으로도 표현될 수 있다.

그러나 그것은 또한 이 위장들을 벗거나 적어도 중요치 않은 것으로 보고 그 혼자서 분출할 수 있다. 그럴 경우 그것은 모든 것을 알고 모든 것을 지배하고자 하는 의지로서 나타난다. 그렇다면 그것은 그 점에 있어서 만족할 줄 모르는 것이 되기 시작할 것이다. 그것은 지식이든 또는 권력이든 모든 것들의 한계들을 무너뜨리고 넘어서기 위해서 그것들에 손을 댈 것이다. 그것은 근본적으로 아무런 제한도 용인하지 않는 격정적인 한 자유를 펼쳐나갈 것이다. 이 형태로 일단 진행된 전부를 원하는 이 의지는 진행되면서 꾸준히 증가되고, 또 그 진행 도상에서 그것이 점점 더 성공하여 어떤 더 상위의 것, 전부인 것, 심지어 영원한 것을 약속하는 것처럼 보이는 현존재의 모습들을 구상하거나 구상할 수 있을수록, 그러한 의지는 지속적으로 더 높이 불타오르게 될 것이다.

이렇게 증대된 의지의 격정은 마침내 존재한다고 사람들이 말하는 그 신에 대해 거부감을 느끼지 않을 수 없게 된다. 그 까닭은 이 격정이 그를 제한하고 위협하고 심판하는 어떤 권세에 대해 정말이지 거부감을 느끼지 않을 수 없기 때문이다. 그럴 경우 무절제한 자유의 격정은 제한시키는 신을 어쩌면 용인할 수 없을 것이다. 그것들이 여전히 살아남아 있는 한 신에 대한 생각의 잔재들은 그것에 의해 마침내 번거롭고 마음에 걸리는 어떤 것으로서 또 그밖에도 바보스러운, 즉 과학적으로 확인될 수 없는 어떤 것으로서 간주되어 완전히 파괴되지 않을 수 없다.

전부를 원하는 의지의 이 분출, 우리는 그것을 어떻게 해석할 수 있는 것일까? 하지만 그것은 이와같이 해석될 수 있겠다. 인간은 근본적으로는 전지전능 全知全能하고, 뿐만 아니라 결국 신적인 존재이기를 원하는 관념Idee에 의해서 각인되고 마침내 고무되어 있는 것처럼 보인다. 인간에 깃들어 있는 이 관념은 그의 세계의 유한한 가능성들의 영역 안에서 그의 유한한 힘들을 이용해 이를 현실화하도록 그를 유혹할 수 있다. 그럴 경우 유한한 것, 알 수 있는 것, 지배할 수 있는 것이 무한한 관념의 열기 안에서 말하자면 불타오를 것이다.

그렇게 되면 **적극적이고** 투쟁적인 무신론이 생겨나지 않을 수 없다. 이 무신론은 소극적 무신론의 초기에서처럼 결코 신과 관련된 문제를 방치해 두지 않는다. 오히려 그것은 적극적이고 활동적으로 그리고 논쟁적으로 신을 부정한다.

이 가능성을 최대한으로 표현하였고 신의 죽음과 "권력에의 의지" 사이에 자극적인 연관을 알아채었고 동시에 이를 때때로 은밀한 것이기는 하지만 대단히 강력하게 근대의 인간 존재를 포괄적으로 규정하는 역사적 사건으로서 알렸던 사람은 니체F. Nietzsche였다.[9]

여기에 또한 마르크시즘적 무신론의 본래의 뿌리가 있다. 그것은 이상적인 최종 상태를 향한 인간의 역사적 진행이 오로지 인간의 힘과 지능에 의해서만 이루어질 수 있기를 요구하는 데에 있다. 왜냐하면 이 요구는 근본적으로 자기

---

[9] 나는 이 연관을 다음의 연구 안에서 비교적 자세히 제시하고자 하였다. *Nietzsches Atheismus und das Christentum*, 수록: *Auf der Spur des Ewigen*, 상게서, 228-261. 니체에 대해 방법론적으로 완전히 다른 해석은 비저(E. Biser)의 *Gott ist tot. Nietzsches Destruktion des christlichen Bewußtseins* (München 1962)에서 제시된다.

자신을 절대적이고 전능한 것으로 생각하고자 하는 요구이기 때문이다. 뿐 아니라 이것은 그밖에 마르크시즘적 체제의 정치적 통치권들 안에서도 또한 철두철미하게 표현된다. 이 현상은 비록 그것이 언뜻 보아 그와같이 보이지 않을지 몰라도 니체가 말하는 권력에의 의지와 거의 유사하다는 것은 의심의 여지가 없다. 이 의지와 이 요구 앞에서는 신이 설 자리란 없는 것이다.

이 적극적 무신론은 가장 순수하고 말하자면 가장 진실된 무신론 형태임이 분명하다. 왜냐하면 그것은 가장 은폐하지 않는 무신론의 형태이기 때문이다. 마찬가지로 그것은 모든 무신론들의 감추어진 뿌리를 백일하에 드러내는 그 형태이기도 하다. 다른 형태들 안에서 은밀히 움직이고 있다고 우리가 보았던 그것이 여기에서는 공개적으로 드러난다.

바로 이렇게 함으로써 적극적 무신론은 상이한 무신론들이 그 형태에 있어서는 상이하지만 그러나 그 뿌리에 있어서는 같은 것이고 그래서 모두 서로 유사하다는 것을 명백하게 해준다.

물론 그럴 경우 무신론이 왜 이러저러한 형태 안에서 세계적 영향력을 행사하게 되었는가라는 물음은 여전히 남는다. 그것은 또한 역사를 움직이는 것이 본래 무엇인가라는 물음이다. 이것은 인간에게는 하나의 신비로 남는다. 헤겔은 그 정체를 알리려는 대담한 시도를 하였다. 하이데거는 존재 역사라는 그의 생각을 갖고서 더 불가사의하고 자유로운 또 다른 해결책을 제시하였다. 여하튼 그것은 하나의 신비로 남는다.

우선 추상적으로 논의되었던 무신론의 가능성으로부터 출발된 길은 상이하지만 그러나 그 현실에 있어서 깊이 연관되어 있는 형태들에로 우리를 이끌어갔다. 그것은 폭넓고 자극적인 길이다. 그것은 근대 인간을 포괄적으로 규정하는 운명의 길이 되었다.

라) 무신론과 변신론辯神論의 문제

현대사적 경험들은 마침내 무신론의 한 특수한 형태, 즉 세계의 고통과 불의의 관점에서 논증하는 무신론의 형태까지도 다루도록 요구한다. 그것은 위에서 약간 형식적으로 비판적 무신론이라 명명되었던 그것이 특수하고 매우 진지하게 형성된 것이다. 그것에 대한 논증은 다음과 같은 내용일 수 있다. 이른바 신에 의해서 창조된 세계가 그토록 고통과 불의로 가득 차 있다면 신이란 존재할 수 있는 것일까?

이 물음 안에서 간결히 표현된 문제는, 예컨대 라이프니츠Leibniz 같은 사람의 형이상학적 낙관론이 사라진 후에 그러고 나서 근대의 혁명들, 전제주의들 및 전쟁들이 있고 난 후에 하나의 세계 문제가 되었다.

그것의 새로운 대변자는 카뮈Camus이며, 물론 사르트르Sartre도 그 대변자이다. 그 가장 중요한 예견자는 칼 마르크스와 그리고 그를 추종하는 마르크시즘적 무신론이다. 마르크스의 견해대로 종교가 인민의 아편Opium이라면, 그것은 인민이 자신의 소외를 겪기 때문이며, 신에게로의 도피, 즉 종교가 인민으로 하여금 고통을 제거하는 대신에 그것을 마취시키도록 하는 데에 일조하기 때문이다. 그러니까 신은 초기의 악을 감추고 또 이렇게 함으로써 그것을 고정시키는 악이다.

세계의 악에 대한 책임으로부터 신을 면제해 주기 위해서 우리는 신을 없애야만 하는가? 그렇다면 그것은 마르콰르트가 말했듯이,[10] 신의 더 큰 영광을 위한 무신론Atheismus ad maiorem Dei gloriam과 같은 어떤 것이라 하겠다.

고통에 짓눌려 신을 더 이상 믿을 수 없게 된 사람을 우리는 어떻게 도울 수 있는가? 그에게는 라이프니츠 이래로 그렇게 불리었듯이 변신론Theodizee의 문제는 대단히 현실적이고 괴롭게 짓누르는 문제로 남는다.

그러나 고통은 신에 대한 생각을 떨구어버리지 못한다. 그것은 신에 대해 주목하도록 우리가 시사하였던 그 사정들의 어떤 것도 없애지 못한다.

그러나 고통에 짓눌린 나머지 인간이 세계를 잘 다스리지 못하는 신을 상대로 투쟁하는 경우가 드물지 않다. 그러니까 그의 호의好意와 정의正義를 이해한다고 생각하는 그 신을 상대로 그는 투쟁하는 것이다. 그와같이 이해된 이 신

---

[10] O. Marquardt, *Wie irrational kann Geschichtsphilosophie sein?*, 수록: *Philosophisches Jahrbuch* 79 (1972) 241-253, 특히 244를 참조하라.

의 상은 그럴 경우 그의 경험들과는 모순되며, 그래서 고통스럽게 투쟁하는 중에 그가 갖고 있는 신의 상은 깨진다.

구조상 이것은 우리가 언급하였던 비판적 무신론에 속한다. 그러나 순전히 구조적인 고찰만으로는 그러한 비중을 지닌 실존적이고 사회적인 문제가 이처럼 문제되는 곳에서는 넉넉하지 못하다.

여기에서 우리가 상대하고 있는 것은 고통에 찬 경험에 직면하여 이를 버티어낼 수 없는 신의 상이다. 그러나 실존하는 구체적 인간에게는 이 신의 상을 피한다는 것이 쉽지 않으며, 특히 고통당하는 사람에게는 쉽지 않다고 우리는 말하지 않으면 안된다. 그런 까닭에 신의 상과 그토록 고통스럽게 싸우면서 대결하는 것을 존중한다는 것은 당연하다. 그러나 이 존중에도 불구하고 이 신의 상이 정말이지 다만 인간적인 상일 뿐이라는, 특히 인간적 정의에 대한 상일 뿐이라는 사실에는 아무런 변화가 없다. 그러나 신은, 진정한 신은 이 인간적 상보다 더 위대하며 더 신비스러운 것이다. 바로 이 점이 고통 안에서 알려지는 것이다. 우리가 여기에서 그 뜻을 헤아려보고자 하였던 신의 헤아릴 길 없는 신비에 대한 그 암시들은 고통의 사실에 의해 무력하게 되는 것이 아니라, 오히려 그 반대로 강화된다.

이와같이 일체의 파악함을 능가하는 신에 대한 신앙은 고통의 전망에서도 가능한 것으로 머문다. 그것을 누르는 고통의 심각한 무게로 말미암아 신앙은 더 어려운 것이 된다. 그러나 신앙은 그것이 그 본성상 존재하지 않을 수 없는 것보다 더 어려운 것이 되지는 않는다. 왜냐하면 신이 불가해한 존재이며, 정의에 대한 모든 표상들보다 또는 우리가 그에 대해서 가질 수 있는 다른 모든 표상들보다 더 위대하고 더 신비스럽다는 것을 믿는다는 것은 신앙의 특성에 속하기 때문이다. 신의 부담負擔이라고 일컬어질 수 있는 그것이 본래 여기에 있다.

고통에 대한 투쟁은 자연스러운 것이다. 그것은 고통의 한계를 늘상 되풀이하여 밀어내어 인간적인 영역을 얻어낼 수 있고 또 얻어내어야만 한다. 그러나 신에 대항하는 투쟁이란 이치에 맞지 않는다. 오히려 인간에게서 인간적인 것을 얻고자 신과 함께 벌이는 투쟁이다.

비록 그것이 그와같이 만부득이한 것이라 하더라도, 투쟁이 사멸할 인류로부터 고통을 결코 완전히 치워버릴 수 없음은 물론이다. 그것이 투쟁되어야만 하는 것일지라도, 고통은 여전히 남는 것이다.

사라지지 않는 고통과 결부되어 있는 것은 의미에 대한 물음이다. 간혹 우리는 고통의 의미를 물으면서 실제로 의미있는 연관을 보여줄 수 있을 것이다. 하지만 전반적으로 이 물음에는 이해 가능하고 알 수 있는 대답이란 아무것도 없다. 바로 이 사실이, 즉 그것에 나타나는 그 무의미함이 고통의 아픔을 예리하게 느끼게 한다. 우리는 고통에는 그 의미가 간직되어 있다고 믿고 희망할 수 있다. 우리는 그렇게 해야만 한다. 그러나 결국 여기에서 알 수 있는 것이란 아무것도 없는 것이다. 우리는 신의 침묵을 견디어내지 않으면 안된다.

그러나 신에 대한 신앙이 우리의 모든 문제들을 풀어주기 때문에만, 우리가 신을 믿어야 하는 것인가? 우리가 우리의 생각들에 따라서 정당화시킬 수 있는 한에 있어서만, 우리는 신을 신앙해야 하는 것일까? 신을 신앙한다는 것은 어둠을 견디어낼 수 있음을, 파악할 수 있는 일체의 것을 넘어서 참으로 파악될 수 없는 것 앞에 내어놓음을, 어떤 경우에라도 자신을 내어맡김을 당연히 필요로 하는 것이 아닐까?

신은 그대로이다. 그러나 욥Job이나 예레미야Jeremias가 한탄하였듯이 신 앞에서 한탄하는 것은 인간적이다. 그들은 신에 대한 위대하고 늘상 되풀이해서 타당한 신앙 형태들을 보여준다.

확실히 고통은 언젠가 그것으로 말미암아 신이 고통받는 사람의 의식에서 지워버려질 만큼 그렇게 크고 불가사의한 것이 될 수 있다. 그러나 신은 고통 안에서 훨씬 더 커지고 이렇게 되는 가운데 고통받는 자의 궁극적 피난처요 희망으로 머물 수도 있다.

따라서 무신론은 언제나 가능한 것이기는 하지만, 그러나 결코 필연적인 것은 아니다. 무신론은 우리 시대에 일종의 역사적 운명과 역사적 불가피성이 된 것 같다. 그러나 이것 역시 다만 외견상 그러할 뿐이다.

무신론을 주장하게 된 사람들은 때때로 이해될 수 있다. 우리는 그렇게 하려고 하였다. 그러나 역사와 그 운명과 관련해서 본다면, 무신론이 세계적 위세를 떨치게 된 역사적 사건의 궁극적 이유들은 어떻든 신비로 남는다.

  역사를 전망하면서 우리는 다음과 같이 말할 수 있다. 이제 무신론의 시대가 도래하였다. 그러나 무신론의 시대가 도래하였다면, 모든 시대가 그러했듯이 그것 역시 다시 떠나갈 수 있다. 신을 생생히 체험하게 된 그들을 위해서 신앙의 길은 언제나 남아 있는 것이다. 다만 신앙하는 자는 그의 무신론적 동시대인들과 얼마 동안 함께 살아가지 않으면 안될 뿐이다.

제 3 장

종교의 실행자로서의 인간

들어가는 말

종교철학에서 우리는 우선 신에 대해 말하지 않을 수 없었다. 왜냐하면 모든 순수한 종교는 자신이 신에 의해 규정되어 있음을 알고 있기 때문이다. 그러나 인간이 신을 생각하고 신에 대해서 이러저러한 방식으로, 긍정적으로 또는 부정적으로 태도를 취하는 한에 있어서, 우리는 신에 대해 말하면서 또한 인간에 대해서도 다양하게 말하지 않으면 안되었다. 종교철학의 의미에 대해 우리가 서론적으로 숙고하였을 때에 이미 그것은 본래 인간의 사유함에 대한 숙고였던 것이다. 신이 언급될 수 있었던 거기에서 인간 역시 반드시 언급될 수 있어야만 했다. 신이 직접적인 관점에서 말해질 수 있는 반면에 인간 역시 우선은 잠정적으로나마 말해졌던 거기에서 인간에 대한 신의 그리고 신에 대한 인간의 전체 관계는 이미 언제나 명백하였다.

때문에 이 상황에서는, 즉 인간이 신에 대해 태도를 취할 수 있는 한에 있어서 우리는 인간에 대해 게다가 직접적인 관점에서조차 말하지 않을 수 없다. 그 까닭은 종교란 인간이 신에 대해 태도를 취하고 신이 인간에게 신호하며 그의 태도를 규정하는 바로 이 전체 연관이기 때문이다. 그래서 종교에 대해 언급하는 곳에서 우리는 또한 종교적 인간 태도에 대해서도 언급하지 않을 수 없고 또 그렇게 하지 않으면 안된다. 신이 인간 태도를 본질적으로 규정하는 자가 되는 거기에서만 우리는 그 완전한 의미에 있어서 종교에 대해 말할 수 있다. 신에 대한 생각은 종교의 결정적인 전제이며 토대이다. 그러나 종교의 모습들을 이루는 것은 인간적 신앙, 인간적 기도, 인간적 예배 및 기타 이와 유사한 것이다. 신에 대한 생각이 전제되고 또 신이 인간에게 신호하고 그를 요구하는 방식으로부터 다양하게 결과되는 것은 인간적 태도 방식들이다.

그런 까닭에 이하에서 우리는 종교적 인간과 그의 태도 방식들에 대해 언급해야만 한다.

신 앙

신에 대한 인간의 근본관계와 그 결과로 종교의 인간적 토대는 신앙Glaube이다.

1. 신앙과 지식

여기에서 뜻하는 종교적 의미로서 신앙은 지식, 특히 이 말의 현대적인, 무엇보다도 경험과학들에 의해서 특징지어진 의미로서의 지식과는 질적으로 구별된다. 우리는 이미 무신론을 논하면서 그것을 지적할 기회를 가졌었다. 신앙은 지식과 마찬가지로 그것이 고수하는 내용들 역시 단연 가지고 있기는 하다. 그러나 그 본질적 내용은 모든 다른 내용들에 비해 완전히 다르고 파악될 수 없는 신이다. 그 결과로 형언할 수 없고 유일무이한 신에 동의하면서 관심을 기울이고 그를 고수하는 방식은 마찬가지로 지식의 모든 방식과는 완전히 다른 것이며 유일무이한 것이기조차 하다.

  그러한 방식을 특징짓는 것은 정확성이 아니다. 왜냐하면 정확성이란 유한하게 파악할 수 있음을 전제하기 때문이다. 그것은 또한 과학 특유의 객관성과 상호주관성에 의해서도 특징지어져 있지 않다. 왜냐하면 이 객관성과 상호주관성이란 주체가 비교적 관련되어 있지 않으면서 관찰행위의 밖에 머물고 있다는 것을 전제하기 때문이다. 그러나 인간이 신에 의해 놀라움을 겪게 된 곳에서 그는 신을 신앙하면서 관찰행위의 밖에 머물 수는 없다. 끝으로 그 내용들을 통제하여 소유하고 지배하는 것으로서의 지식의 확실성 역시 신에 대한 근본 태도가 지닌 특성이 아니다. 왜냐하면 신에 대한 근본 태도와 관계되는 것은 마음대로 할 수 없는 것이기 때문이다.

 그러나 이것은 신앙이 다만 주관적인 임의任意로움에 지나지 않음을 뜻하지 않는다. 또한 그것은 신앙의 논거가 충분하지 못한 것이고 그래서 논증되지 않은 혹은 완전히 논증되지 않은 의견이 여기에 문제되고 있음을 말하는 것도 아니다. 만일 신앙이 그런 식으로 고찰된다면 그것은 다시금 지식의 관점에서 말하자면 지식의 불완전한 한 형태로서 평가되는 것일 터이다. 그러나 신앙은 지식의 불완전한 한 형태가 아니라, 오히려 지식과는 질적으로 다른 어떤 것이다. 신에 대한 신앙의 근거들은 단연 충분한 것일 수 있지만, 그러나 그것은 언제나 있을 수 있는 어떤 신앙의 근거들이지 있을 수 있는 어떤 지식의 근거들이 아니다.

 이 이유에서 어쩌면 가능한 신앙의 확실성 역시 지식의 모든 확실성과는 완전히 다른 종류의 것이다. 지식의 확실성은 이미 언급하였듯이 숙지된 것이 통제되어 자유롭게 처리될 수 있음을 전제한다. 그러나 불가해不可解한 신에게 있어서 그런 가능성이란 없다. 그럼에도 불구하고 이 영역에서도 우리는 확실성에 대해서 말할 수 있다. 그러나 그러한 확실성은 입증될 수 있는 지식의 확실성과는 또다시 질적으로 다른 어떤 무엇이다.

2. 신앙과 인격적 자유

종교적 신앙을 독자적으로 특징짓는 것은 무엇인가?

 신앙은 그것의 인간적 측면에서 보면 인격적 자유 또는 자유로운 인격의 참여로 특징지어져 있다. 인간의 인격성의 가장 내면적이고 자유로운 것이 신앙 안에서 완전히 활동하고 있는 것이다. 그런 까닭에 신앙은 언제나 인격적이고 자유로운 결단이며 또는 그러한 결단에서 비롯되고 그런 다음 쇄신된 결단에서 언제나 다시 쇄신되는 인격적 상태이다.

 그와같이 인격적이고 자유롭게 이해된 신앙은 주관적인 것도 아니고 객관적인 것도 아니다. 신앙은 임의적인 것이 아니기에 그것은 주관적인 것이 아니다. 신앙은 그것이 관계하는 신비에 관여하지 않은 채 단지 마주보고 서 있을 수 있는 것이 아니라, 오히려 자신의 근본적 인격과 자유로써 관여하고 그 신비에 의해 당혹스럽게 된 것이므로 그것은 객관적인 것이 아니다.

3. 신앙의 모델들

그러나 여기에서 작용하는 자유는 다만 소극적으로 속박받지 않을 뿐만 아니라 또한 적극적으로도, 즉 인격적 도약과 자유로운 헌신으로서도 이해되어야만 한다.

이것이 구체적으로 무엇을 의미하는지는 우리가 그동안 이미 종종 그렇게 했듯이 말하자면 개론적으로 종교 외적 및 종교 이전적 영역으로부터의 몇몇 유사한 경우들을 지적해 봄으로써 가장 잘 설명될 수 있을 것이다.

정신적 업적, 예컨대 문학작품이라든가 미술작품 또는 사상작품의 질質에 접근하고 그것을 긍정하고자 하는 사람은 누구나 (예컨대 특징들을 집계하고 통계적으로 정리함으로써 확인할 수 있는 규모들의) 양을 벗어나지 않으면 안된다. 이 의미로써 알 수 있는 것은 그것이 얼마나 유용한 것이든간에 충분한 것이 못 될 것이다. 왜냐하면 그것은 이 경우에 있어서 인간이 관계하는 그것의 특성을 정당히 평가하지 못하기 때문이다.

인간이 자신의 문제로 삼고 긍정하고자 하는 그러한 정신적 성질에 대해 어떤 판단을 내리는 한에 있어서, 그는 이 판단에 대한 적절한 이유들을 갖고서 이를 토대로 자신의 문제를 확신할 수 있다. 그러나 그가 내세우는 근거들과 그 결과로서 그의 확신은 강제적이고 상호주관적으로 확인될 수 있는 성질의 것이 아니다. 왜냐하면 거기에 필요한 통찰은 완전히 개인적인 특성의 판단 능력에 결부되어 있기 때문이다. 그러한 판단을 한다는 것은 한 개인의 자질資質을 특징짓는다. 이 인격적 자질은 개체적 인간과는 분리될 수 없으며 말하자면 그것과는 무관하게 객체로서 두루 제시될 수 없다.

그런 까닭에 그러한 통찰과 그에 상응하는 판단은 그것을 지지하는 용기와 같은 어떤 무엇마저 요구한다. 왜냐하면 신앙이라고도 부를 수 있는 이 문제에 실제로 맞닥뜨려야 함은 어떤 객관성에 의해서도 신앙하는 자에게서 단순히 대신 떠맡아지는 것이 아니라, 오히려 문제가 되는 그것에 의해 개인적 담보로서 요구되기 때문이다.

여기에 있는 모델에서 우리가 보는 것은 근거가 부족해서가 아니라, 문제가 되는 그것의 특별한 성질에 의해 요구되는 인격적 자유의 긍정적 특성이다. 그것은 확증되고 경우에 따라서는 또한 자신감에 찬 신앙의 모델일 수 있다.

그 문제와 더 가까운 또 다른 모델은 동류 인간의 모델이다. 우리는 이렇게 질문한다. 어떻게 우리는 같은 인간 "너"에게 도달하는 것인가? 특히 우리는 어떻게 그를 긍정하고 믿게 되는 것인가?

여기에서 우리가 목격하는 것은 객관적으로 알 수 있는 것들이 특정의 관점에서 그리고 특정의 한계 내에서는 유용할 수 있기는 하지만, 그러나 결정적인 점에는 다가서지 못한다는 사실이다. 재산 상태나 심리학적 검사법의 결과들에 대한 정보들은 같은 인간을 판단하는 데에 알 만한 가치가 있을 수 있음은 확실하다. 그러나 그것만으로는 아무런 인격적 관계도 이루어질 수 없으며 그래서 그런 것만으로는 신앙이나 우정과 같은 것이 결코 기초될 수 없는 것이다.

그것을 위해서는 오히려 한 개인을 향한 또 한 개인의, 너를 향한 나의 직접적인 방향선회가 불가결한데, 이 방향선회를 나 대신 떠맡아줄 수 있는 알 만한 객관성이란 아무것도 없다. 그것을 위해서는 오직 자유롭게 발생할 수 있는 만남 자체의 모험이 필요하다. 그리고 인격적으로 신뢰하는 용기가 거기에 요구된다. 오직 인격적 자유 안에서만 인격적 관계가 싹틀 수 있는 것이며, 그리고 이 관계의 존재론적 수준이 이미 싹튼 곳에서만 또한 매번 같은 인간 너의 특유의 것도 보여질 수 있다. 그리고 그렇게 자유롭고 인격적으로 봄으로써만 인격적 상대자의 품격과 자질에 대한 현실적인 판단이 이루어질 수 있는 것이다.' 그리고 그러한 판단을 근거로만 같은 인간의 믿음이 가능한 것이며 어쩌면 확증된 것이고 확실한 것이다. 인격적 관계와 인격적 믿음의 전 경과는 인격적

지평 **내에서** 진행되며 이렇게 해서 그 결정적인 점에서는 객관화될 수 없고 따라서 비록 그것이 완전히 확증된 것일 수 있다 하더라도 객관적인 지식의 질서에 속하지 않는 "자유로운-인격적" 운동 내에서 진행된다.

이것은 신의 신비에 놀라움을 겪음으로써 마침내 종교적 신앙의 생동적인 인간적 토대가 되는 실제적인 인격적 자유를 위한 그 이상의 입문적 모델로서 간주될 수도 있다.

그 안에서, 즉 종교적 신앙 안에서 문제가 되는 것은 물론 여느 특성이 아니라, 모든 특성의 신비스런 원리이며, 유한한 너가 아니라, 자신의 초월의 신비에로 숨어버린 일체의 "너"인 것과 인격적인 것의 그 원리이다. 그러나 인격적 자유는 여기에서도 존재하며, 더 나아가 여기에서 최고도로 작용하고 있다.

4. 신뢰함, 긍정, 앞에 내어놓음

우리는 이제 신앙의 이 자유로운 운동의 의미를 더 상세히 특징지어 보고자 한다.

이 운동은 우선 예컨대 키에르케고르가 현실Wirklichkeit에 대해 말했던 의미로서 현실을 통해서 특징지어질 수 있다.[1] 신앙하는 자는 자신의 실존을 현실적으로 진지하게 신앙의 운동에로 가져오지 않으면 안된다. 그러므로 이 운동은 단순히 이론적인 숙고와는 이미 처음부터 완전히 다른 어떤 무엇이다.

신앙의 의미는 그외에 "신을 신뢰한다"라는 표현에 의해서 더 상세히 특징지어진다. 신앙의 긍정은 신을 신뢰한다는 형태의 긍정이다.

"신뢰한다"sich verlassen라는 독일어는 떠나져야만 하는 그것과 도로 관련되고 내가 신뢰해야만 하는 자와도 또한 미리 관련된다. 따라서 떠나져야만 할 것에

---

[1] 참조: S. Kierkegaard, *Unwissenschaftliche Nachschrift*. zweiter Teil, zweiter Abschnitt, Kap.III, §1; 독어판: *Philosophische Brosamen und Unwissenschaftliche Nachschrift*, 간행: H. Diem und W. Rest (Köln – Olten 1959) 460-480.

서 출발해 신뢰하는 자가 신뢰해야만 하는 그 사람에게로 넘어가 마침내 거기에서 끝나는 어떤 이행적移行的 운동이 그러한 말 안에서 표현되고 있다. 이 운동은 여기에서 의도하였던 의미로써 신앙의 특징을 이룬다.

그러니까 신앙 안에서 신앙하는 자는 그 자신이 자신을 염려하고 처리하고 주장함으로부터 스스로 자신을 진지하게 실제로 풀어놓는다. 그러나 진지하게 신앙하면서 신을 향해 자신을 해방시키는 이 과정은 그것이 전반적일 경우에만, 다시 말하면 신앙하는 자가 그 자체로 홀로 그리고 자신의 세계에서 실제적으로 존재하는 바인 그것으로부터 아무것도 제외되지 않을 경우에만, 종교적 근본상황에 걸맞은 것이다. 왜냐하면 신 앞에서 우리는 우리가 존재하는 바대로 전적으로 존재하기 때문이다. 신을 향해 "자신을 풀어놓음"Sich-Loslassen에 있어 요구되는 전적임에 대해 무조건자 앞에서 조건을 달고 그러한 조건을 이용해 예외 주장을 하는 것은 특히 아무런 의미가 없다. 그러한 예외들은 다음과 같은 언어적 표현을 가질 수 있을 것이다. 나는 나를 떠난다. 그리고 나를 넘겨준다. **그러나** 나의 생의 이러저러한 사정을 너는 아끼지 않으면 안된다. 그러나 이런 종류의 모든 것은, 모든 조건들과 예외들은 무한하고 무조건적인 신의 신비 앞에서는 아무런 의미가 없다.

그런 까닭에 그것들이 심리 내면적인 종류의 것이든 사회적 종류의 것이든, 문제가 되는 것이 본능적 강박관념이나 잘못의 억압이든 죽음의 억압이든, 일체의 억압들은 이것이 언제든 가능한 한에 있어서 공개되고 풀리게 된다는 것 역시 현실인 동시에 또 그 전체이기도 하다. 어차피 모든 것이 신 앞에 있는 것이므로, 신을 조망하여 모든 것이 공개되고, 생각되고, 풀려지고 해제될 수 있으며 또 그렇게 되어야만 한다. 그래서 신앙은 그 발단과 원리로부터 풀어놓고 해방시키는 특성을 가진다. 물론 이 특성이 구체적인 각 상황에서 실제로도 완전히 관철되는가라는 것은 자명하지 않을 것이다. 그러나 그것은 언제나 요구되고 있는 것이다.

· 전적으로 신뢰한다는 이것은 또한 그것이 동시에 신앙하는 자의 세계를 통틀어 망라할 경우에만 걸맞게 완전한 것이다. 왜냐하면 나의 세계는 나에게 속하는

것이며, 그것은 나의 생각과, 나의 염려, 나의 걱정, 나의 관심의 대상이기 때문이다. 그래서 그것은 **나의** 세계인 것이다. 그래서 내가 나와 더불어 나의 세계마저 풀어놓아 넘겨주었을 경우에만 나는 완전히 나 자신을 해방한 것이다. 그러나 나의 전체 세계는 그것을 움직이는 관심과 승리와 패배 그리고 고통이 지닌 엄청난 전체 무게를 가진 세계 전반이다. 이 **전체**를 풀어놓을 필요가 있는 것이다.

실제로 또 완전히 신뢰하는 것, 세계 전부를 떠나는 것이 문제이다. 하지만 동시에 본질적으로 자신과 모든 것을 떠나 공허한 것이 되는 것이 아니라, 오히려 신의 신비에 경악하여 신을 목표로 자신과 일체의 것을 완전히 떠나는 것이 문제인 것이다. 이 움직여나감에, 모든 것을 능가하는 신의 신비에 마침내 모든 것이 달려 있는 것이다. 그러한 움직임으로 말미암아 신앙은 비로소 진정한 신앙이 된다. 자신을 내맡김으로써, 자신을 결코 파악될 수 없는 신의 심연에 말하자면 잠기게 함으로써, 자신과 그리고 이 자신과 더불어 전체 세계를 그 심연에 잠기게 함으로써 신앙은 비로소 진정한 신앙이 된다. 신은 결코 포착되고 파악될 수 없기 때문에, 신에 대한 신앙은 마치 위대한 모험, 그 무엇도 마다하지 않는 모험과 같다. 그래서 신앙은 인격적 자유에서 행해질 수 있는 가장 대담하고 내면적인 것, 가장 포괄적이고 자유로운 것이다.

또한 이렇게 말할 수도 있다. 신을 신앙한다는 것은 신이 지배하는 현실을 **긍정함**을 뜻한다. 그러나 이 긍정의 "예"는 형식적인 것에 지나지 않는 "예"나 단지 이론적인 "예"로서 간주되어서는 결코 안된다. 그것은 인간 현존재의 실행에 곁들여진 중립적인 것이어서는 안된다. 오히려 그것은 이 현존재를 포괄하지 않으면 안된다. 그것은 전체 현존재를 걸고서 말해져야만 한다. 즉, 실행되어야만 한다.

신을 그와같이 신뢰하고 긍정하면서 신앙은 또한 무조건적인 **앞에 내어놓음** Vorgabe이라는 특성도 가진다. 신앙하는 자는 자신의 관심과 기대의 시선으로 **앞을** 내다본다. 그리고 그의 같은 인간들의 모든 기대와 관심, 전체 세계의 희망과 연대해서 앞을 내다본다. 이렇게 우선은 관심과 희망의 방향에서 앞서 달리면서 신앙은 동시에 무한히 그것을 넘어서 도달한다. 그 까닭은 신앙은 파악할 수 있고 내다볼 수 있는 일체의 것을 넘어서 신의 영원한 신비 깊숙히 이르기 때문이다. 신앙은 신이 일체의 희망과 의미를 허락하리라 고대하고 기대해도 좋지만, 그러나 그것은 어디까지나 인간적으로 상상할 수 없는 방식으로 그렇다. 신앙은 아무것도 스스로 상상해서 직접 손에 지니고자 하지 않을 것이다.

신앙의 이 "앞에 내어놓음"은 또한 신앙에 적절한 것으로서 신앙이 지닌 미래적 특성이기도 하다. 신앙은 자신의 미래와 그리고 미래로부터 희망하거나 두려워할 수 있는 모든 것을 포함해서 자신을 신에게 내맡긴다. 그래서 신앙은 자신의 "앞에 내어놓음"에 의해 희망에로 넘어가는데, 이 희망은 신앙과 분리될 수 없는 것이다.

5. 신과 모든 것을 신앙함

그러므로 신에 대한 신앙은 그밖에도 우리가 여전히 특별히 관심을 기울여야만 하는 측면을 가지고 있다. 신앙은 모든 것을 희생하고 모든 것을 포함해서 완전히 신을 신뢰한다. 그러나 이렇게 하면서 신앙은 자신과 모든 것을 신의 손으로부터 또다시 받는다. 신앙은 자신과 전체 세계를 신의 하사물로서, 신의 선물로서, 신의 말씀으로서, 신의 증언으로서 경험한다.

여기에서 따라나오는 결론으로서 우리는 다음과 같이 말하지 않을 수 없다. 신을 신앙한다는 것은 또한 모든 것을 신앙한다는 것을 뜻한다. 왜냐하면 그것은 모든 것이 그의 손으로부터 오고 그의 손 안에서 휴식하며 그의 손에로 다시 향하고 증언하는 그를 신앙함을 뜻하기 때문이다.

그래서 우리의 화제는 다시 한번, 이제는 다른 더 결정적인 관점에서부터 신앙의 전체에로 돌아온다. 즉, 모든 것을 수락하고 긍정하는 것으로서의 신앙의 전체에로 되돌아온다.

이런 의미로 신을 신앙한다는 것은, 예컨대 자기 자신을 신앙한다는 것을, 즉 있는 그대로 자기 자신을 신의 손에서 받아들인다는 것을 뜻한다. 신앙은 이 자유를 가능케 할 뿐만 아니라, 자기 자신을 회피하고 자기 자신 앞에서 숨고자 하는 강박관념을 부수고 솔직하고도 자유롭게 신의 손으로부터 자신을 받아들일 수 있는 자유를 요구한다.

그래서 신을 신앙한다는 것은 자신의 세계, 자신의 이웃, 자신의 사회, 자신의 시대, 자신의 운명을 이 세계에 속하는 모든 걱정을 포함해서, 자신의 죽음과 이웃의 죽음을 포함해서 신의 손으로부터 받아들이는 것을 뜻한다. 따라서 신앙은 그것이 시종일관된 것이라면, 현존재 전체, 세계 전체에 대한 위대한 "예", 놀라우리만치 적극적인 것이다. 왜냐하면 신을 신앙하는 자에게는 자연의 형태들과 운명의 변화들 모두가 신의 무한한 신비의 신호이기 때문이다. 그는 영원자의 손짓과 또한 때때로 그 도전을 모든 것 안에서 그리고 모든 것의 저편에서 청취할 수 있다.

신은 그의 피조물이요 그의 증언으로서의 세계와는 당연히 구분되어야 하지만, 그러나 우리는 신앙 안에서 신을 세계와 분리할 수는 없다. 신이 그것을 허락하고 성취하지 않고서야 어떻게 세계와 천지만물이 존속할 수 있겠는가 말이다. 따라서 신에 대한 "예"는 또한 모든 것에 대한 "예"이다. 신이 모든 인간의 신이며, 모든 인간을 창조하였고 모든 이들의 생의 의미를 마련해 두고 있음을 믿는 사람은, 신이 또한 역사와 이 역사에 포함되고 전개되는 운명들의 신임을 믿는 사람은 그렇기 때문에 모든 인간과 모든 세계와 모든 역사에 대해 적극적이고 긍정적인 바로 그 신앙하는 관계의 길에 들어서는 것이다.

보나벤뚜라Bonaventura는 신과 모든 피조물들의 불가분의 관계에 대한 생각을 각별히 힘주어 강조하였다. 이에 대한 그의 초월론적 명제는 다음과 같다. "아버지는 그분으로부터 나오는 그분의 말씀을 통해서 **자신과 모든 것을 발설하셨다. 왜냐하면 그분의 말씀 안에서 … 그분은 자기 자신을 천명하였기 때문이다.**"[2] 이 명제는 그에게는 아씨시의 성 프란치스꼬Franz von Assisi가 그 모

---

[2] "sed Pater Verbo suo, quod ab ipso procedit, dicit se et omnia, quia Pater Verbo suo ... se ipsum decclarat." I Sent. d. 32a. 1q. fund. 5 (ed. Quarrachi I, 557). 이론에 대해서는 W. Schachten, *Intellectus verbi. Die Erkenntnis im Mitvollzug des Wortes nach Bonaventura* (Freiburg – München 1973)을 참조하라. 그외도 Margot Wiegels, 상게서와 K. Hemmerle, *Theologie als Nachfolge*, 상게서를 참조하라.

델이었던 생의 모델의 이론적 형식으로서 파악되어도 좋기 때문에 더욱더 주목할 만한 것이다.[3] 프란치스꼬의 「태양의 노래」에는 다음과 같이 씌어져 있다. "주님, 당신이 창조하신 모든 존재들과 더불어 찬미받으소서."[4] 그는 이 태도에 의해 신앙하는 삶의 가장 위대한 모범들의 하나가 되었다.

우리는 여기에 다시 다음과 같이 덧붙이지 않으면 안될 것이다. 신에 대한 그리고 신 안에서 그의 모든 업적, 특히 모든 인간에 대한 신앙하는 "예"는 그 것이 단지 이론적으로만 머문다면 제대로 완전한 것이 못 된다. 신에게서 유래하는 모든 것에 대한 신앙은 그것이 또한 모든 인간에 대한 실천적인 연대 안에서, 긍정하고 지원하고 해방시키는 행위 안에서 현실화될 경우에만 전적으로 완전한 것이다.

6. 신에 대한 신앙과 악

그렇지만 여기에 신앙의 이 전반적 사안事案에서 가장 어려운 문제가 등장함은 물론이다. 우리가 세계를 신앙하면서 받아들인다고 말할 경우 신앙에는 모든 것이 당연한 것이니까 신앙은 모든 것에 대해서 그저 "예"와 "아멘"을 말하고 아무런 불평없이 모든 것을 감수해야만 한다는, 따라서 정의와 불의, 선과 악에 대해 개의치 말아야만 한다는 인상이 언뜻 생겨날 수 있다. 신앙은 단순히 달래는 것이며, 개선하고 바꾸는 대신에 모든 것에 만족하도록 설득하는 것이며, 그것이 어떻든 개의치 않고 현상現狀에 만족하도록 하는 참으로 인민을 위한 아편이라는 인상이 생겨난다. 이 점은 종교와 신앙에 대한 마르크시즘의 수많은 비난의 핵심이다.

우리의 맥락에서 이에 대해 말할 수 있는 것은 무엇인가? 신과 신의 손에서 유래하는 모든 것에 대한 "예"는 선과 악 그리고 진리와 거짓의 구별에 대한

---

[3] 아씨시의 프란치스꼬의 생의 현상에 대한 보나벤뚜라 이론의 관계에 대해서는 W. Schachten, 상게서, 162ff.와 K. Hemmerle, 상게서, 14f.를 참조하라.

[4] Franz von Assisi, *Legenden und Laude*, 간행: O. Karrer (Zürich 1945) 521.

무관심을 결코 함축하지 않는가? 그렇다면 왜 함축하지 않는 것일까? 왜냐하면 이것 역시 신 앞에서는 그것인 바 그것, 즉 선과 악으로서 있기 때문이다. 바로 이것이 신 앞에서는 아무래도 좋은 그러한 구분이 아니기 때문이다. 이 구분은 신앙하는 자에게는 가장 우선적으로 신으로부터 이루어진 것인데, 이렇게 신으로부터 비롯된 것이기에 비로소 그것은 본래적으로 엄격하고 진지한 것으로서 나타나게 된다. 신앙하는 자는 신을 신앙하기 때문에, 그는 또한 그가 은총으로서의 신을 신앙하듯이 심판으로서의 신을 신앙한다.

따라서 신을 신앙하는 자는 한편으로는 선을 선으로서 또 다른 한편으로는 역시 악을 악으로서 간주하고 이 구별을 매우 엄격히 지킬 것이다. 경계선을 정확히 확정짓는 것은 흔히 어려울지도 모른다. 어떻든 악은 있어서는 안되는 그것이다. 우선 신 앞에서 그리고 또한 인간 앞에서도 있어서는 안되는 그것이다. 그것은 심판되고 극복되어야 할, 고작해야 용서되어야 할 그것이다. 따라서 신앙의 의미로 악을 진지하게 생각한다는 것은 그것을 거부하고 또 그것을 선에로 변화시키기 위해서 가능한 모든 것을 한다는 것을 뜻한다. 악은 그 자체의 관점에서 보면 부정적인 것이며, 따라서 극복되고 선에로 변화되어야만 하는 그것이다.

그러므로 신을 신앙하는 자는 악을 신의 관점에서 판단하여 **있어서는 안되는** 그것으로 파악해도 좋은 것이다. 그는 이 문제에 있어서 신의 편에서 악에 **대항**하게 될 것이다. 그래서 신과 신에게서 비롯되는 것에 대한 그의 "예"는 극복되어야 할 악에 대한 그의 "아니오"와 이 "아니오"에서 나오는 세계를 변화시키는 모든 결과를 포함할 것이다. 이 "아니오"는 신앙의 "예"의 한 부분을 이룰 것이다. 그래서 그것은 신앙의 "예"처럼 단순히 이론적이어서는 안될 것이다. 오히려 그것은 악을 극복하기 위한 단호한 실천과 악한 상태들을 변화시키는 것을 포함할 것인데, 이것은 우선은 자신의 영역에서 그러고 나서 또한 광대한 세계 영역에서 그렇다.

그러나 이 "아니오"는, 그것이 본래대로 되어갈 경우, 바로 그 신앙하는 자에게는 더 크고 포괄적인 **긍정**의 테두리 내에서의 다만 한 계기일 따름일 것이다.

그 까닭은 모든 사람과 자기 자신 역시 신의 손으로부터 신앙하면서 받아들이는 사람은, 비록 선이 악과 얽혀 있다 하더라도, 모든 이와 자기 자신을 **원칙적으로는** 선한 것으로서 받아들인다. 악에 연루되어 있다 하더라도, 신앙하는 자에게는 신이 인간을 선한 것으로서 창조하였고 그래서 그 누구도 그의 존재의 근본과 뿌리에서, 적어도 본래 선하기를 바란다는 형태에 있어서, 선하지 않을 정도로 그렇게 악하지 않다는 사실에는 아무런 변화도 없을 것이다. 근원적인 선의 잔재殘在와 뿌리등걸은, 다시 말해서 그 가능성은 언제나 그 안에 남아 있을 것이다. 인간의, 심지어 악한 인간의 가장 내밀하고 아마도 가장 은밀한 관심은 그가 어쩌면 연루되어 있는 악이 아니라, 그 안에 감추어져 살아 있는 선에로 본래 향해 있을 것이다.[5]

그런 까닭에 신에 대한 신앙 안에서 악에 대항한다라는 것은 또한 악한 인간을 그의 가장 내밀한 영역에서 그의 가장 본질적인 관심 안에서 긍정한다는 것을 뜻한다. 왜냐하면 악한 사람으로부터 신의 영원한 신비가 신앙하는 자에게 여전히 손짓하기 때문이다. 그것은 어둡고 혼탁하고 뒤얽혀 있는 것일지 모른다. 그러나 이 모든 얽혀 있음의 배후에서 신의 빛이 그를 위해 빛을 발하고 있는 것이다. 그런 까닭에 신을 신앙한다는 것은 또한 인간 안에서 발생했을지도 모를 모든 악의 배후에서 인간 안에 있는 선을 신앙한다는 것을 뜻한다. 신을 신앙한다는 것은 인간 안에 있는 신의 불꽃과 뿌리등걸을 신앙한다는 것을 뜻한다. 다시 말해 이것과 연대해서 그러니까 악한 사람 안에서조차 가장 훌륭하고 가장 내밀한, 어쩌면 가장 억압되어 있는 힘들과 연대해서 이 선한 불꽃에 다시금 길을 트고 그것을 밝은 생명에로 이끈다는 것을 뜻한다. 진심으로 신앙하는 자에게 문제가 되는 것은 신의 선물이 같은 인간 안에서 그리고 또한 자신의 마음 안에서도 구출되어 다시금 악의 혼란을 뚫고나와 해방되고 증가되는 것이다. 그래서 신앙이 — 자신과 세계 안에 있는 — 모든 악에 대해 제기

---

[5] 나는 나의 논문 *Über das Böse*, 상게서에서 이러한 연관을 이론적으로 더 상세히 논증하고자 하였는데, 이 논문은 또한 *Thomas von Aquin über das Böse*라는 제하에 *Auf der Spur des Ewigen*, 상게서에 실려 있다.

하지 않을 수 없는 "아니오"는 본래는 또한 "예"인 것이다. 그것은 본래 다음과 같은 것을 뜻한다. 아무렴, 네가 신으로부터 비롯된 바대로 그와같이 살기를! 또한 네 자신이 본래 살았으면 싶어하는 대로 — 그렇게 고백하기를! — 그렇게 살기를! 아무렴, 나는 너를 믿는다, 즉 신의 자취가 네 안에서 아직은 완전히 소멸되지 않았다는 이 사실을 나는 믿는다. 그러한 대범하고 시종일관된 믿음에 의해 많은 선한 것이 이 사악한 세계 안에서 일깨워진다는 것을 우리는 확실히 받아들여도 좋다. 악에 직면한 신앙의 변증법, 그러니까 본래는 "예"이면서도 "아니오"라는 이 변증법은 선과 악이 끊임없이 교차하는 가운데에서도 그 가장 내면의 뿌리와 그 가장 상위의 정점에서는 긍정적인 변증법인 것이다. 선에 어긋나는 모든 것에 맞서 있음이라는 부정적 특성은 포괄적인 긍정적 특성 안에서 물론 없어서는 안되는 한 계기이기조차 한 것이다.

그밖에도 또 다른 관점이 있다. 악은 개인적인 운명의 요소이기도 하고 또 집단적 운명의 요소이기도 하다는 측면을 또한 가지고 있다. 악은 또한 암흑의 권세처럼 종종 우리를 엄습한다. 그 까닭은 악은 언제나 이 두 가지 측면을 가지고 있기 때문이다. 즉, 한편으로 악이 우리의 책임일 경우 우리는 탓Schuld에 대해 말한다. 다른 한편으로는 우리와 관련해서 악이 우리 자신의 책임으로 말미암은 것이 아닐 경우 우리는 운명Schicksal에 대해 말한다. 그래서 우리와 관련되고 우리를 그것에 연루시키는 낯선 악은 그것이 우리에게 생소한 것인 한에 있어서 운명인데, 그것이 또한 탓이기도 하다는 사실이 그렇다고 해서 중지되는 것은 아니다. 자신의 악도 그것이 지나간 것인 한에 있어서 흔히 운명적으로 영향을 미친다. 그것이 다름아닌 탓으로 인한 그러한 것이었다는 사실을 우리가 여전히 변경할 수 없음에도 그것이 우리가 살아가는 매 현재를 규정하는 것이다. 운명과 운명적 부담은 확실히 모든 현실적 악 안에 내포되어 있다.

하지만 운명은 단순히 우발적인 일로서 생기는 것일까? 신앙하는 자에게는 확실히 그렇지 않다. 그는 암담한 운명 안에서조차 신의 부름이 있다고 믿을 것이다. 그것이 내면에서 또는 외부로부터 운명으로서 그에게 닥칠지라도, 악 역시 그에게는 어떤 의미를 갖고 있다는 것을, 신이 그에게 세운 어떤 과제를 제시한다는 것을 신앙하는 자는 믿을 것이다. 어쩌면 투쟁하고 인내하면서 진력하도록 그를 일깨우고 있는 것이다. 어떻든 신앙하는 자는 또한 바로 그 점에서 신이 그를 염두에 두고 부른다는 것을 믿을 것이다. 그는 암담한 운명 안에서 신과 씨름하면서 이전에 성조 야곱처럼 마침내 신에 의해서 축복받는다는 것을 그리고 이 축복 아래 새로운 날과 새로운 차원이 열릴 수 있다는 것을 신앙하면서 확신할 것이다.

그래서 신앙은 신과 세계의 모든 차원들 안에서 "예"인 것이다. 그것은 그 안에 필연적으로 포함되어 있는 "아니오"마저 망라하고 마침내 극복할 만큼 강력한 "예"인 것이다.

신앙은 무엇보다도 먼저 암흑의 세계 안에서조차 겸손되고 이윽고 승리에 찬 "예"를 고백하며 살고 끝내 죽을 수 있는 가능성을 연다.

7. 신앙과 기적

그러므로 자신을 그리고 자신과 더불어 자신의 세계 전체를 신앙의 긍정 안에서 신에게 내맡기는 사람은 또한 신과 함께 자신과 모든 것을 새로이 획득할 수 있다. 이것은 인류의 신앙의 길에서 언제나 그를 동반하였던 **기적**의 동기 안에서 특별하게 표현된다. 그것은 신에 대한 신앙의 세계 차원과 밀접한 연관이 있다.

그 까닭은 신앙 안에서 완전히 신을 신뢰하는 사람은 모든 것을 신의 자유로운 선물이요 선사로서 새롭게 만나게 될 것이기 때문이다. 그러므로 이 종류의 모든 선사 안에서, 비범한 선사와 마찬가지로 초라한 선사에서도, 생의 밝음과 마찬가지로 그 어둠에서도 신앙하는 자는 본래의 기적적인 것, 즉 영원한 너Du의 격려를 만날 수 있을 것이다. 결코 파악될 수 없는 신비 안에서 이 영원한 너는 마찬가지로 모든 기대를 능가하는 어떤 의미를 모든 것에 약속하면서 모든 것에서부터 신앙하는 자에게 빛을 발하고 손짓한다. 그래서 그것을 만나는 모든 것 안에서 기적적인 것은 그것을 경험할 신의 신앙자를 기다린다.

이런 의미로 기적적인 것의 격려는 때때로 "밤과 죽음의 그늘"에서조차 지탱되고 보호되어 있다는 놀라운 경험으로 선사된다. 혹은 그것은 자신을 몫으로 주고 일체의 희망을 능가하는 의미에 있어 구원과 치유의 선물로 선사된다.

이것은 그 말의 가장 광의적인 의미로 기적의 뿌리임은 틀림없다. 그리고 이것은 또한 협의적이며 특별한 의미로 기적의 의미의 본래적 뿌리일지도 모른다. 신앙이 영위되었고 또 영위되는 역사의 수많은 자리에는 특별한 기적들의 역사들이 이야기된다. 이야기들은 흔히 전설적인 형태를 띤다. 그러나 그것들이 신앙의 근원적인 경험을 특이하게 표현하고 있다는 것은 의문의 여지가 없다. 신앙의 이 경험에 대해 그것은 구원을 선사하는 신의 표지를 위한 특별한 사건이 될 수 있다. 신앙하는 사람이 그의 세계와 관계함에 있어서 신앙의 힘은 또한 비범한 가능성들을 단연 일깨울 수 있다. 기적적인 것의 경험이 일반적으로는 또한 상징적 역사들 안에서 비유적 표현으로 나타날 수 있다는 것을 완전히 도외시하면, 이 표현은 여전히 순수한 신앙 경험의 표현이다.

신앙이 기적과 기적적인 것에 대한 그것의 관계에 있어서 쉽사리 변질될 수도 있음은 물론이다. 타산적인 합목적성이 숨어들 경우, 즉 의도적으로 낯선 것이 되어버린 신앙의 도움을 빌려 인간이 그 스스로에게 설정한 목적 달성을 위해 신을 마음대로 다루고자 할 경우 신앙은 변질되지 않을 수 없다. 그렇게 되면 미신적으로 왜곡된 신앙의 모습이 생겨나며, 기적은 마법적 술책과 같은 어떤 것이 된다. 그러나 이 방법으로 신앙과 같은 어떤 것을 이용해 신을 속이고자 하는 사람은 실제로는 불신앙 안에서 움직이고 있는 것이다.

그러나 진정한 신앙의 길에서만 진정으로 기적적인 것이 만개한다.

기 도

들어가는 말

신앙하는 자는 신을 신뢰하고 그를 그와같이 긍정한다.

이 근본 태도의 결과로 신앙하는 자는 그의 생이 경과하고 진행하는 가운데에서도 언제나 다시금 신을 향할 것이다. 신에게로 향하여 이루어지는 이 생의 실행을 우리는 기도祈禱라고 일컫는다. 신앙하는 인간은 필연적인 결과로 또한 기도하는 인간일 것이다. 신앙이 종교적 생의 뿌리라면, 기도는 그 꽃이다. 신앙이 토대라면, 기도는 그 실현이다.

기도는 사실상 매우 상이한 형태들 안에서 나타난다. 이 사실을 신속하고 철저하게 알려면 이 분야에 여전히 기초적인 작품이라 할 하일러의 저작을 대강 읽어보기만 하면 된다.[1]

우리에게 우선적으로 문제되는 것은 기도의 본질적 형태들을 인식하고 그것들을 비본질적이거나 공허한 형태들과 구분짓는 일이다.

기도는 그것이 신의 신비에도 — 또한 하나의 신비인 — 인간의 신비에도 적절한 것이라고 평가될 때에만 본질적인 것이다. 이 적절함에 우리는 유념하지 않으면 안될 것이다.

더 나아가 우리는 기도의 다양한 형태들을 몇몇 기본 형태들에로 환원시키고자 한다. 내가 보기에는 기도의 모든 방식이 정렬되는 그 가장 중요한 기본 형태들은 이것들일지도 모른다: 침묵의 기도, 언어로서의 기도 그리고 예배Kult로

---

[1] F. Heiler, *Das Gebet*, München 1923, 제5판.

서의 기도. 이것들은 곧 알게 되겠지만, 세 단계의 명확한 표현이다. 침묵의 기도는 가장 적게 표현되며 본래는 전혀 표현되지 않는다. 그러나 예배로서의 기도는 가장 많이 표현되며, 언어로서의 기도는 이 두 극단들의 중간에 위치해 있는 것 같다. 이 세 단계들이 더 상세히 서로 어떠한 관계에 있는가는 개별적으로 상술해 봄으로써 비로소 알 수 있다.

침묵의 기도

기도는 기도하는 자의 마음이 향하고 있는 신에게 우선 적절한 것이어야만 한다. 그러나 신의 형언할 수 없음을, 모든 개념과 이로써 또한 모든 말을 능가하는 그의 소리없는 위대함을 고려하는 사람은, 인간의 모든 말들이 유한한 것이며 신의 무한성에 도달하기에는 충분하지 못하다는 것을 상기하는 사람은 신에게로 향하면서 우선 할말을 잃을 것이다. 인간이 자신의 말을 거두어들이어 침묵하는 것이 적절한 태도임이 그에게 분명해진다. 그런 까닭에 할말을 잃는 침묵은 기도의 첫번째 형태이다. 왜냐하면 사멸할 인간이 모든 종교의 첫번째이며 주도적 규정인 신에 대해 가장 적절한 태도를 취하는 것은 거기에서이기 때문이다. 인간의 침묵은 모든 말을 능가하는 신의 위대함에서 직접적으로 따라나오는 결과이다. 신의 위대함이 그 엄청난 규모로 인간을 접촉하고 움직일 때에는 언제나 인간은 우선 할말을 잃고 침묵할 것이다.

이 결과를 좇아서 우리는 우선 침묵의 기도를 숙고해 보자.

그것은 아마도 인간에게 있을 수 있는 극단적인 경우일 것이다. 그때문에 그것은 인간의 종교성이 펼쳐지는 구체적 삶에서는 오히려 매우 드문 경우일 것이다. 그렇지만 그것은 서양의 그리스도교적 전통에서 특히 위대한 신비가들에 의해서 종종 묘사되었다. 가장 위대한 세계종교의 하나인 불교가 실로 침묵의 기도로 말미암아 살아간다는 사실은 생각할 거리를 우리에게 준다. 따라서 이 기도가 인간적인 것의 한계라면, 이 한계는 여전히 인간적 가능성들의 영역에 속한다. 그래서 그것은 언제나 전반적으로 중요한 것으로 머문다.

침묵의 기도를 특별히 수련하였으며 또한 서술하였던 서양적인 혹은 동양적인 유형의 신비가들은 그 자체로는 "정상적인" 종교적 인간과는 아무런 상관이 없었던 종교의 별난 특수 형태로서 간주되어서는 안된다. 오히려 그들은 종교의 모든 형태들을 이해하는 데에 기초적이고 중요한 종교의 매우 정확하고 적절한 근본 형태를 알려주는데, 이 근본 형태는 구체적 실행에 있어서는 인간적인 것의 한계선상에 놓여 있는 것처럼 보일는지도 모른다.

우리의 시도가 역설적으로 보일지라도, 우리는 침묵의 기도를 서술해 보고자 한다. 우리의 시도가 역설적임은 아무런 말도 필요로 하지 않는 그것을 말하기 위해 말들이 이 기도의 서술에 사용되지 않으면 안되기 때문이다.

1. 침묵의 부정적 특성

침묵의 기도는 일상적 활동과 입에 오르내리는 말들의 관점에서 보면 우선 **부정적인 것**이다. 그것은 아무것도 획책하지 않음이며 어떤 것에 의해서도 책동되지 않음이다. 그것은 어떤 것에 관해서도 말하지 않음이며 더 이상 말함의 운동에로 몰아넣어지지 않음이다. 그것은 정신의 고요함이요, 전체 인간의 침묵이다.

그러므로 인간은 침묵하면서 일체의 "어떤 것", 즉 세계의 모든 사물들과 이름들과 관심사를 파악함 내지 파악하고자 함의 개념으로부터, 말로 나타냄 또는 말하고자 함으로부터 풀어놓을 것이다. 그는 세계를 소유함과 세계에 의해 점령당해 있음을 무너뜨릴 것이다. 그는 욕구들과 그 호기심들이 진정되도록 할 것이다. 그는 아주 평온하고 태연자약하게 될 것이다.

그러므로 마이스터 에크하르트는 인간이 **무**와 같이 되어야만 한다고 말했던 것이다.[2]

---

[2] Meister Eckhart, *Die deutschen und lateinischen Werke*. Die Deutsche Forschungsgemeinschaft의 위임에 의한 발행. *Die deutschen Werke*. 간행 및 번역: J. Quint, I. Bd. (Stuttgart 1958) 107.

[3] Franz von Baader는 자연, 공간 및 시간의 연관 안에서 그러한 구별들을 한다. 예컨대 간결한 예로서 *Fermenta Cognitionis*, 4. Heft, 13을 보라. 수록: *Sämtliche Werke*, Bd. 2, 상게서, 295f.

2. 잠심潛心으로서의 침묵의 적극적 특성

그러나 이 침묵 또는 방념放念 또는 무처럼 됨은 단지 부정적인 것일 뿐만이 아니다. 그것은 일상적 분주함과 잡담과는 부정적으로 대조되는 것이긴 하지만, 그러나 그 자신의 숨겨진 긍정적 특성을 자체 안에 지니고 있다.

이것은 우선 **마음준비**Bereitschaft라는 긍정적 특성이다. 어떤 것도 듣지는 못하지만, 그러나 모든 것을 듣고자 개방되고 준비되어 있는 순수한 청취와 같다. 혹은 그것은 더 이상 어떤 것에도 매여 있지는 않지만, 모든 것에 대해 열려 있는 바라봄의 순수한 밝음과 같은 것이다.

마음준비로서 침묵의 기도는 또한 완전한 공개이기도 하다. 완전한 공개로서 그것은 **잠심**Sammlung이다. 그것은 이러저러한 것에로의 분심分心으로부터 모음이다. 분심은 가능한 모든 것에로 갈라져, 모든 가능한 것을 붙잡고 놓지 않는데, 그것은 닥치는 대로 매달리어 가능한 다른 모든 것을 단념할 정도이다. 그래서 분심은 세계를 나누고 동시에 분산시킨다. 그리하여 세계는 분할되고 분산된다. 분심은 나뉘어지고 흩어지고 따로따로 되어버린 것 안에서 이리저리 유랑한다.

이에 반해서 분심으로부터 자신을 모은 잠심의 고요함은 이 잠심의 고요함이 갖는 힘으로 세계와 현존재의 전체에 대해 긍정적으로 관계한다. 그러나 그것은 아주 새로운 방식으로 그렇게 한다. 우리는 이렇게 말할 수 있다. 잠심의 고요함은 그 무엇이든 존재하는 일체의 것을 허용한다. 그것은 아무것도 차단하지 않고 억압하지 않는다. 뿐만 아니라 그것은 더 적극적이다. "존재하게-하면서" 그것은 모두에게 모든 것을 허락하며, 그래서 일체의 것과 전체적인 것과 소리없는 화합을 이룬다. 이렇게 될 수 있음은 다름아니라 그것이 개별적인 어떤 것도 붙들고 매달리지 않기 때문이다. 그렇기 때문에 잠심은 세계가 결여된 것이 아니라, 세계로부터 자유로운 것이다. 즉, 프란츠 폰 바아더의 짤막한 표현을 사용한다면, 잠심은 세계에 빠져들지 않은 것이다.[3]

그래서 종교적 언어에서 통용되는 잠심이라는 말은 정확한 의미를 얻는다. 침묵하는 마음준비의 고요한 공간 안에 모든 것이 모아져 있으며, 전체 외부세계, 전체 내부세계, 모든 것이 그 안에서 모아져 자유롭게 된다.

그러나 침묵의 잠심은 내부 및 외부세계의 모음 그 이상의 것이다. 그리고 이 여분의 것은 마침내 결정적인 것이다. 침묵의 잠심은 모든 세계를 에워쌈으로써 동시에 모든 세계를 능가하는 순수한 자유와 개방이다. 그것은 그것의 폭 안에 모아진 모든 세계와 더불어 모든 세계를 넘어서 이름없는 심연에 도달한다. 세계가 거기에로 모아지는 그것은 모든 세계보다 더 크며, 측량할 수 없게 더 크다. 그것은 모든 것을 지탱하고 허락하고 기다리는 신비의 무한함이 지닌 헤아릴 수 없는 넓음이다. 침묵하는 잠심은 모든 세계를 넘어서 소리없이 모든 것을 감싸는 신성神性의 심연에로 열려져 있다.

3. 대월對越로서의 침묵의 긍정적 특성

이 점에서 침묵과 잠심에 대한 서론적 규정들에 이어 세번째이며 결정적인 규정, **대월**Andacht에 대한 규정이 연결된다. 대월 역시 종교언어의 오래된 때로는 진부한 어휘*인데, 우리는 이 말에 다시 정확한 의미를 부여하고자 한다. 헤겔의 종교철학에서 이 말은 당연히 주목할 만한 역할을 한다.[4]

대월은 본래 **사유의 방향**을 가리킨다. "An"이라는 음절은 방향을 말해주고, "dacht"라는 음절은 사유Denken를 말해준다. 그러나 사유思惟는 우리의 문

---

* 독일어를 사용하는 지방에서는 예컨대 대축일이나 그 지방의 기념축일에는 축일미사의 거행과는 별도로 이 날을 특별히 감사하기 위해 성체현시(聖體顯示)를 하면서 일종의 **기념기도회**(Andacht)를 개최하는 관습이 있다. 그러나 옮긴이는 "Andacht"를 본문의 의미에 따라서 대월(對越)이라고 번역한다. 이 표현은 원래 한국 복자 수도회의 중요한 영성 개념으로서 알려져 있지만, 옮긴이는 이를 특별히 염두에 두지 않으면서 이 표현을 사용할 것이다 — 역자 주.

[4] G. W. F. Hegel, *Vorlesungen über die Philosophie der Religion*, 간행: G. Lasson, 1. Bd, Halbband 1 (Hamburg 1966), 특히 235, 238, 240을 보라.

맥 안에서는 인간의 전체 생동적인 현존재를 위해 사용되어도 좋다. 따라서 대월이라는 어휘는 전반적으로 보아 침묵에로 모아진 현존재의 방향 또는 이행성移行性을 표시하게 되어 있다. 그와같이 이해되면 대월이라는 말은 다음과 같은 것을 말한다. 현존재 전반의 조용히 모아진 물결은 자신 안에 머물지 않고, 자신의 고요함 안에서 바로 자신으로부터 떠나서 영원한 신성의 소리없는 신비에로 흘러들어간다. 그래서 이 운동의 의미는 "신을 생각한다" 또는 더 정확히 말하면 "하느님이시여, 당신을 생각합니다"라고 표현될 수 있다. 후자의 표현이 더 정확한 이유는 대월에 있어 신은 "어떤 것"으로서 소유되는 것이 아니기 때문이다. 오히려 대월은 일체의 어떤 것 피안에서 "하느님이신 당신께"로 고요하고도 직접적으로 향하면서 고양高揚된다. 만약 그것이 말로써 표현될 것이라면, 신은 그것에 대해 호격관계에 있지 목적격으로 있지 않을 것이다. 그러나 그것은 말하지 않는다. 아무런 말도, 심지어 신이라는 말도 거기에 터져나오지 않는다.

대월 안에서 침묵의 기도는 완성되며, 그 안에서 비로소 그것은 완전히 그리고 충만된 의미에서 기도이다. 자신으로부터 생동적으로 떠나 영원자에로 넘어감의 이행성Transitivität 안에 전체와 극치極致가 드러난다.

4. 감사의 회심回心과 종교의 순환

이 전체와 극치는 자체 안에 또한 회심回心을 지닌다. 이 안에서 비로소 이 기도의 전체와 극치가 완성된다.

왜냐하면 내가 침묵하면서 너에게로, 스스로 침묵하는 영원한 너에게로 고양되면, 나는 그 운동이 현재로서는 나에게서 출발한다는 것을 의식하게 되겠지만 그러나 더 먼저 또 더 근원적으로는 그것이 이미 내가 열중하고 있는 신비 자체로부터 나온다는 것을 알게 될 것이기 때문이다. 나는 대월 안에서 나의 정신집중된 방향전환을 포함해서 먼저 나를 생각한 그것을 생각하는 것이다.

실제로는 그렇게 하지 않는 것이지만, 침묵의 기도가 말을 할 것이라면, 그것은 이와같이 말할 수 있을 것이다. "당신은 나를 나에게 선사하였습니다." "그리고 당신은 지금, 기도의 순간에 내가 나를 당신에게 선사한다는 이 사실을 나에게 선사하였습니다." 이것은 회심이다. 회심 역시 언어 없이 살아가며, 침묵 안에 현재한다. 대월을 하는 종교적 인간은 자신의 대월이 거기에로 자신을 선사하고 가져다주는 그 신비에 의해 선사되고 떠받쳐져 있음을 안다. 종교적 인간의 대월은 그것보다 이미 언제나 앞선 더 근원적인 한 운동에로의 운동으로서 이해된다. 이 점에서 대월은 단지 주관적인 것만이 아닌 훨씬 그 이상의 것이다. 그것은 자체로 그리고 영원한 너로부터 실행되고 이미 언제나 실행된 것만을 뒤따라서 그리고 더불어 실행한다. 묵상의 이 "순환-구조"를 — 그리고 동시에 종교 일반의 순환 구조를 — 우리는 훨씬 더 자주 만날 것이다.

이것은 헤겔이 대월의 **사변적인 것**이라고 일컬었던 그것,[5] 상이한 운동들의 "함께 속함"Ineinsschlag이기도 하다. 이 생각 안에서 파악되는 것은 내용 없는 형식적인 추상일 수 있다. 그러나 우리가 종교적 인간의 실제적 삶과 특히 침묵의 기도를 고려하여 그것을 이해할 경우, 우리는 그것이 생동적인 것임을 깨달을 것이다. 기도와 그 정점, 즉 대월의 완전한 삶이 그러한 생각에 의해 정확히 서술되고 있는 것이다.

---

[5] 상게서, 240쪽을 참조하라.

언어로서의 기도

침묵의 기도는 위대하지만, 그러나 인간적 가능성들의 한계에 처해 있다.

이 한계 내에 언어Sprache로서의 기도가 위치해 있다. 종교와 기도의 인간성 때문에 그것은 완전히 중단될 수 없고 또 되어서도 안된다. 왜냐하면 언어는 인간 현존재 전반의 통합적 요소이기 때문이다. 그런 까닭에 우리가 지속적으로 무언無言으로 있지 않으면 안된다면, 우리는 인간으로서는 완전히 인간이 아니다. 우리의 현존재가 적절한 형태를 획득하고, 적절히 명확하고 확고하게 되는 것은 맨 먼저 언어 안에서이다.

그때문에 인간은 침묵할 수는 있지만, 언제나 또 오로지 침묵만 할 수는 없다. 우리는 침묵과 고요함이 멈춤으로써 또한 다름아닌 언어에 속한다고 말할 수 있다. 언어 안에서 침묵과 말함이 숨을 들이쉬고 내쉬는 것처럼 번갈아 바뀐다.

그러므로 종교와 특히 기도는 인간적 태도방식들이기 때문에, 인간이 그것들 안에서 신에 대해 인간으로서 관계하기 때문에, 언어로서의 기도가 생기지 않을 수 없는 것이다. 우리를 움직이는 그것을 우리들 인간이 전혀 발설할 수 없다면, 우리는 우리를 움직이는 이 관계 안에서 결코 완전히 인간으로서 자신을 실현하지 못했을 터이며, 우리의 인간 존재의 한 중요한 차원이 텅 빈 채 머물러 있을 것이고 본질적으로도 우리에게 속하는 궤도들이 정지되었을 터이다. 신의 문제는 우리의 모든 차원들에서 우리를 전적으로 요구하는 것이므로, 이 전체성 때문에 언어는 함께 작용하지 않을 수 없다. 그러므로 우리는 기도하면서 마침내 또한 신에게 말하지 않을 수 없다.

우리가 인간의 통교적通交的 본질을 생각할 경우 우리는 더욱더 이 결론에 이른다. 사람들은 언제나 타인들과 더불어 그들 자신이며, 그들의 현존재는 언제나 "더불어 있음"Miteinandersein의 형태를 취한다. 그런데 언어는 다름아닌 이 "더불어 있음"을 말로 표현하고 실현하는 것이다. 우리가 서로 말함으로써 우리는 서로를 위해 그리고 함께 현존재하는 것이다. 우리가 서로 말함으로써 우리가 말하는 그것 역시 개방된 함께함Miteinander의 현실 안에 현존재한다. 그런 까닭에 "더불어 있음"의 차원에는 아무도 발설하지 않는 어떤 것이 전혀 없는 것처럼 현존재한다. 그런데 이것은 특히 기도에 대해서도 해당된다. 신이 거명되면, 기도가 현실적으로 말해지면, 신의 신비는 인간들의 "더불어 있음" 안에 명백히 현존한다. 이 명백한 현존은 모두가 침묵을 지키고 이 일에 대해 전혀 말하지 않을 것이라면 시간적으로 현존재함으로써는 사라지지 않을 수 없을 것이다. 하지만 신의 신비와 인간이 이 신비와 결부되어 있음은 사라지거나 잊혀져서는 안된다.

우리가 침묵과 그것의 대월對越을 내면성의 나타남으로써 그리고 언어를 내면성의 외화外化와 특히 그 외형적 형식으로서 고찰한다면, 우리는 두 측면들이 언제나 함께 하나의 전체를 이룬다는 것을 즉시 알게 된다. 표현으로서의 말함은 모두 그것이 언제나 적절히 이루어지는 것은 아니더라도 어떤 내면성을 표현한다. 그리고 모든 내면성은 비록 매우 상이한 방식일지라도 자신을 알리며 또한 자기 자신에 의한 표현이기도 하다.

그렇기 때문에 침묵마저 완전히 무언으로는 머물 수 없다. 그것은 자신의 표현을 최소한의 것으로 줄이기는 하지만, 그러나 그것의 잠심과 그 대월의 내면성은 얼굴 표정들에서 여전히 표현된다. 이것이 또한 하나의 언어임은 그것이 표현이기 때문이다. 그런 까닭에 기도, 심지어 침묵의 기도마저 그것의 은밀한 언어를 제시하는 것이라면, 기도는 결코 완전히 무언으로 있을 수는 없다.

언어에 대해서 특히 종교적 언어에 대해서도 최근에 대단히 많은 간행물들이 출판되었다.[1] 우리는 기도의 언어의 특성을 서술할 수 있는 독자적 방법을 모색한다.

언어로서의 기도 안에서 사람들은 신에게 그리고 신과 더불어 말한다. 신이 거명되고 말 건네지며, 그리고 인간은 자신을 말로 표현한다.

최근의 언어철학적 문헌들에서는 "삼단추진식三段推進式 의미론적 관계"가 종종 언급되고 있다.[2] 그것은 화자話者 자신에 대한 관계, 듣는 자 자신에 대한 관계 그리고 언급되고 있는 용건에 대한 관계이다.

기도의 특징을 이루는 것은 화자 자신과 말 걸어진 것에 대한 두 관계들이 단연 전면에 서 있고 세번째 관계, 즉 용건에 대한 관계는 멎는 것은 아니지만 그러나 단지 곁들여 발휘될 뿐이고 전술한 두 관계 안에서는 마치 중지된 것처럼 있다는 것이다. 극단적인 경우들에는 그것은 심지어 완전히 멎을 수 있다. 이를 고려하여 우리는 기도의 양극성兩極性에 대해 말한다. 기도는 그것이 신에게 말하는 것이므로 신학적 극점을 가진다. 그리고 그것은 인간학적 극점을 가지고 있다. 왜냐하면 신에게 말하는 것은 언제나 인간이기 때문이다. 이 양 극점들 사이에서 언어상의 기도는 뛰어난 관계를 펼쳐나간다. 그래서 우리는 또 다시 다음과 같은 세 가지 것들에 대해 숙고해야만 한다. 기도의 신학적 측면에 대해, 기도의 인간학적 측면에 대해 — 이 측면과 관련해서 기도의 세계적 측면이 함께 표현되지 않으면 안될 것이다 — 그리고 끝으로 기도의 관계적 구조에 대해, 즉 관계로서의 그것의 본질에 대해 우리는 숙고해야만 한다. 표명된 기도는 언제이든 나뉘어질 수 없는 전체이기는 하지만, 그러나 그것은 언제나 구별될 수 있는 이 측면들을 갖고 있는 것이다.

---

[1] 아래에서 나는 종교언어에 대한 몇몇 선발된 문헌을 제시하겠다. 50년대 이래로 특히 영어권의 언어분석적 제안들을 더 사유하는 중에 종교언어에 대한 일련의 작업들이 발간되었다. 예컨대 I. T. Ramsey, *Religious Language* (London 1957); W. F. Zuurdeeg, *An Analytical Philosophy of Religion* (Abington 1958); J. Macquarrie, *God-Talk. An Examination of the Language and Logic of Theology* (London 1967), 독어판: *Gott – Rede. Eine Untersuchung der Sprache und Logik der Theologie* (Würzburg 1974); G. C. De Maulde, *Analyse linguistique et langage religieux. L'approche de Ian T. Ramsey dans "Religious Language"*, 수록: Nouvelle Revue théologique 101 (1969) 169-202. — 독어로 된 훌륭한 입문서들로서는 다음과 같은 저작들이 있다: E. Schillebeeckx, *Glaubensinterpretation. Beiträge zu einer hermeneutischen und kritischen Theologie* (Mainz 1971); G. Ebeling, *Einführung in die theologische Sprachlehre* (Tübingen 1971); B. Casper, *Sprache und Theologie. Eine philosophische Hinführung* (Freiburg i.Br. 1975).

[2] B. Liebrucks, *Sprache und Bewußtsein* (Frankfurt a.M. 1964/70) I, 218; 그밖에 B. Casper, *Sprache und Theologie*, 상게서, 64를 보라.

1. 언어의 신학적 차이와 부정적 언어

말로 하는 기도의 신학적 차원은 우리가 이미 살펴보았듯이 다음과 같이 묻기 때문에 하나의 문제이다. 사멸할 인간이 신을 어떻게 호칭해야 하는가? 그렇게 하기 위해 그는 어떤 말들을 사용해야만 하는가? 우리는 신이 엄밀한 의미로는 말로 표현될 수 없음을 명백히 해보고자 하였다. 그리하여 우리는 모든 말들과 언어적 가능성들이 유한한 것이며 그것들은 유한하게 존립하는 유한한 표상들과 관계들을 연관시킨다는 것도 알 수 있다. 따라서 언어는 기도 안에서 말 건네져야만 하는 신에게는 못 미치는 것 같다.

　이 점은 언제나 진실이기는 하다. 그렇지만 언어가 완전히 그와같이 못 미치는 것은 아니다. 왜냐하면 언어는 역시 자기 자신을 넘어설 수 있기 때문이다. 바로 언어로서의 기도는 그것이 말을 거는 것과 관련하여 자기 자신을 넘어서지 않으면 안된다. 이것은 언어의 특유의 가능성이다. 언어의 말은 유한한 것으로 머물지만, 그것은 자기 자신의 유한성을 넘어설 수 있고 또 그렇게 하지 않으면 안된다. 그것은 자기 자신을 넘어서 말할 수 없는 것을 가리키지 않으면 안된다. 그런 까닭에 신을 부르고 거명하고자 하는 기도는 동시에 두 영역에서 움직이지 않을 수 없다: 직접적인 언어와 그 유한성의 영역에서 그리고 언어의 이 유한성에 의해서 중재된 것으로서 거명되고 탄원되어야만 하는 신의 무한성의 영역에서. 언어의 유한한 존립은 말로 나타내지 않을 수 없지만, 그러나 그것은 언어 자체에 의해서 더 이상 표명될 수 없는 신비에로 또다시 지양되지 않으면 안된다.

　따라서 이 관점에서 보면 기도의 말은 자기 자체 안에서 하나의 차이를 연다. 우리는 이것을 신학적 차이theologische Differenz라고 명명할 수 있다. 그것은 언어적 소재의 직접적인 유한성과 이 유한성에 의해 중재된 것으로서 언어가 말 건네고자 하는 자의 그 무한성 사이에 존재하는 차이이다. 기도언어의 말은 이 차이를 포함하고 열지만, 그것에 의해서 개시된 차이의 두 측면을 동시에 연결하는데, 이 차이에서 기도언어의 말은 참으로 종교적으로 말해진다. 그래서 기도언어의 말은 그것이 열어놓은 차이를 마감한다. 그 까닭은 기도하는 자에게는 그것이 중재된 직접성이기는 하지만 그의 말의 유한한 것 안에서 무한한 신이 나타나기 때문이다.

이 차이 때문에 말로 표명된 기도 안에서조차 우리가 맨 처음 언급하였던 그 침묵이 계속 보존되고 간수되어 있다고 말할 수 있다. 왜냐하면 기도하는 인간은 말하는 것이지만, 그러나 말하면서 그는 그가 본래 뜻하는 바로 그것을 또한 표현하지 못하기 때문이다. 말하면서 그는 일체의 언어를 넘어서 계속해 숨겨진 채로 있는 그것과 관계한다. 그런 까닭에 기도의 언어는 본래 침묵을 깨는 것이 아니라, 그것을 말로 표현하고 있는 것이다.

그러나 이것은 기도의 언어가 왜 이중적이며 애매한 것으로 머물 수밖에 없는가라는 이유이다. 기도를 이해한다고 하면서 우리는 기도의 단지 직접적인 언어적 존립에만 머무를 수 있다. 기도의 말을 말하는 자는 마찬가지로 단지 말들의 질료적 전면, 말하자면 그것들의 표면에만 머무를 수 있다. 그러나 그렇게 되면 ― 엄밀한 의미에서 ― 말들이 종교적으로 사용되는 것이 아니다. 그럴 경우 사용되는 말들이 비록 기도의 말들일지라도 그것은 본래 아무런 기도도 아니다. 그러한 것은 언제나 가능하다. 그러나 같은 말들을 갖고서 일체의 언어의 피안에 존재하는 이루 형언할 수 없는 영원한 너에게로의 자유로운 도약이 이루어진다는 것도 언제나 가능하다.

기도의 언어가 지닌 이 미결정적 성질, 그것이 신학적 차이를 엶과 동시에 끝낸다는 이 특성은 언어적으로 상이한 형태들 안에서 표현될 수 있다. 그것은 무엇보다도 초월적 부정과 상징적 입장의 형태들이다.

자기 자신을 초월하는 언어의 아마도 가장 절실한 방식은 부정일 것이다. 그것은 사람들이 그들이 말하고자 하는 그것에 대해 더 이상 말할 수 없음을 말하면서 표현할 수 있다는 데 있다. 기도의 경우에 그것은 사람들이 말을 걸고자 하는 그에게 더 이상 말을 걸 수 없다는 데 있다. 부정의 도움을 빌려 우리는 표현해야만 하는 것이 말함의 가능성을 뛰어넘는다는 것을 말할 수 있다.

이 초월적 부정은 비종교적 맥락에서도 단연 발견된다. 어떤 사람이 예컨대 음악 같은 특별히 아름다운 것을 들었다면 그는 후에 그의 이웃에게 다음과 같이 알릴 수 있다. "나는 그것이 얼마나 멋졌는지 전혀 말로 표현할 수 없다." 그럴 경우 그는 어떤 것을 말한 것이다. 그러나 그는 동시에 그가 말로 나타내고자 하였던 그것이 말함의 가능성들을 능가하였음을 말한 것이다. 그는 부정을 통해서 그가 자랑하고자 하는 멋진 것을 비로소 대단한 것으로 만든 것이다.

그것은 마찬가지로 그러나 더욱 철저하게 신에게 말 건넴의 경우에 있어서 그렇다. 신은 부정을 통해서 비로소 위대해질 수 있다. 그때문에 신에 대해서도 많은 부정적 술어들이 있다. 신이 무한자無限者로서, 무조건자無條件者로서, 마침내 형언할 수 없는 자로서 호칭될 경우 이 말들의 부정사들로 지시된 것은 다름아닌 모든 말들보다 더 위대한 그 신비이다. 따라서 언어는 부정의 언어적 형태의 도움으로 그 자신의 한계들, 그 유한성의 한계들을 초월하는 것이다. 이 이유에서 부정적 표현들과 어법들은 모든 민족들의 종교적 언어관습에서 그리고 종교의 전 역사 내내 매우 중요한 역할을 하는 것이다.

2. 적극적-상징적 언어

기도에서 나타나는 더 복잡하고 만연된 또 다른 가능성은 상징적 입장의 가능성이다. 그 안에서 신은 적극적으로, 즉 상징들 안에서 명명된다. 이 적극적 말들은 상징들의 기능을 갖고 있다. 즉, 상징들 안에서 — 우리는 상징이 동시발생을 뜻한다는 것을 상기한다 — 한편으로는 적극적인 유한한 말과 그것이 적극적으로 말하고 명명하는 그것이, 또 다른 한편으로는 이 말 안에서 탄원되어야 할 신의 그 이루 형언할 수 없고 표현할 수 없는 너Du가 일치한다. 상징 역시 그것이 여는 신학적 차이를 함께 견지한다. 그것이 올바로 이해된다면, 상징은 침묵을 동시에 말에로 지양止揚하면서 그것을 보존한다.

기도 안에서 우리가 신에게 상징적으로 말하고 호소한다면 상징과 상징화된 것의 연관이 더 강조될 수 있다. 그럴 경우 우리는 상징의 유비類比에 대해서 말할 수 있다. 따라서 우리는 이 연관 안에서 다시 한번, 그러나 이번에는 다른 측면에서 상징과 유비에 대해 말하게 된다.[3]

상징은 같지는 않지만 그러나 유사한, 즉 바로 유비적 의미로 본래 의미되었던 신의 신비와 관련된 어떤 내용을 표명하고 그것을 소개한다. 물론 그때에 잊어서는 안될 것은 이 본래 의미되었던 것 자체는 더 이상 표상될 수 없으며 그래서 오로지 상징적 연관의 또는 상징적이고 유비적으로 유사類似한 한 측면만이 파악할 수 있고 표상할 수 있게 되는 것이지, 다른 측면은 그렇지 않다는 사실이다. 상징의 유비 안에서는 단지 하나의 유비된 것Analogatum만이 주어져 있는 것이지, 또 다른 유비된 것은 주어져 있지 않다. 그런 까닭에 우리가 상징의 유비에 대해 말할 경우 다음과 같은 명제가 적용된다. Deus semper maior(신은 언제나 더 위대하다). 이것은 침묵을 지양하면서 보존하는 것이다. 상징의 유비는 아무튼 비교될 수 있는 두 개의 내용들을 말하자면 나란히 세우는 것이 아니라, 오히려 표상될 수는 없지만 그러나 모든 것과 관계있는 신비를 그 편에서 물론 이제는 적극적으로 지시해 보이는 것이 되는 하나의 내용만을 내세운다.

그렇기 때문에 상징적으로 말하고 기도하는 것과 관련하여 계속되고 언제나 보존되어야만 하는 차이, 즉 바로 "Deus semper maior"가 또한 거꾸로 강조될 수 있다. 그럴 경우 우리는 야스퍼스와 더불어 암호Chiffre로서의 상징에 대해 말할 수 있다.[4] 암호는 암호화된 글자이다. 그것은 그것이 직접적으로 제시하는 것과는 다른 또 그 이상의 것을 말한다. 그러나 그것이 본래 말하는 것은 글자 안에서는 더 이상 곧바로 직접적으로 표현될 수 없다. 그런 까닭에 야스퍼스에게 있어서 초월, 즉 신의 암호는 풀 수 없다는 명제가 성립된다. 암호의 평이한 텍스트Klartext는 칼 야스퍼스의 의미로는 도대체 더 이상 텍스트가 아닐

---

[3] 앞의 제9장(160쪽 이하)을 보라.
[4] 특히 K. Jaspers, *Philosophie* (Berlin – Göttingen – Heidelberg ²1948) 785ff.를 참조하라.

것이다. 이와같이 차이는 칼 야스퍼스의 이 개념에 의해서 강조된다. 그러나 동시에 암호들은 "가능한 실존을 위해" 판독될 수 있게 된다고 그 철학자는 말하고 있다.[5] 그러니까 신 앞에 서 있다는 의식이 일깨워지고 이 의식에 의해 변화되고 이런 의미로 실존Existenz이 되는 실존하는 인간은 암호를 읽는다. 즉, 그는 덧없는 말들 안에서 변함없는 의미, 신의 신비를 이해한다. 그래서 차이의 지양止揚은 실존을 위한 가능성으로서 계속 보존되어 있다. 그러나 만일 신에 대한 아무런 생동적인 관계가 존재하지 않는다면 암호는 더 이상 아무것도 말하지 않을 것이고, 판독될 수 없거나 기껏해야 잘못 판독될 수 있는 텍스트로 남을 터이다.

기도의 언어가 살아가는 그 상징 형성은 신비스런 과정이다. 실로 다음과 같은 이유 때문에 그렇다. 신이 모든 것을 포괄하고 모든 것을 허락하는 한에 있어 모든 것은 상징적으로 그를 보여줄 수 있다. 신이 일체의 존재자의 어느 것도 아닌 한에 있어서 또한 아무것도 그를 가리킬 수 없다. 따라서 신을 상징 안에서 명명하려는 기도의 언어에 있어 미리 주어진 것은 오로지 전부거나 아니면 아무것도 아닐 뿐이다. 모든 것은 신의 상징이 될 수 있지만, 아무것도 꼭 그것이 될 필요는 없다. 그러나 언어는 가능성들의 심연에서, "전부 아니면 무"에서 특정의 가능성들을 창조적 상상력으로 골라내어 구체적이며, 특정의 상호귀속되어 있는 상징들의 세계를 구상하지 않으면 안된다.

창조적 상상력의 이 상징 형성의 행위는 그것이 가장 잘 이루어졌을 경우 인간의 단순한 소산물이 아닐 것이다. 인간과 그의 상상력이 관여하고 있기는 하지만, 그러나 그것들은 우선은 특정의 상들 안에서 신비로부터 오는 손짓과 부름에 의해서 접촉되고 불리어질 것이다. 그런 까닭에 성서에서 처음에 불타는 가시덤불에서 말하는 것은 야훼이고, 그 다음에야 모세가 다시 상징들 안에서 말할 수 있다. 그래서 상징 형성은 응답과 감사일 것이다. 말하자면 그것은 세계의 상들을 사용하는 신으로부터 오는 첫번째의 것, 즉 손짓과 부름을 향한

---

[5] 상게서, 786.

두번째의 것, 즉 응답과 감사일 것이다. 그래서 상징들은 기적, 재능들, 선물들과 같은 어떤 무엇이다. 그것들은 침묵으로부터 적극적인 종류의 말함을, "전부 아니면 무"에서부터 분명한 상을 만들어낼 수 있게 한다. 따라서 그 경우 우리가 이전에 말하지 않을 수 없었던 그 계시가 신의 편에서부터 인간의 언어적 구상들에 관계하여 그것들을 손짓해 불러낸다.

상징 형성의 창조력은 이전 시대의 많은 인간 존재들에게 상당히 풍성하게 주어진 듯하다. 그런 까닭에 그들이 남긴 힘차고 순수한 기도의 위대한 실례들이 우리에게 보존되어 있다. 성서의 시편 모음은 이에 대한 중요한 증거들을 포함하고 있다. 이에 반해 우리의 합리화된 세계에서는 선물은 흔치 않은 것이 되었다. 그리고 재능은 억압되고 은폐되어 있다. 그때문에 기도의 언어가 우리에게는 짐스러운 것이 된다. 물론 억압되고 은폐된 것이기에 짐스러운 것이 되어버린 그것이 인간 마음의 근저 깊은 곳에서는 여전히 기다리고 있다고 우리는 추측해도 좋다. 그런 까닭에 우리는 기도의 언어, 즉 상징의 언어가 어렵기는 하지만 그러나 우리 시대에 완전히 불가능한 것이 되지는 않았다고 믿는 것이다.[6]

과거에 그것들을 이용해 신이 탄원되었지만 여전히 탄원될 수 있는 몇몇 지난날의 위대한 상징들을 회상해 보자. 그 중요한 일부는 인간들의 "함께 생활함"의 영역에서 유래한다. 이와 관련하여 "너"는 중대한 기본 상징이다. 그 안에서 신의 신비가 항상 접촉된다. 우리는 이미 그것에 대해 언급했다. 그런데 "너"는 그 경우 계속해서 상징적으로 풍부해지고 구체적인 것이 된다. 그것은 예컨대 "아버지"라는 모습과 말을 자신과 관련시키어, "오, 아버지이신 당신"이라고 불러질 수 있게 한다. 하지만 이 연관에 속하는 것으로서 많은 종교 안에서 중요한 역할을 하는, 특히 구약성서 본문에서도 때때로 나타나는 "어머니"라는 말도 있다. 그러나 그것은 우리에게 더 합당하다고 여겨지는 종교적 전통들에서는 오히려 드물게 발견된다. "주님"Herr과 "왕" 같은 말들과 모습들도 인간의 공동생활 영역에서 유래한 그러한 종속명사적種屬名詞的 상징들이다.

---

[6] 이에 대해서는 나의 연구 *Die Würde des Menschen und die Religion*, 상게서를 참조하라.

말로 하는 기도의 상징들의 또 다른 부류는 하늘과 땅과 연관되어 있다. 하늘은 생명을 주는 하늘의 선물들인 비와 마찬가지로 또한 천체의 빛이 거기에서 내려오는 저촉될 수 없는 그 장소이다. 그것은 특히 거대한 천체들, 즉 태양과 달의 주기적으로 바뀌는 뜨고 짐 안에서 시간과 세계의 진행을 규정하고 그것에 질서를 부여하고 혼돈을 막아주는 천체들과 더불어 사멸할 것들의 여정 위에서 의미있게 빛나는 저촉될 수 없는 장소이다. 그때문에 하늘은 위대한 옛 상징들의 하나이다. 그런 까닭에 우리는 "하늘에 계신 아버지"라고 아버지에게 호소한다. 그래서 하늘은 영원자의 영광을 찬양한다고 말하는 시편 18편의 구절 역시 이 맥락에 속한다. 모든 것을 밝히고 활기를 주는 그 힘 안에서 종교적 전승의 매우 여러 곳에서 신에 대한 상징이 된 빛의 옛 상징어 역시 이 맥락에 속한다. 우리의 하늘의 대표적 성좌가 모든 축복과, 뿐만 아니라 마침내 무릇 일체의 존재를 제공하는 신비에 대한 현저한 상징이 된 널리 유포된 그 태양종교들은 마찬가지로 이와 연관되어 있다.

땅 역시 그것의 상징력들이 우리와 더 밀접한 관계에 있는 종교들 안에서는 덜 강조되고 있다 할지라도 이 근원적이며 중대한 상징들에 속한다. 그래서 그것은 어머니의 상징의 경우와 유사한데, 그것은 거의 우연이 아닐지도 모른다. 땅은 상징이 된다. 물론 물리적인 물체로서가 아니라, 인간에게 거처를 제공하는 보호하는 토대로서, 인간이 먹고 사는 열매들을 맺는 비옥한 모태로서, 마침내 죽은 자들을 숨겨주는 신비스런 토대로서의 상징이 된다. 땅은 모든 것을 지탱하고 살게 하며 산 자와 죽은 자를 감싸는 신비에 대한 오래된 위대한 상징이다.

다른 부류의 상징들은 개별적인 상이라기보다는 주기적으로 반복되는 일련의 상징적 호소들에 있다. 이에 대한 실례들은 호칭기도Litanei 또는 묵주기도 또는 히브리어 알파벳의 순서를 따르는 22개의 각기 8행절을 가진 시편 119편이다. 여러 종교들에서 우리는 유사한 것을 발견한다.

주기적으로 반복되는 정렬이 어떻게 상징이 될 수 있는 것인가? 그것을 이루는 부분들에는 똑같은 것 또는 유사한 것이 변형되어 여러 번 표현된다. 표현이 주기적으로 반복하여 강화된다. 그것이 말하는 것과 더불어 각 문장이 언급되기는 하지만, 그러나 다른 많은 유사한 문장들과 함께 정렬된다. 개별적인 것은 중요성과 의의를 상실하며, 똑같은 리듬이 명상에로 초대한다. 유사한 많은 어법들을 거치면서 기도하는 사람은 많은 어법들 안에서 언급되지만 그러나 적절히 표현되지 못하는 그 동일한 신비를 향해 개별적인 것을 초월하는 것이다. 이 경우들에 있어서 다수는 다름아닌 언제나 순회되었던 단일한 것의 상징이 되며, 그리하여 말들의 운동은 자체로 상징적인 회전이다. 그래서 언어의 다양한 세계는 단일한 신을 위한 상징이 된다.

성서의 시편들과 예언서들에서 우리는 위대하고 기초적인 기도 행위의 고전과 같은 어떤 것을 대한다. 그 안에서 이러한 그리고 또한 많은 다른 종류의 언어적 상징들의 풍부한 보물들이 발견된다. 옛적의 단순하고 위대한 연관들과 사물들과 리듬들이 우리의 계몽된 시대에는 더 이상 말하지 않는다는, 즉 더 이상 의미있는 암시를 하고 있지 않다는 것은 그렇게 확실한 것일까? 그것들이 더 이상 말하지 않고 손짓하지 않을 경우, 그것들의 소리가 더 이상 깨워질 수 없다는 것은 확실한 것일까? 이것은 결코 확실한 것 같지 않다. 심지어 우리의 일상적 현존재 안에서조차 많은 것이 그 반대의 것을 말한다. 무엇이 발생하고 인간이 본래 어떻게 살아가는가를 아주 면밀히 살펴보기만 하면 그들이 부지불식간에 많은 상징들을 사용한다는 것을 알 수 있다. 게다가 근원에 가까운 어린이들의 삶은, 그리고 그것에 새롭게 가까워지는 사랑하는 사람들의 삶은 풍부한 상징을 지닌다.

그러나 다양함과 구상적具象的인 생생함으로 넘치는 상징들이 비록 완전히 사라지게 하지는 않더라도 모든 것의 기저에 놓여 있는 단 하나의 신비를 지시하는 그 특성을 은폐할 수도 있음이 물론이다. 그럴 경우 우리가 이미 다른 측면에서 고찰하였던 다신론의 형태들이 인간측에서 생겨난다.[7] 그럴 경우 여러 상징들이 존재하는 것인데, 그것들은 서로 더 이상 무제한으로 교환될 수 있는

---

[7] 다신론의 이러한 다른 측면에 대해서는 제10장(169쪽 이하)을 참조하라.

것이 아니다. 오히려 그것들은 비록 완전히 사라지게 하지는 않더라도 그 단일성이 은폐되는 거룩한 것의 신비 안에서 각기 그 나름의 방식으로 비추고 암시하는 것이다. 그런 까닭에 다신론은 원래의 종교적 삶의 표현일 수 있다. 그리고 다신론의 중요한 형태들 안에서 우리는 그러한 종교들이 대개는 유일신론적 특징을 간직하고 있음을 목격할 수 있다. 모든 형상들 배후에 있는 단 하나의 신비를 가리킴은 비록 감퇴한 것일지라도 완전히 사라진 것은 아니다. 마치 그 반대인 듯 여러 중요한 유일신론적 종교들은 특히 그것들의 단순하고 민속적인 형태들 안에서 다신론적 특징을 보여준다. 다양한 여러 빛깔의 상들에 대한 욕구는 여기에서도 완전히 사라지지 않고 있다.

그럴 경우 우리는 그 안에서 상징적 상들이 초월의 신비와 완전히 분리되어 대상적 우상들이 되는 그런 왜곡의 드러남에 대해서도 거의 언급할 필요가 없다. 그럴 경우 대개 그것들에 남아 있곤 하는 막강함만이 그것들에 언제고 부수되었던 초월과의 연관을 그래도 상기시킨다.

우리는 신을 어떻게 호칭해야 하는가? 이 물음과 그 안에 숨겨진 문제에 대한 가능한 대답을 나지안즈의 그레고리오Gregor von Nazianz는 두 줄로 잘 요약해 주고 있다. "모든 이름을 가지신 이여, 당신 홀로 명명할 수 없는 분이시여, 내 어떻게 당신을 부르오리까?"[8]

3. "마음을 쏟아놓음"

우리는 기도의 언어의 인간학적 극점에 대해서 계속해서 숙고해야만 한다. 기도하는 사람은 기도 안에서 우선 신에게 말을 건넨다. 그렇지만 그렇게 함으로써 그는 자신의 말 건넴 안에서 동시에 자기 자신을 표명하고 인간으로서의 자신을 끌어들인다.

왜냐하면 기도하는 사람은 그 자신으로서 기도하는 것이며, 또는 그렇게 해

---

[8] *Panōnyme pōs se kaléssō tòn mónon aklēiston* (PG 37, 508).

야만 하기 때문이다. 그가 만일 그의 문제 자체가 아닌 어떤 것을 암송한다면, 그는 본래 그 자신으로서 기도하는 것이 아닐 터이고 그래서 본래는 전혀 기도하는 것이 아닐 터이다. 그에게서 표명되는 것이 단지 비개성적인 습관이나 심지어 그가 속해 있는 집단의 언어 습관만이라면, 그는 다시금 그 자신으로서 기도하는 것이 아닐 터이다. 그러한 습관들은 적절히 이루어질 경우 "스스로-기도함"을 연습시키는 것일 수는 있다. 그러나 "스스로-기도함"과 이렇게 해서 본래적 의미의 기도는 이 연습에서부터 비로소 생겨나지 않으면 안된다.

기도 안에서 말하자면 **자아**自我는 신 안으로 전개해 들어간다. 그러나 자아는 아무런 차원도 없는 지점이 아니다. 오히려 그것은 어떤 내용을 가진다. 그것은 활동들과 동기들의 내면적 영역을 망라하며, 의식된 것, 추구된 것과 두려워했던 것 등 외부세계와 관련을 맺고 있다. 두 영역들, 내적 영역과 외적 영역은 상대방에로 옮아가고 비추어 들어간다. 두 영역들은 함께 자아의 내용을 이룬다. 그러므로 인간이 그 자신으로서 신을 향해 자신을 여는 곳에서 그는 자신과 더불어 자신의 내용, 자신의 세계를 화제에 올리지 않으면 안될 것이다. 그래서 기도를 말로 표명함의 세계 차원이 그 인간학적 극점의 전개로서 생겨난다.

이 관점에 따라 보면 기도의 탁월한 특징은 솔직함과 전체성이어야만 한다.

기도는 우선은 솔직함에 의해서 특징지어진다. 왜냐하면 솔직함은 자명한 것이 아니기 때문이다. 사람들은 위장하고 그들의 내면과 종종 또한 그들의 세계 관련들의 상당 부분들을 끈질기게 의식에서 쫓아내고 그것을 부인함으로써 자기 자신 앞에서 전혀 그들 자신이지 않고, 오히려 그들 자신의 이상적 상과 같은 어떤 것이고자 하는 경향이 있다. 인간들은 신 앞에서 자신을 알 경우라도 이 기만을 빈번히 고집하고 때때로 그것을 강화하기조차 한다.

그러나 이것은 무의미한 짓이다. 왜냐하면 우리는 신 앞에 있는 그대로 존재하는 것이며, 그러니까 우리의 존재인 바 그것으로서 또 우리가 존재하는 바대로 존재해도 좋은 것이며 또 그와같이 존재해야만 하기 때문이다. 우리는 이미 신앙을 다루면서 그것에 대해 언급하여야만 했으며, 여기에서, 기도의 경우에서 그 문제를 다시 재론하지 않을 수 없다.

여기에 기도에 관한 필연적인 결과가 따른다. 기도는 솔직해야만 하는데, 언어에도 깃들어 있는 기만의 경향에 맞서 솔직해야만 한다. 그런 까닭에 시편 61,9에 다음과 같은 충고가 주어진다. "마음에 있는 걱정일랑 하느님께 쏟아놓아라." 쏟아놓는다는 것은 선별하는 것이 아니며 은폐하는 것은 더욱 아니다. 내면에 있는 것을 제한 없이 여는 것이며, 내면에 있는 그대로 신의 심연 속으로 열어놓는 것이다. 쏟아놓는다는 것은 여기에 의미된 솔직함에 대한 강한 표현이다. 그때문에 인간의 기쁨과 감사, 곤경과 실망, 비탄과 불화, 걱정과 죄과, 불안과 희망, 모든 것이 기도의 언어 안에서 화제가 되어야만 한다.

여기에서도 우리는 재차 다수의 시편들을 언급해도 좋을 것이다. 인간의 마음을 움직이는 모든 것이 때로는 대단히 자유롭게 그리고 때로는 거의 경악케 하는 것이지만 그러나 이렇게 함으로써 바로 교훈적으로 솔직하게 시편들 안에서 표현된다. 이것은 인간의 마음이 비탄으로, 어쩌면 신에 대한 탄핵으로까지 가득한 거기에서 특히 인상적이다. 그러한 것은 흔히 억압되곤 한다. 그러나 바로 시편들은 이렇게 하지 않는다. 그래서 기도하는 사람은 시편 21편에서 다음과 같이 기도한다.

> 나의 하느님, 온종일 불러봐도 대답 하나 없으시고, 밤새도록 외쳐도 모르는 체 하십니까?

이 비탄의 문장들 안에서 이 경우의 기도하는 사람은 참으로 자신의 마음을 털어놓으며 아무것도 억제하지 않는다. 그리하여 그의 말들은 바로 그 놀라울 만한 솔직함 때문에 또한 우리까지도 감동시킨다.

이런 유의 솔직함에는 전체성이 요구되는데, 이 전체성으로 인해 기도는 신앙과 공통점을 가진다. 총체적인 것, 전체적인 것, 나의 존재이며 내 안에 존재하는 모든 것이 기도의 언어 안에서 신을 향하여 토로되어야 한다.

우리가 기억하는 바로는 본능과 욕구들의 세계는 이 전체의 일부를 이룬다. 그러나 또한 외부세계, 좁은 의미의 세계 역시 거기에 속한다. 나는 전반적으로 보아 언제나 "많은 것을 생각한다", "많은 것을 걱정한다"이기도 하다는, 그러니까 나는 생각하고 걱정하면서 세계를 소유하며 또 이렇게 세계를 소유하면서 존재한다는 사실이 바로 여기에서 분명해진다. 따라서 전체적인 것은 또한 나의 세계, 즉 내가 생각하고 염려하며 어떠한 방식으로든 내가 몰두하고 있는 그것의 세계를 뜻한다. 이 모든 것이 마찬가지로 기도의 언어에 속한다. 왜냐하면 그것은 그 안에서 내가 기도하면서 신 앞에 나를 털어놓는 나 자신의 그 전체에 함께 속하기 때문이다.

그러나 나의 전체 세계는 근본적으로는 **전반적인** 전체 세계die ganze Welt이다. 내가 매일 이용하는 것은 이 전체에서 선택되지 않을 수 없는 어떤 것이고 그래서 이것이 좁은 의미의 나의 개인적 세계로 간주될지라도, 근본적으로는 모든 것이 나의 관심을 끄는 것이며 나는 근본적으로 모든 것에 마음을 쓰고 있는 것이다. 또한 나는 내가 나 자신의 가장 깊은 근저에서 모든 것과 모든 이와 더불어, 전체 세계와 더불어 연대해 있음을 안다.

그런 까닭에 기도의 언어는 모든 의미에서 세계를 함유하지 않을 수 없다. 자연의 세계에 대한 그리고 이보다 훨씬 더 동류 인간의 세계에 대한 나의 물음과 걱정은 기도에 속한다. 그러나 또한 모든 사람들과 세계의 모든 곤궁들에 대한 물음과 걱정도 기도에 속한다. 그것이 감사의 형태로든 또는 청원의 형태로든 또는 탄식이나 그밖의 어떤 형태로든 이 모든 것은 기도에 속한다.

이와같이 인간의 기도하는 언어는 모든 것, 즉 전체 세계를 신 앞에서 화제에 올리기 위해, 자기 자신을 화제로 삼는 거기에 존재하는 것이다. 그때문에 시편에서 하늘은 영원자의 영광을 찬양하지만, 가까운 곳과 먼 곳에 사는 민족들과 섬들 역시 주님께 영광을 드리도록 한층 더 호소된다. 하나의 전체 세계, 즉 기도하는 사람의 세계와 이 세계 안에서 마침내 전체 세계가 신 앞에서 무릇 화제에 올려지는 것이다.

이와같이 기도의 인간학적 측면은 동시에 기도의 세계적 측면이다. 왜냐하면 인간은 자기 자신을 기도의 언어 안에서 개진하는 곳에서 언제나 동시에 자신의 세계와 그리고 자신의 세계 안에서 **온** 세계die Welt를 개진하기 때문이다.

우리가 처음에 침묵의 기도의 경우에서 만났던 **잠심**의 특성이 여기에 똑같이 나타나고 있음을 쉽사리 알 수 있을 것이다. 모든 것이 이제 언어 안에 모아지는 것이다. 그러나 더 이상 고요함의 방식으로가 아니라, 언어의 방식으로 모아지는 것이다. 언어는 한데 모음으로써 고요함 안에서 모든 것이 하나되게 하고 또 존재하도록 하면서 접촉하는 것이 아니다. 오히려 언어는 그렇게 함으로써 모든 것을 의도하기는 하지만 그러나 다수로서의 모든 것을 통과해서 하나씩 거명하며 그래서 개별화된 것으로서의 다수를 화제에 올린다. 잠심은 언어 안에서 우선은 수많은 분산된 것을 거쳐 지나감이다. 그것은 물론 전체의 지평 안에 있으며 그때문에 최대의 폭을 염두에 두는 통과이다. 그래서 언어 안에서 언어가 거명하고 차례로 제시하는 많은 개별적인 것은 전체의 상징이 되는 것이다. 예컨대 시편은 제한된 숫자의 개개의 민족들을 차례로 호명하지만, 모두가 호명됨으로써 그것은 상징적으로 달하고 있는 것이다. 따라서 잠심이 유지되는 것이며, 뿐만 아니라 기도하는 언어의 개별화로부터 다시 새롭게 복원된다.

그러므로 언어 이론가들이 때때로 언어의 사실차원事實次元이라고 일컬었던 그것이 여기에 모습을 나타낸다. 기도는 사실을 또는, 차라리 세계라고 말하자, 세계를 끌어들이지만, 그러나 기도는 이 세계에 머물지 않으며 또 세계 때문에 말로 표현하는 것이 아니다. 기도하는 사람은 오히려 자신과 또 자신과 더불어 자신의 세계를 신을 향해 연다. 세계적인 것은 그처럼 불가피한 역할을 담당하기는 하지만, 그러나 그것은 단지 관련되어 작용할 뿐이거나 또는 신에게로 향한 운동에로 지양止揚된다.

4. 언어의 관계적 특징

기도하는 사람이 신에게 그의 상징적 이름들을 이용해 말을 걸고 그러한 말 건넴 안에서 동시에 자신을 그 자신으로서 표명하고 또 자신과 더불어 자신의 세계를 표명하는 그때에 그는 그 안에서 특별하고 출중한 한 **관계**를 맺는다. 그렇기 때문에 기도의 관련적 또는 관계적 특징은 마찬가지로 그것의 언어와 형태 안에서 고려되어야만 한다. 이 점이 본래 결정적인 것이다. 기도 안에서 언제나 문제가 되는 것은 자신과 그리고 자신과 함께 모든 것을 신 안에로 엶으로써 "오 하느님, 당신께 향합니다"라는 이것이 기도의 전체를 전반적으로 조율하고 완전히 형성하는 것이다. 그런 까닭에 기도의 인간학적 측면도 이와 결부된 그것의 세계적 측면도 자체로 그리고 홀로 있는 것이 아니다. 그것들은 그 자체 때문에 제시되는 것이 아니다. 모든 것은 오히려 동시에 이행적移行的 물결 "오 하느님, 당신께로!" 안으로 용해되어 수용되면서 제시된다.

그 점에 있어서 우리가 침묵의 언어의 경우에서 논했던 대월對越이 표현된다. 대월은 또한 다름아닌 언어적 기도의 혼이다. 그것은 살아 있는 인간이 신의 생동적 신비 쪽으로 생동적으로 향함이다. 대월은 우리가 살펴보았듯이 침묵하는 기도와 표명된 기도가 성취시켜야만 하는 침묵과 잠심의 그 요소들을 일체의 기도함의 목표에로 이끈다. 이렇게 해서 그것은 동시에 내적인 것과 외적인 것을 그리고 마찬가지로 자아와 세계를 생동적으로 일치시킨다.

만약에 기도의 언어가 대월로 충만되고 내적으로 충족되어 있지 않다면, 그것은 텅 빈 내용의 형식으로 남게 될 것이고 진정한 기도이기를 멈추게 될 것이다.

이와같이 침묵의 기도는 언어로서의 기도 안에서 그 모든 본질적 요소들과 더불어 지양됨과 동시에 보존되어 있는 것이다.

기도하는 사람이 자신의 관계를 **직접적으로** 표명하는 것은 기도의 관계적 성질이나 그 대월의 관점에 따르면 형식적으로는 기도언어의 기본 특성에 속한다. 그러니까 기도하는 사람은 신에 **대해** 말하는 것이 아닐 것이고, 자기 자신이나 자신의 세계에 대해 말하는 것은 더욱더 아닐 것이다. 오히려 그는 그 자신으로서 그리고 자신의 자아와 더불어 신에게 말을 건넬 것이다. 따라서 신에게 말을 건네기 위해서 그가 사용하는 상징적 표현은 대격對格이 아니라 호격呼格으로 있을 것이다. 기도의 호칭은 "오 하느님, 나의 주님"과 같은 내용일 수 있다. 동사는 제1인칭 또는 제2인칭의 형태 안에서이지, 제3인칭의 형태 안에서 나타나지 않을 것이다. 제1인칭 안에서 누군가 이렇게 자신을 표현한다. "나는 당신을 경배하나이다." 그리고 제2인칭에서 누군가 이렇게 말 건네진다. "당신은 위대하시며 놀라운 분이시나이다." 두 형태들은 같은 관계구조를 표현하고 각기 상이한 관점에 따라서 그것을 통과한다.

그러나 제3인칭의 형태는 완전히 다른 관계적 구조를 표현한다. 그 안에서는 어떤 것에 **대해** 말해진다. 그래서 관계는 단지 간접적일 뿐이며, 말하자면 중립화되어 있다. 그러나 이 중립화는 기도의 맥락과 어울리지 않는다. 그것은 기도에 고유한 그 관계적 특성을 놓치고 대월을 적절히 표현하지 못할 터이다.

서술하는 요소들과 그리고 이와 더불어 제3인칭의 언어적 형태가 기도의 활동 안에서 등장할 수 있기는 하다. 하지만 그것들이 직접적인 호칭에 의해서 말하자면 포괄되고 에워싸여 있고 또 그 본래의 의미를 얻는 정도로만 그렇다. 그것은 예컨대 로마 전례 미사의 "거룩하시도다"Sanctus에서 다음과 같이 기도될 경우 그렇다. "하늘과 땅은 당신의 영광으로 가득하도다!"* 이것은 형식상 하늘과 땅"인"sind바 그것의 서술이다. 그러나 이 형식은 "당신의"라는 말에 의해서 포괄되고 내적으로 규정되어 있으며 그래서 간접적인 것이 아닌 직접적인 한 관계의 흐름 안에 있다.

기도가 신학적 또는 그밖의 숙고들 안에서 사라질 경우, 그것이 부분적으로 이론적 논고가 되어 이 안에서 제3인칭의 중립화하는 형태가 더 이상 부수적으로 관여하는 것이 아니라 지배적인 것이 될 경우 사정은 완전히 다르다. 그렇게 되면 이 말들은 기도에서 본질적인 직접적인 관계성을 올바로 파악하지 못하는 것이며, 거기에 더 이상 진정한 대월이 표현되고 나타나지 못한다. 그러한 한에 있어 이 기도는 그것이 제아무리 기도하는 듯해 보이더라도 실제로는 전혀 기도하는 것이 아니다.

그처럼 기도 안에서 표명되는 관계는 유일무이한 것이고 유한한 모든 관계를 넘어서는 것이기 때문에, 대월이 표현되는 관계적 말들은 각기 더 위대하고 더

---

* 가톨릭 미사 통상문의 번역문: "하늘과 땅에 가득 찬 그 영광!" — 역자 주.

상회하는 것에 대한 경외심으로 실제로 가득할 것임은 이론의 여지가 없다. 이는 두 가지 방식으로 생길 수 있다. 한편으로는 관계하는 말들이 두려움으로 취소되고 차라리 간결해 너무 많이 말하지 않을 것이다. 그때문에 성 베네딕도의 규칙서에는 짐작건대 이렇게 씌어져 있는 것이다. "기도는 짧고 순수하지 않으면 안된다."⁹

아니면 기도의 언어는 또한 더 대담하고 위험스런 방법, 즉 모든 한계를 넘어선 것을 가리키기 위해 고조되고 그것의 상위의 한계를 거슬러 움직이려는 방법을 취할 수도 있다. 그것은 거기에 사용되는 말들과 어군(語群)에 있어서 과도한 것이 될 수 있다. 종교적 전통은 또한 이에 대해서도 훌륭한 실례들을 우리에게 보존해 주고 있으며, 특히 또다시 시편들 안에서 그렇다. 과도한 언어는 놀라울 만한 가능성들을 지니고 있다. 하지만 그 가능성들에는 특별한 위험도 내포되어 있다. 그것은 조심스레 취소하는, 단축하는 언어보다 훨씬 더 그렇다. 왜냐하면 풍부한 그 형태들로 말미암아 기도는 공허한 것으로 그리고 그것이 진정한 대월의 표현이기보다는 차라리 그 자체 때문에 조성된 것인 경탄할 만한 언어적 재주들에로 미혹될 수 있기 때문이다. 이런 것을 기도는 언제나 조심하지 않으면 안된다.

언어적 기도의 관계성은 그외에 더 상세히 다수의 구체적 양상들 안에서 개진된다. 그것은 경배와 찬양의 방식으로 또는 감사와 청원 또는 비탄의 방식으로 전개된다. 이 방식들 사이에 그리고 그것들 이상으로 그밖의 여러 다른 언어적 특성의 양상들이 존재한다. 그것들의 다양성은 좀처럼 남김없이 분류되지 않는다. 그때문에 그것은 여기에 다만 시사될 뿐이다.

---

⁹ "[B]revis debet esse et pura oratio." Benedicti Regula 20, 4 (CSEL 75, 1960 ,75).

5. 대월과 감사

언어적 기도에서도 대월은 이미 논했던 그것의 이중적 측면을 가진다. 인간 편에서 그것은 신에 대해 생동적인 관계를 맺는다. 그러나 동시에 그것은 이 관계가 우선은 그리고 한없는 의미로 신에 의해 실행되는 것임을 안다. 신은 우선 기도하는 사람에게 기도를 그 언어와 함께 선사한다. 오로지 그렇기 때문에만 기도하는 사람은 그의 편에서 신에게 자신의 대월을 그의 대월의 말들과 함께 선사하는 것이다. 그때문에 기도가 언제나 또한 감사라는 것은 기도의 본질에 속한다. 왜냐하면 기도는 자기 자신을 자유로운 선사로 받기 때문이다. 그런 까닭에 경배와 청원 역시 마침내 감사로 변한다는 것은 기도언어의 논리에 들어 있다. 이것은 대월의 다음과 같은 생동적 변증법에 걸맞는다. 인간은 신을 생각하고 신은 인간을 생각한다. 그리고 이 둘은 동일한 것이 아니면서도 함께 속한다. 언어로서의 기도 역시 그것에 의해 살아간다. 뿐만 아니라 그 점에서 완성된다.

⑮

예배로서의 기도 I:
회중, 선포 그리고 회중의 기도

침묵의 기도는 언어로서의 기도에로 지양止揚된다. 그 계기들은 간직되어 있지만 그러나 변화되어 있으며, 그것들의 첫번째 형태는 사라지고, 그것들의 본질이 남는다.

그러나 언어로서의 기도는 예배Kult로서의 기도에로 지양된다. 하지만 그것은 다른 의미로 그렇다. 그 계기들이 예배 안에 보존되어 있지만, 그것들은 결과적으로 그 형태가 사라질 정도로 변화되는 것이 아니다. 그 반대로 그것들은 따로따로 떼어져 증가된다. 왜냐하면 예배 역시 언어의 형태 안에서의 기도이기 때문이다. 그러나 언어로서의 기도의 계기들은 예배 안에서 상이한 구성물들에로 한층 더 분해되어 더욱더 강력한 상징적 표현이 될 만큼 각별히 증가된다. 이렇게 해서 예배는 우리가 "언어로서의 기도"라는 제하에 서술하고자 하였던 일반적인 영역에서 탁월한 경우이다. 예배 안에서 비로소 우리는 언어로서의 기도 안에 포함되어 있는 뛰어나고 특별한 가능성을 본다. 이 점에 대해 우리는 이하에서 설명할 수 있을 것이다. 우리는 우선 예배의 개별 요소들에 대해 말하면서 그렇게 할 것이다. 우리는 먼저 회중會衆과 그 공개성公開性, 선포와 회중의 기도에 대해, 그런 다음 특히 상징적 행위들에 대해 언급할 것이다. 마지막으로 우리는 그와같이 따로따로 떼어진 것을 우선 그것의 보편적 형태, 그 의식儀式과 관련해서, 그런 다음 그 정신 및 개념과 관련하여 다시 결합시켜 보고자 한다.

1. 예배회중禮拜會衆

예배는 회중Gemeinde의 실행으로서 생긴다. 예배는 회중의 실행과 표현이다.

회중은 공통되게 신으로 말미암은 놀라움을 경험하고 그러한 놀람 때문에 공동으로 신을 경축하는 사람들의 모임이다.

회중의 존재방식은 "함께 있음"Miteinandersein이다. 함께 있다는 것은 무엇인가? 그것에 속하는 누구든 한편으로는 다른 이의 타자이지만, 그러나 또한 모든 이와 더불어 하나이다. 왜냐하면 동일자로서 모든 이 안에 살아 있는 신다운 신은 또한 각자 안에 살아 있기 때문이다. 그런 까닭에 모든 개별자는 또한 모두와 하나이다. 왜냐하면 그는 모든 이 안에 살아 있는 단일한 신과 일치를 이루기 때문이다. 단일한 것으로서 모든 이 안에 살아 있는 것, 신다운 신은 또한 단일한 것으로서 각자 안에 살아 있다. 그래서 회중의 존재는 "서로-한쪽이-다른쪽-임"Mit-ein-ander-Sein이다.

이 경우에 이중적 중재관계가 관찰될 수 있다. 모든 이 안에 같은 것으로서 살아 있는 그것, 즉 이 회중의 신은 이 신을 각자에게 중재하며, 각자는 모두를 움직이는 그것에 의해서 떠받쳐지고 동반되어 있다. 그러나 거꾸로 각 개별자는 자신의 신을 전체적이고 공동의 것에로 중재한다. 왜냐하면 신이 각자 안에 살아 있을 경우에만, 그는 전체 안에서도 살아 있을 수 있기 때문이다. 그래서 각 개별자는 단일한 전체를 중재하는 근거이며, 단일한 전체는 모든 개별자를 중재하는 근거이다. 중재의 순환논증이 있는 것이다.

회중의 삶은 이 "함께 있음"이 가장 적절히 펼쳐져 있을 경우에만 가장 훌륭한, 즉 그 본질상 가장 적절한 것이다. 즉, 한편으로는 참으로 각자가 그 자신이고 그 점에서 타인들의 타인이지 그저 회중의 한 기능이 되어 자신의 자아존재를 이 회중에 포기하지 않았을 경우, 그리고 다른 한편으로는 단일하고 전체적인 것, 즉 신다운 신이 개별자의 별개성別個性을 소멸시키지 않으면서, 또 그렇다고 일치의 힘을 해체하지 않으면서도 모두를 생동적으로 일치시키는 그것으로서 투명하게 나타날 경우에 회중의 삶은 가장 적절한 것이다. 그러니까 하나임Einssein과 다름Anderssein의 양 극점이 똑같이 강력하고 자유롭게 펼쳐져 서로 활기있게 형평을 이룰 경우 회중의 삶은 가장 적절한 것이다.

회중의 존재방식으로서의 "함께 있음"이 그러한 것이기 때문에, 각자 서로에게 표할 각오가 되어 있는 섬김의 태도와 마찬가지로 신을 섬김은 회중의 삶에 필요하다.

그런데 회중의 존재는 "함께 있음"이므로 내면성과 공개성의 일치 역시 주어져 있는 것이다. 왜냐하면 각자는 한편으로는 그 자신으로서 신앙하고 기도할 것이기 때문이다. 그것은 내면성이다. 우리는 외적으로 주변을 돌아서 자아에 도달할 수는 없으니 말이다.

그러나 각자는 역시 마찬가지로 다른 모든 이와 함께 그리고 다른 이들과 일치되어서 신앙하고 기도할 것이다. 그러니까 그는 자신의 자아존재의 내면성이 또한 이미 언제나 열려져 있음을 발견할 것이고 그것을 공통되고 모두에게 단일한 것에로 열고 있을 것이다. 그는 이제 생겨났고 그 안에서 모두가 서로를 위해 그리고 단일하고 전체인 것을 위해, 신을 위해 열려져 있는 이 개방적 공간 안에로 자기 자신을 넘어서 들어갈 것이다.

모든 이를 망라하고 모두를 각기 저마다에게 열고 각자를 전체에로 그리고 전체를 각자에게 여는 이 개방적 공간을 우리는 회중의 공개성이라고 일컫는다. 회중의 삶은 이런 의미로 공적인 것이다.

회중의 공개성은 말씀 안에서 생긴다. 말씀이 들리는 곳에서 그것은 모두에게 동일한 것으로서 들린다. 말씀 안에서 신의 문제Sache가 모두를 움직이고 모두를 동반하는 단일한 것으로서 공적으로 나타난다. 말씀의 공개성은 모두가 공동으로 기도함으로써 출현할 수 있다. 그러나 그것은 한 사람이 모두를 위해 기도함으로써 출현할 수도 있다. 그럴 경우 모두를 대변하는 회중의 특출한 단 한 명의 봉사자 안에서 일치가 이루어진다. 그럼에도 불구하고 그 의미상 그의 말은 모든 이의 그리고 저마다의 기도이다. 왜냐하면 그것은 모든 이와 또 각자에 의해서 함께 실행되어야 하기 때문이다. 실로 이 근거에서 그것은 공적으로, 즉 모두를 위해 그리고 각자를 위해 들리는 것이다. 뿐만 아니라 그것은 바로 이 공개성을 (모두와 각자를 위한) "위하여-있음"Für-Sein으로 그리고 (모두와 각자와 더불어) "더불어-있음"Mit-Sein으로 만든다.

모든 이가 다같이 기도하는 공동의 기도 역시 한 사람의 신분으로서 모두를 위한 말씀을 제공하는 회중의 어떤 봉사자를 필요로 한다. 그런 까닭에 말씀 안에서 실행되는 회중의 공개성에는 역할 분담이 당연히 따른다. 모두에게 단일한 것, 즉 신의 문제가 회중으로 하여금 상이한 역할을 하도록 한다. 그것은 회중의 단 한 명의 출중한 구성원 예컨대 사제 안에서 공적으로 나타난다. 그는 자신의 말을 통해서 회중을 이끌어간다. 그러나 그의 말은 그의 것이 아니다. 그것은 모두와 전체를 위한 말씀이다. 모두는 그 안에서 자유롭게 살아갈 수 있지만 일치되어 있다. 사제가 예를 들면 먼저 말해 보이는 말은 동일한 말씀으로, 즉 신의 문제가 회중에게 공적인 것이 되는 그 말씀으로 모두와 각자에게 속한다. 다른 모든 이 역시 이 하나의 같은 말씀과 이로써 신 자신의 이 하나의 문제를 다른 역할 안에서, 즉 듣는 자로서, 응답하는 자로서, 함께 실행하는 자로서 가져야만 한다. 그래서 그것은 언제나 단일하며 전체적인 것, 단일한 말씀이다. 그리하여 그것은 회중의 상이한 구성원들이 상이한 역할 안에서 참여하는 신의 단일한 문제이다. 단일한 것이 상이한 기능들에로 분해되지만, 모두에게 단일한 것이기를 중단하지 않는다.

이 첫번째이며 기초적인 역할 분담은 물론 계속해서 분화될 수 있고 또 분화되어야만 한다. 그밖에도 다른 역할들을 생각해 볼 수 있는데 그것은 명백하고 가능하다. 그것들 역시 모두에게 문제가 되는 그 단일한 것에 도움이 된다.

단일한 것, 회중의 공개성 안에서의 신의 문제는 그 현실적 단계들과 관련해서도 시간적으로 펼쳐진다. 뛰어난 시기들과 순간들, 제식적으로 거행된 축일과 축제들이 나타나는 것이다. 회중 안에서의 신의 공개성이 그것들 안에서 가장 현실적으로 발생한다. 그러나 성대한 축제들의 날과 시간은 지나간다. 이 반짝이는 목하目下의 현실이 휴지休止하는 시기들이 돌아오는 것이다. 그러나 이 경우에 간과해서는 안 될 점은 축제에서 단 하나의 시기에 발생하는 것이지만 그것이 모든 때를 위해 발생한다는 사실이다. 예컨대 축제의 날로서의 주일은 전체 주간을 위해 있는 것이다. 그러나 예배적 삶의 현실성은 현실적 예배시기들 외의 여타 시기들에는 정지한다. 그렇기는 하지만 이 정지 역시 아무것도 아닌 것이 아니다. 그것은 깨어 있음으로 인해 언제이든 현실적인 것이 될 수 있는 것으로서 신을 섬기고 서로를 섬기기 위한 끊임없이 깨어 있는 가능성이다. 이 깨어 있는 멈춤은 또한 지나간 축제에 대한 회상과 미래의 축제에 대한 예견이기도 하다. 그래서 현재 활동이 이루어지지 않고 있는 때는 휴식하는 방식으로 축제와 축일들의 현실성에 의해 함께 규정되어 있는 것이다. 현실적인 회중의 축제 안에서 시간적으로 개별화되는 단일한 것은 비록 그것이 모든 것 안에서 똑같이 나타나지는 않더라도 이와같이 모든 시기들을 위한 단일한 것이기도 하다.

2. 선 포

단일한 신이 회중의 공개성에 자신을 알리는 그 말씀은 두 개의 기초적인 방식으로, 즉 이 말씀이 거기에서 함께 하나를 이루는 이중적 방향 감각에 따라서 나타난다. 신으로부터 회중에로 향한 방향과 회중으로부터 신에게로 향한 방향이 그것인데, 이 둘은 함께 하나를 이룬다. 우리는 그동안 이미 여러 번에 걸쳐서 모든 기도함에 있어 밀접하게 결합되어 있는 이 두 방향들에 대해서 말할 기회를 가졌었다.

기도하는 사람은 우선 신에 의해 불리고 놀라워한 것이다. 그렇게 되면 그는 그 편에서 자신의 기도 안에서 신을 접촉하려고 애쓴다. 이 두 가지는 언제나 기도의 단일한 사건에로 모아져 있다. 이것은 우리가 늘상 만나는 종교의 순환이다.

예배 안에서는 함께 모아진 것이 따로따로 떼어놓아지지만 그러나 그것들은 어디까지나 단일한 것이 모아진 것으로서 하나의 전체를 이룬다.

이와같이 말씀은 회중의 공개성 안에서 구분될 수는 있지만 그러나 단일한 것 안에서 하나의 전체를 이루는 두 개의 형태들로 나타난다. 신은 그의 대리인을 통해서 회중에게 말한다. 그것은 선포宣布의 말씀이다. 그리고 회중이 신에게 말하는데, 이것은 회중의 기도로서의 말씀이다. 이 둘은 구분될 수 있지만 그러나 함께 하나의 전체를 이룬다.

가) 선포의 신학적 및 인간학적 극점

선포 안에서 신의 전권全權을 갖고 한 인간이 신의 신비와 신의 지시를 회중의 공개성을 위해 선포한다.

언어사건Sprachgeschehen으로서의 선포를 특징짓는 것은 우리가 언어로서의 기도를 다루면서 이미 취급해야만 했던 종교적 대화의 그 인간학적 및 신학적 극점이 그 안에서 서로 어떤 관계에 있느냐이다. 왜냐하면 인간학적 극점은 여기에서 회중의 조직된 구조에 따라서 배가되기 때문이다. 여기에서 한 사람이 다른 사람들에게 말을 걸어 그들과 접촉하고 만난다. 신학적 극점은 우선은 극점으로서는 사라지는 듯하다. 왜냐하면 신에게 말이 건네지지 않기 때문이다. 그래서 신은 언어사건의 이 형태 안에서는 다른 위치에서 나타난다.

그렇지만 신은 참여하고 있다. 더욱이 그 편에서 이중적 위치 안에서 그렇다. 신은 한편으로는 말함의 목표요 내용이 된다. 왜냐하면 신과 그의 지시가 말해져야만 하는 것이며, 신의 계시가 선포되어야만 하기 때문이다. 신은 다른 한편으로는 선포되는 말의 전권위임적全權委任的 전제조건으로서도 나타난다. 왜냐하면 말하는 사람은 자신의 전권의 힘으로, 말하자면 신의 이름으로 말해야만 하기 때문이다. 그래서 그가 신을 회중의 마음 안에 말하자면 일깨워져야만 하는 자로서 염두에 두듯이, 마찬가지로 그는 신을 그의 출처로서 뒤에 두고 있는 것이다. 따라서 신 역시 선포 안에서 이중적 위치 안에서, 즉 출처와 목표로서 나타난다.

이와같이 선포는 전반적으로 보아 여러 가지 극점에서 늘상 새롭게 부과되는 긴장 영역에 위치해 있다.

우리는 선포자의 관점에서부터 이를 면밀히 검토하여 선포하는 말의 특성을 잘 조망할 수 있을 것이다.

나) 자아와 신의 동일화(同一化)

선포자는 그가 선포하는 말 안에서 우선 **그 자신**이지 않으면 안된다. 그것은 자명한 것이 아니다. 그는 본래 그 스스로는 말하고자 하지 않는 어떤 것을 단순히 암송해 말할 수도 있는 것이다. 그럴 경우 그가 말하는 한에 있어서 그는 본래 그 자신이 아니다. 그러나 그는 진정으로 그 자신으로서, 솔직하게 전체 회중 앞에서 말하여야만 한다.

그때문에 선포자는 그 자신인 동시에 그 자신 이상이지 않으면 안된다. 그는 그 자신으로서 말해야만 하며, 또한 신의 이름과 위임으로 말해야만 한다. 그는 그가 참으로 스스로 말하는 자신의 인간적 말 안에서 신의 말씀이 회중 앞에서 알려지도록 그렇게 말하지 않으면 안된다. 예언자가 "신의 예언이다"라고 말하면서 자신의 예언을 말하였던 것처럼 그렇게 선포자는 말하지 않으면 안된다.

이것은 말하는 인간이 그 자신보다 무한히 위대한 그것, 즉 생활한 신과 생동적으로 하나가 되었음을 전제한다. 그 스스로가 신으로 말미암은 놀라움을 겪어야만 한다. 그래서 그는 신에 의해 당혹스럽게 되었어야만 하며, 그리하여 신의 문제와 하나되었어야만 한다.

이것은 선포자에게 있어 신앙의 길, 개인적 기도의 길, 어쩌면 침묵하는 명상의 길을 재차 전제할 것이다. 생동적인 일치의 이 길들에서 여러 가지가, 행복과 불행, 깨달음과 박탈 그리고 신과 겨루는 고된 단계들이 발생할 수 있다.

선포자는 회중 안에서 기도의 가능성들을 마련한다. 그러나 그 자신이 기도로부터 유래함으로써만 그는 그와같이 할 수 있다. 그것은 다시금 순환, 종교의 순환 논증이다. 그러나 이제 그것은 인간을 거쳐 지나가면서 신으로부터 신에게로, 기도로부터 기도에로 나아간다.

말씀이 신과 선포자가 생동적으로 하나됨의 그러한 과정에서부터 나오는 곳에서 그것은 아주 인간적이며 매우 솔직하고 그때문에 또한 매우 믿을 만한 어떤 말일 수 있으며, 동시에 진지하게 신의 문제를 신의 관점에서 진술하고 선포하는 말일 수 있는 기회를 가진다.

그것은 다음과 같은 이중적 위험 사이에서 버티어내지 않으면 안될 것이지만, 그러나 역시 버티어낼 수 있을 것이다. 한편으로는 거짓된 주관주의, 주관적 느낌들의 어리석고도 공허한 확산의 위험과, 또 다른 한편으로는 거짓된 객관주의, 진지하게 진력하지 않으면서 단지 옳은 어떤 것을 암송해 말하고자 하는 거짓된 객관주의의 위험이 그것이다. 따라서 그것은 완전히 인간적인 말인 동시에 완전히 신에 의해서 전권 위임되고 그래서 신적인 말이겠지만, 이 차원들의 하나가 다른 차원을 침해하는 것이 아니다.

이에 대한 한 모델은 아우구스티누스의 『고백록』Confessiones일 수 있다. 그것이 또한 완전히 신의 문제에 대한 증언이며 완전히 신의 관점에서 말하고 있듯이 마찬가지로 그것은 그 일치의 개인적이고 파란만장한 노정의 고백이다. 그것은 개인적인 운명보다 더 위대하지만 생동적이었으며 개인적 운명 안에 존재하는 신에 대한 증언이다.

모든 선포하는 말은 다소간 그러한 점을 가져야만 할 것이다. 신의 위임委任과 그리고 이 위임을 자신의 인간적 실체에서부터 그리고 자신의 인간적 언어 안에서 전해야만 하는 인간의 고투苦鬪 사이에는 끈질긴 긴장이 버텨내져야만 한다. 이렇게 견뎌내진 긴장으로 말미암아 그것은 생동적이고 훌륭한 말일 수 있을 것이다.

다) 신의 이름을 부름

거기에 속하는 다른 차원은 선포자가 신으로부터 유래할 뿐만 아니라, 또한 신을 향해 가야만 한다는 데에 있다. 그는 신의 문제를 자신의 말함의 **내용과 목표**로 삼지 않으면 안된다. 그의 말함은 공적으로 신의 문제를 회중에 제시하고 친숙하도록 해야만 한다. 그러므로 선포자는 또한 이 관점에 따라서 신의 문제인 자신의 문제와 일치하지 않으면 안되는데, 예컨대 그가 낭독하려는 성문서와 일치하면서 또는 그가 설교하면서 제시하려고 하는 온통 신에 관한 그 주제와 일치하면서 그렇게 해야만 한다. 이 방향에서도 우리가 언급하였던 생동적으로 하나됨 또는 동일화의 문제들이 반복된다.

그뿐만 아니라 선포자는 회중 앞에서 신의 이름을 불러야만 하기 때문에, 우리가 언어로서의 기도의 경우에서 이미 다루었던 상징적인 말함의 문제들도 그와같이 반복된다. 다만 여기에서 다음과 같은 사실이 그것과는 구별되고 증대된다. 즉, 말로 나타낼 수 있는 모든 것을 능가하는 것이 이제 공적으로 말해져야만 한다. 그러니까 회중이 어떤 혀로도 더 이상 명명될 수 없는 그것, 우리가 신이라고 일컫는 신비를 알아들을 수 있는 말 안에서 청취하도록 선포하는 동시에 상징적인 말을 통해서 인도되어야만 한다.

선포하는 언어의 사건으로서 여기서 요구될 수 있는 여러 가지 그 동일화는 이 선포언어의 사건을 비로소 정직하고 믿을 만한 것으로 만들 수 있는 것인데, 거기에는 물론 어려움들이 따른다. 그것은 개인적인 삶에서도 집단적 삶에서도 불규칙하게 진행될 것이다. 다시 말해 그것은 때로는 비교적 잘 성사되고 때로는 성사되기가 그리 쉽지 않을 것이다. 그러나 예배는 지속성을 요구한다.

라) 위임委任과 기억

그런 까닭에 하나됨, 즉 선포의 언어의 기저에 놓여 있지 않으면 안되는 동일화는 **위임**Auftrag에 의해 지탱되고 **기억**Erinnerung에 의해 양육되어야 할 필요가 있다.

위임은 선포자를 지탱하여 일정치 못한 그의 개인적 동일화를 극복케 한다. 선포자는 그가 말해야만 하는 것을 알 수 있으며, 그리하여 그의 마음이 흔들리고 두려움에 떠는 동안에도 자신의 위임에 근거해서 그것을 정직하게 말할 수 있다. 그래서 위임은 때때로 흔들리는 개인적 동일화를 지탱해 준다.

위임이 그와같이 지속적으로 동일시하도록 해준다면, 이 지속성은 내적으로는 **기억**에 의해서 길러진다. 동일화의 위대한 순간은, 신적 빛과 말씀 그리고 전율하는 인간 마음의 뛰어난 공속共屬은 사라질 수도 있지만, 기억은 남아서 그 진리를 지속적으로 현재화시킨다. 선포자는 늘상 자신에게 이렇게 말할 수 있다. "언젠가 나는 그것에 대한 깨달음을 얻었다. 그리고 나는 오랜 동안 그것을 알고 있으며, 그래서 그것은 참된 것이다. 그렇기 때문에 비록 깨달음의 광휘가 식어버렸을지라도 나는 그것을 말하지 않으면 안된다." 기억은 이와같이 내면으로부터 남아 있게 하고 그것을 지속시키는데, 이 지속성은 위임에 의해서 외부로부터 떠받쳐지고 지탱되는 것이다.

기억의 이 지속시키는 기능에 대한 모델을 우리는 재차 아우구스티누스에게서 발견할 수 있다(『고백록』 VII.17). 아우구스티누스는 그를 조명하는 신의 경험에 그가 **멈추어** 서 있을 수 없었지만 — "non stabam frui deo meo" —, 그러나 기억이 그에게 남아 — "[M]ecum erat memoria tui" — 그를, 즉 이 문제에 있어 항구적이지 못한 자를 항구적이게 하였음을 고백하고 있다.[1]

그러나 이와 관련해서 개인적 기억을 넘어서 특별한 의미가 있는 것은 **집단적** 기억이다. 그것으로 말미암아 선포자와 그의 문제 사이에서 요구된 그 동일화는 뛰어난 방식으로 조장될 수 있는데, 실로 그것은 선포자를 그의 존재 목적인 회중과 함께 공동으로 지탱할 수 있기 때문이다. 뿐만 아니라 그것은 어쩌면 처음에는 전체 회중의 동일화와 이를 토대로 예배의 전 사건을 지탱하는지도 모른다. 그렇게 되면 결과적으로 선포자와 그의 선포는 선포자 역시 그가 선포하는 말을 통해서 전체 회중에 활력을 불어넣듯이 거꾸로 그 편에서 전체 회중의 전체 사건에 의해서 지탱되어 있는 것이다.

역사에서 출중한 사건들 특히 계시사건들에 대해서도 빈번히 보고된다. 우리는 그것에 대해 그간 이미 여러 번에 걸쳐서 언급해야만 했다. 그것들 안에서 신은 그의 백성의 신으로서 그리고 위대한 계약 상대자로서 계시되었다. 에집트로부터의 탈출을 둘러싼 사건들의 구약舊約의 전통에서 그러했었다. 그때에 신의 문제는 이 백성의 문제가 되었고 이 백성의 문제는 신의 문제가 되었다. 역사적으로 대체로 현저한 집단적 동일화가 시작된 것이다.

이 동일화는 단 한 번뿐인 사건으로서는 지나간 것이기는 하다. 그러나 그것은 기억 안에서 오랜 기간에 걸쳐서, 더 나아가 오늘에 이르기까지 계속해서 백성의 의식意識을 **그의** 진리로서 규정지었다. 그리하여 기억 또는 기념의 개념

---

[1] Augustinus, *Confessiones* VII, 17, 23.

이 예배와 축제를 위해 근본적인 것이 되지 않을 수 없었을 정도로 그것은 선포와 예배의 사건 안에서 늘상 새로이 쇄신되는 것이다.

신약新約의 질서에서 그것은 예수의 인격과 운명과 결합된 계시사건이다. 이것은 근본적인 것이다. 여기에서도 동일화가 나타난다. 자신을 계시하는 신은 구원하면서 사멸할 죄많은 인간의 문제와 일치한다. 그래서 인간들은 그 편에서 신앙 안에서 그와같이 자신을 계시하는 신과 일치하도록 불리어졌다.

이 사건 역시 단 한 번뿐인 사건으로서는 지나간 것이기는 하다. 그러나 그것은 늘상 새롭게 되면서 신앙의 기억 안에서 지속적으로 빛난다. 그것은 새로운 회중, 그리스도교적 교회를 늘상 일깨우고 규정짓는다. 그것은 특히 그리스도교적 예배, 성체성사의 거행을 규정짓고 떠받친다. 성체성사의 거행은 본질적으로 주님의 죽으심과 부활하심을 새롭게 하는 기념이다. 그런데 선포는 이 기념의 한 요소이다. 그것은 그것의 기억된 힘으로 살아가며, 거기에 계시된 구원자 신을 이 기억된 일치의 힘에서부터 그리고 동시에 현실을 살아가는 회중 안에서 그것이 새롭게 되도록 회중에게 늘상 새로이 제시한다.

그러니까 여기에서 우리가 상대하고 있는 것은 전체 예배사건을 규정짓고 늘상 선포할 수 있게 하고 그것을 떠받쳐주는 막강한 집단적 기억들이다.

선포를 가능케 하는 그 구성적 의미를 우리가 우선은 개인적 모델에서 추론했던 기억은 이렇게 근본적으로 확대됨으로써 비로소 그 충분한 의미를 지니고서 등장한다. 여기서 그것은 또한 위임과 합생合生하여 그것과 하나된다. 그것이 그러했기 때문에, 나는 그처럼 말하도록 위임받고 있다. 그리고 내가 위임을 받고 있기 때문에, 나는 옛 진리 안에 있으면서 그것을 새로이 알리는 것이다.

마) 회중과의 언어 공동체

선포의 말을 말하고자 하는 사람은 누구나 특히 **회중**과도 대면해 있다. 그는 다른 사람들에게 인간으로서, 회중의 공개성에 그 자신으로서 말하는 것이다. 따라서 이 관점에서도 그는 말하면서 단지 그 자신일 뿐인 것 그 이상이지 않으면 안된다. 그의 말들은 그의 것들로서는 다른 자아들과의 차이, 어쩌면 긴장을 극복하지 않으면 안된다. 그가 선포하는 말들 안에서 그의 문제는 우선 신의 문제가 되어야만 하고, 그런 다음 또한 전체 회중의 문제가 되어야 한다. 따라서 그는 회중과도 일치해야만 하며, 회중은 그와 일치할 수 있어야만 한다. 오로지 그렇게 함으로써만 그는 언어적으로 회중과 통교할 수 있는 것이다. 한데 그의 통교가 성공함으로써 그가 선포하는 말의 의미는 비로소 성취된다. 왜냐하면 신과 그의 말의 사안事案이 모든 이의 사안이 되고 또 신의 계시가 모든 이의 문제로서 모든 이 안에 새롭게 되기 위해서 말해지는 것이기 때문이다. 그런데 이것은 언어적 통교의 도상에서 발생해야만 하는 것이다.

그 까닭에 선포하는 말의 통교적 기능은 말하는 자가 그의 청중과 언어적 공동체 안에서 살아가고 그래서 그들의 언어를 말할 수 있음을 전제한다. 그러나 이 언어적 공동체는 생활 공동체Lebensgemeinschaft이다. 그것은 이해관계의, 관심사의, 기쁨과 곤궁의 공동체이며 또한 변화하는 생활 환경들, "삶"이라는 말의 내용을 이루는 일체의 것의 공동체이다.

이 언어- 및 생활공동체는 자명한 것이 아니다. 특히 선포자가 통상적인 경우에 회중과 관련하여 담당하는 특별한 역할 때문에, 예컨대 사제의 특수 역할 때문에 그것은 자명한 것이 아니다. 이 상황은 선포자가 오랫동안 특수 집단에서 살았고 부분적으로는 여전히 살고 있다는 사실의 필연적인 결과라는 것은 종종 있는 일인데, 그러한 집단들 안에서 집단 특유의 언어가 형성된 것이다.

그러나 이 집단 특유의 언어는 우리의 경우에서는 회중과의 통교적 결속을 위해 돌파되어야만 하는 바로 그것이다. 공개적인 회중 안에서 선포하면서 이 특유의 언어를 떠날 수 없게 되면 선포하는 말은 만연된 그 일그러진 형태로 나타난다. 이 기형화 안에서 화자話者는 언뜻 이해할 수 있게 말하기는 하지만 그것은 낯설고 인위적인 언어처럼 들린다. 그리고 청중이 듣기는 하지만 아무것도 그들의 심금을 울리지 못한다. 말함은 다만 그들 앞에서 맴돈다. 그들은 들으면서도 듣는 것이 아니다. 왜냐하면 언어가 그들의 것이 아니며 또한 그들의 것이 될 수 없고 따라서 근본적으로는 그들에게 낯선 것으로 머물지 않을 수 없는 언어놀이를 하고 있기 때문이다. 언어적 통교는 피상적인 외양外樣으로 머물고 동류 인간의 현실의 깊이에서는 결코 이루어지고 있지 않은 것이다.

이 기형화는 선포하는 말이 구성되는 데에 있어 선포자와 회중의 순수한 언어- 및 생활 공동체가 갖는 근본적인 의미를 보여준다.

이 언어 공동체는 물론 여러 차원의 구조를 갖는 공동체이다. 회중의 언어, 사람들이 일상적으로 서로 주고받는 그 언어는 표면적인 것일 뿐만이 아니다. 거기에는 또한 그 깊이도 있다. 그것은 있을 수 있는 일체의 표면적인 것을 말하고 종종 모든 사람들의 은어隱語 안에서 표현된다. 그러나 이 표면적 언어 안에서 더 깊은 것이 눈에 띄지 않게 함께 표현된다. 그것은 공개된 말 안에서는 단지 드물게 알려지는 것이지만, 그러나 노련한 사람들은 단어들의 선택과 구조, 그것들의 전개와 리듬, 그것들의 생략 등에서 알 수 있는 것이다. 사람들의 잡담 배후에서 또 그 안에서 불안과 고독, 소심한 희망들과 감추어진 절망들 그리고 그와 유사한 많은 것들이 매우 자주 드러난다. 언어는 그것이 표면적으로 진행되면서 감추어짐과 동시에 드러나는 그 토대를 가진다.

이에 대해서 우리는 지그문트 프로이트Sigmund Freud와 그의 방법, 즉 자신의 환자들의 언어를 분석하여 이 언어의 토대와 배후를 밝혀내고자 한 방법을 회상해도 좋을 것이다. 특히 폴 리꾀르Paul Ricoer가 해석의 기술을 위해 거기에서부터 향상시킨 그것을 상기해도 좋다.[2] 철학적 단초는 훨씬 폭넓게 적용할 수 있게 해주며 성적인 것의 범위를 훨씬 넘어서는 토대들을 찾아내게 해준다.

이 토대들 안에는 신과 그의 메시지에 대한 민감성, 청취 및 이해 능력 역시 간직되어 있으며, 게다가 이 메시지들이 언어 관습의 표면에서는 더 이상 이해되기 어려운 낯선 말들이 되어버린 거기에서조차 우리는 그러한 것이 간직되어 있다고 추정해도 좋은 것이다. 그러나 이 토대들과 이와 함께 이러한 민감성은 설명을 필요로 한다.

선포자가 그의 회중과 이루는 그의 언어- 및 생활 공동체 안에서 단지 표면

---

[2] 참조: P. Ricoeur, *De l'interprétation. Essai sur Freud* (Paris 1965). 독어판: *Interpretation. Der Versuch über Freud* (Frankfurt 1969). 리꾀르는 S. 프로이트의 철학적 의미를 강조하여 지적하였다. 이에 대해서는 J. Rütsche, *Freud in der französischen Philosophie*, 수록: *Philosophisches Jahrbuch* 78 (1971) 401-422를 참조하라.

적인 것뿐만 아니라, 또한 언어의 암시된 깊이와도 바로 결속되어 있다는 사실은, 그러니까 그가 드러나 있는 것 안에서 숨겨져 있는 것을 듣고 감지할 수 있으며 적절한 경우에는 그것에 관심을 기울이고 그것을 조심스레 해명할 수 있다는 사실은 선포를 위해 중요한 의미가 있다.

왜냐하면 이것은 선포자에게 그의 수취인, 즉 회중 내의 청취자들을 우선은 그들이 평소에 행동하는 언어적 수준에서 마중나가는 것이지만, 그 다음에는 배후 및 토대들, 감추어진 불안과 희망들 또 거기에 속하는 것을 조심스레 해명할 수 있는 가능성을 주기 때문이다. 그럴 경우 이것은 진정으로 청취될 수 있는 비할 데 없는 가능성을 허락하는 것이다. 그 까닭은 말하는 자가 참으로 나의 경우에서 말하고 있다고 많은 사람들이 이제 감지할 것이기 때문이다.

바) 선포의 당혹케 하고 마음을 사로잡는 특성

그와같이 선포자가 적합하게 신과 하나되고 또 회중과 하나되었다면, 그는 선포하는 말씀을 말할 수 있는 가능성을 가진다. 말씀은 신으로부터 회중에로 가는 길을 내야만 한다. 이 길 또는 신으로부터 회중을 향해 싹트는 이 관계에 모든 것이 마침내 달려 있다. 이 생동적인 관계성에서부터 선포하는 말씀의 방식이 무엇보다도 우선적으로 규정되어야만 한다.

말씀은 신과 그의 지시를 사람들에게 공개해야만 한다. 그러나 마치 그러한 공개에 의해서 신을 그의 신비에서 벗어나게 할 수 있거나 그렇게 해도 좋은 듯 그렇게 하는 것이 아니다. 그것은 신을 다름아닌 신비로 명료하게 드러내고 회중이 그것을 감지할 수 있게 해야만 한다.

회중에게 신을 이렇게 공개함과 더불어 말씀은 또한 회중의 마음을 밝혀 신 앞에서 그리고 신과 신의 지시에 드러나도록 하지 않으면 안된다.

신과 회중이 그와같이 말씀에 의해 서로에게 공개됨으로써, 말씀이 닦는 도상에서는 신으로부터 회중과 회중 안에 있는 한 사람 한 사람에게로 향한 변화시키는 어떤 접촉이 있을 것이다. 왜냐하면 선포의 말은 적중하고 당혹스럽게 하고 마음을 움직이고 변화시키기 위해 존재하기 때문이다.[3]

이는 그것의 과제이며 거기에서부터 언어의 방식이 결과한다. 그것은 단순히 정보전달의 방식이 아니다. 그것은 신학적 사태를 단순히 제시하는 객관적인 비관련성이 아니다. 오히려 그것은 신학적 사태가 적중하고 변화시킬 수 있도록 그것을 선포해야만 하는 것이다. 물론 모든 선포하는 말에는 정보전달적 요소들도 내포될 것이다. 그러나 선포 안에서 그것들은 명료하게 드러내고, 당혹케 하며 감동시키는 말함에로 융해되고 지양되어 분출된 것이지 않으면 안된다.

사) 선포와 회중

선포의 말씀은 그것이 그 스스로를 올바로 이해할 경우 회중과 그 공개성을 정초하고, 또 그것이 이미 성립해 있을 경우에 그것을 쇄신하고 이 쇄신 안에서 회중의 공개성을 지탱하고 구성하는 토대를 새롭게 느낄 수 있도록 하는 힘도 가지고 있다. 누군가 어떤 비범한 것을 말해야만 하는 경우 사람들이 모이고 거기에서부터 회중이 형성되며 그리고 회중의 공개성이 생겨난다. 선포는 회중을 만든다.

그러나 또한 그 반대도 성립한다. 회중과 그 공개성은 또한 선포자와 그의 선포 역시 정초하고 지탱한다. 선포자는 사람들이 모였기 때문에 또는 그들이 모이기 위해 자신의 말을 말하는 것이다. 이 집합이 그를 지탱해 주는 것이다. 그가 회중을 새롭게 불러모을지라도, 회중은 그를 장래의 가능성으로서 지탱하는 것이다. 그들의 함께 있음 또는 가능한 집합의 공개성이 이 공개성을 마찬가지로 조성하는 선포하는 말씀 역시 지탱하고 움직이고 가능케 한다. 여기에서도 논증의 한 순환이 있는 것이다.

---

[3] 이와 관련해서 J. L. Austin의 언어행위의 이론이 참조될 수 있다. 특히 E. v. Savigny, *J. L. Austins Theorie der Sprechakte*를 참조하라. Austin의 가장 중요한 작품 *How to Do Things with Words* (Oxford 1962)에 대한 Savigny의 독일어 개작 *Zur Theorie der Sprechakte*, Stuttgart 1972, 7-20에 게재됨. 특히 거기에서 해석된 "illocutionary act"와 "perlocutionary act"로서의 언어행위들의 이론이 지적되어야만 한다. 이에 대해서는 B. Casper, *Sprache und Theologie*, 상게서, 41-57에서 제시되는 훌륭한 해석을 보라. 나는 이것을 인용하지만 사태를 덜 형식적으로 파악하는 것을 선호하였다.

3. 회중의 기도

예배사건의 범위 안에서 선포로서의 말에 상응하는 것은 **회중의 기도**로서의 말씀이다. 선포의 말 안에서 우리가 살펴보았듯이 한 인간이 신의 이름으로 회중에게 말한다. 회중의 기도 안에서 회중은 신에게 말한다. 둘은 말씀과 응답처럼 함께 속한다. 대화적 사건처럼 그것은 함께 속한다. 모든 기도 안에 살아있는 종교의 단일한 순환이 회중의 공개성 안에서 그리고 이 대화 안에서의 예배사건 안에서 단계적으로 펼쳐진다. 그것은 또한 선포와 기도라는 이 두 가지 말씀의 방식들이 동일한 것에 함께 속하는 것이지 이 대화적 일치에서 분리되어서는 안된다는 것을 의미한다.

그럼에도 불구하고 단계적으로 펼치는 예배의 본질을 근거로 하나씩 차례로 고찰될 수 있다. 그래서 언제나 이 대화의 순환에 머물고 선포로부터 유래하면서 우리는 이 단일한 것의 다른 측면, 즉 회중의 기도에 이제 우리의 관심을 기울인다.

회중의 기도는 여하튼 하나의 기도이며, 우리는 거기에서 우리가 이미 언어로서의 기도에서 논의했던 모든 계기들을 상기할 수 있다. 우리는 그것을 반복할 필요는 없다.

그러나 그 이외에도 예배사건과 관련하여 그것을 회중의 기도로서 특징짓는 특별한 상황들이 논의될 수 있다. 기도는 여기에서 회중의 기도이다. 그러니까 이제 기도하는 것은 전체 회중이다. 그것은 어떤 공적인 사건이다.

외적인 과정에서 보면 이것은 한 사람이 주송主誦하고 모든 이가 더불어 기도한다는 데에서 나타나든가 아니면 모든 이가 공동으로 기도하는 데에서, 아니면 하나의 대화에서처럼, 예컨대 호칭기도에서 주송자와 회중이 교대하는 데에서 표현된다.

기도의 사건이 모두가 모두를 위해 그리고 각자가 각자를 위해 실행된다는 것, 모두가 생동적인 사건 안에서 하나라는 것은 거기에 본질적으로 속한다.

이것은 다시금 모두가 모두와 생동적으로 통교함, 실행된 어떤 연대성을 전제한다. 모두의 그리고 각자 저마다의 문제가 회중의 기도 안에서 신의 신비에로 확산되고 부어넣어져야만 한다. 그리고 신은 거기에서 모두의 그리고 각자 저마다의 신으로서 나타날 만큼 그와같이 탄원되어야만 한다. 회중의 기도의 이 연대적이고 통교적인 특징은 그것의 언어적 표현 양식을 위한 결정적인 결과를 낳게 될 것이다.

회중의 언어에는 가능한 것은 아니지만, 개인의 언어에는 때때로 비범한 것이 가능할지도 모른다. 그러나 회중의 언어는 각 개인이 다른 이들을 고려해야 하고 다른 이들의 관심사와 가능성들과 연대해야만 한다는 사실을 그들에게도 상기시킬지 모른다. 그리고 각 개인이 혼자서는 발견하지 못했을 어떤 것이 모두에 의해서 그리고 전체로부터 가끔 그에게 요구되어야 할 충분한 이유가 있는 것이다. 그와같이 함으로써만 회중의 기도의 주체로서의 우리das Wir가 또는 객체로서의 우리das Uns가 책임성이 있을 수 있을 것이다.

회중의 기도를 특별히 특징짓지 않을 수 없는 또 다른 것은 예배적 전체 사건의 맥락 안에서의 그것의 위치이다. 우리는 회중의 기도가 대화의 일치 안에서 선포의 말씀과 하나의 전체를 이룬다는 사실을 이미 지적하였다. 또한 회중의 기도는 선포와 더불어 공동으로 예배사건의 전체에 속한다. 이 전체는 우리가 곧 알게 되겠지만, 또 다른 계기들도 가지고 있다. 그러나 모든 요소는 전체에 속해야만 하며 그것이 하나로 모아지는 것을 파괴해서는 안되고 증대시켜야만 한다. 그런 까닭에 어떤 계기도, 회중의 기도처럼 중요한 계기도 전체를 고려해야 할 필요에서 면제되어서는 안된다. 그것은 이 포괄적인 연관에서 유리되어 그것의 독자적인 의미에 따라서 개진되어서는 안된다. 그렇지 않으면 예배는 연결되지 않은 부분들을 단지 모아놓은 것이 되기 쉽다.

이 관점은 회중의 기도의 언어를 한편으로는 완화시키고 또 개인적 기도에서는 아마도 의미있을 수는 있겠지만 지나치게 방만해지는 것을 방지해 줄 것이다. 그리고 선포에서도 그리고 예배의 여타 요소들에서도 표현되듯이 그것은 이 기도의 전체를 내용적으로 예배사건의 전체에로 정렬시킬 것이다.

왜냐하면 펼쳐진 요소들의 전체의 생동적 연관 안에서만 전체 예배의 의미, 즉 친교Communio가 신과 인간의 그리고 인간과 신의 그리고 그 점에서 또한 인간들 서로간의 생동적 공동체가 사건 안에서 나타날 수 있기 때문이다.

예배로서의 기도 II: 실재 상징적 행위로서의 예배

예배의 사건은 모두 실재 상징적實在象徵的 행위들 안에서 마침내 모인다. 그것들 안에서 예배의 결정적인 것이 발생한다.[1]

실재 상징적 행위들로 우리가 이해하고자 하는 것은 말들만이 상징들로 사용될 뿐만 아니라, 말들과 더불어 현실세계의 사물들도 사용되는 그러한 행위들이다.

1. 실재 상징적 행위로서의 언어

이것을 이해하기 위해서는 우리는 다시 한번 언어에 대해 숙고해야만 한다. 왜냐하면 실재 상징적 행위들은 언어의 완전하고 근원적인 형태로서 이해될 수 있기 때문이다.

언어는 원래 "총체적으로-생생한" 사건이다. 순수한 의미로 말하는 사람은 누구나 말함의 기관들 예컨대 혀와 입술만을 움직일 뿐만이 아니다. 그는 또한 전체 얼굴과 특히 얼굴 전체가 탁월하게 집합되어 있는 그의 눈들도 움직인다.

---

[1] 예배에 대한 최근의 논의와 관련하여 나는 특히 R. Schaeffler와 Peter Hünermann의 연구들을 지적한다. R. Schaeffler는 풍부한 종교사적 자료를 재수용하여 예배를 신적인 것이 쇄신하며 임재(臨在)하도록 해주는 원형행위의 모상행위로 설명하였다. P. Hünermann은 예배를 알기 쉽게 통교적 행위로 설명하였다. 참조. R. Schaeffler/P. Hünermann, *Ankunft Gottes und Handeln des Menschen. Thesen über Kult und Sakrament* (Quaestiones disputatae, Bd. 77) (Freiburg i.Br. 1977). Schaeffler에 관해서는 또한 다음과 같은 논문을 보라. *Kultus als Weltauslegung*, 수록: B. Fischer u.a., *Kult in der säkularisierten Welt* (Regensburg 1974). 나는 이러한 중요한 논문들을 명확히 지적하지만, 그러나 그것들을 고려해서 자신의 단초를 일관되게 전개해 나가는 것이 내게는 중요한 것 같다.

그는 또한 그의 손들도 움직이며 그의 얼굴과 손들과 함께 그의 전 육체를 움직인다. 이 모든 것은 언어의 사건에 함께 속한다. 언어가 본래대로 충분히 전개되는 곳에서 그것은 정말 "총체적으로-생생한" 사건으로서 전개된다. 이 "총체적으로-생생한" 사건의 부분 영역들이 제외되거나 중지될 경우, 말함은 그것의 원상태를 유지하지 못하고, 오히려 이차적이고 인위적인 불완전한 형태로 존재한다. 그럴 경우 그것에 꼭 필요한 차원들이 충분히 전개되지 못한 것이다. 왜냐하면 전 육체가 함께 말하는 것이기 때문이다. 또는 더 적절히 표현해서 육체적 인간으로서의 전체 인간이 말하는 것이기 때문이다.

그러나 전체로서 언어에 속하는 인간의 생생함은 단지 육체와 그 운동들뿐인 것 그 이상이다. 존재, 즉 살아 있는 인간의 생동적 현존재의 사건은 하이데거의 말에 따르면 "세계-내-존재"In-der-Welt-Sein이다.[2] 즉, 그것은 우선 그리고 더 상세히 말해 다른 이들과 "함께 있음"이며 함께 있음 안에서 세계의 사물들과의 "관계를-가짐"이다. 순수한 의미로 말하는 사람은 누구나 어떤 무엇을 하면서 다른 이들에게 또는 다른 이들과 서로 말한다. 언어는 한 인간이 다른 인간과 더불어 어떤 일에 착수하여 어떤 무엇을 하는 행위의 연관에 속한다. 우리는 어떤 기계 또는 부품을 다룬다거나 함께 식사하고 마신다거나 또는 함께 산보한다거나 따위를 하면서 다른 이들과 말한다. 이 모든 것은 현실세계 내에서의 행위들이다. 즉, 사물들의 세계 내에서의 행위들이다.

따라서 언어는 그 순수하고 완전한 의미로 볼 때에 세계 내에서의 우리의 살아 있는 현존재의 전체적인 맥락 안에서의 한 요소이다. 그래서 언어는 생 전체의 한 요소인데, 그것은 이 생 전체가 더 폭넓고 원래적인 의미로 또한 언어로 파악될 수 있을 정도이다. 우리는 예컨대 손으로 어떤 집을 가리켜 누군가에게 그것을 보여줌으로써 말하기도 한다. 또는 우리는 잔을 들거나 공을 차거나 자동차의 신호등을 켜거나 따위를 함으로써 말하기도 한다. 말함의 전체는

---

[2] 이에 대해서는 M. Heidegger, *Sein und Zeit*, I, 12와 I, 13을 참조하라. 수록: *Gesamtausgabe*, Bd. 2, F.-W. von Herrmann 간행 (Frankfurt a.M. 1977) 71-84. 이것과 칼 라너의 초기 연구 K. Rahner, *Geist in Welt* (München ²1957)가 토미즘적 관점에서부터 또한 비교될 수 있을 터이다.

생 전체가 해석되어 드러나는 탁월한 방식이다.

좁은 의미의 말언어Wortsprache는 행위가 이미 말하고 그러니까 행위의 로고스라고 일컬어질 수 있는 그것을 드러내고 해석하면서 이 연관에 속한다. 말언어는 그것이 속하는 행위의 로고스를 드러낸다. 그러나 그것은 행위의 이 로고스에 의해 마찬가지로 지탱된다. 그래서 발설된 말은 그 자신의 말을 드러냄으로써 행위의 뜻을 밝히고 행위는 말을 지탱함으로써 그것을 설명한다.

말이 행위의 로고스를 드러내기 때문에, 언어는 또한 자유롭게 비상飛翔하면서 행위에서 벗어난다. 이것은 예컨대 강연에서 그리고 더 심도있게는 시詩에서 언제나 발생한다. 하지만 발설된 말은 그렇게 자유롭게 고양될 때라도 발설된 언어의 자유로운 비상조차 여전히 속해 있는 그 행위 전체에 도로 연관되어 있다.

발설된 말이 행위의 로고스를 드러내기 때문에, 한편으로는 발설된 말의 영역들과 또 다른 한편으로는 행위의 영역들이 분리될 수도 있는 것이다. 이 분리의 가능성은 모든 표현이 갖는 분리하고 따로 떼어놓는 특성과 상응한다. 그러나 이렇게 분리되면서도 영역들은 자신을 표현하고 그와같이 표명하는 생의 단일한 것에로 서로 귀속되어 있다.

이런 의미로 언어가 원래의 완전한 것이기 위해서는 행위하면서 현존재하는 살아 있는 인간이 필요하다. 그리고 언어행위의 영역으로서의 "함께 있음"의 개방성 또는 "함께 있음"의 공개성이 거기에 필요하다. 그리고 언어행위가 이루어지기 위한 수단인 바 그것으로서의 세계의 사물들이 거기에 필요하다. 말하는 자가 말하고 행위하면서 세계의 사물들을 다루는 가운데에 이와같이 움직이고 공개됨으로써 이 사물들 자체가 인간을 움직이는 그것의 표징 내지 상징들이 된다. 그것들은 함께 말하는 것이다. 그래서 언어는 — 전체 맥락에서 보면 — 그 자신의 본질에 의해 실재 상징적 행위인 것이다.

언어가 이와같이 파악되면 그것이 세계의 활동 공간에 적절히 적응해야만 한다는 것도 명백해진다. 그러나 세계의 활동 공간은 시공간적이다. 그런 까닭에 우리는 모든 것을 임의의 모든 시간에 행하거나 말할 수 없으며 또 모든 것을 임의 모든 장소에서 행하거나 말할 수 없는 것이다. 다시 말하면 실재 상징적 행위로서의 언어는 알맞은 시간과 알맞은 장소를 필요로 한다. 그것은 이런 의미로 실재적 상징행위의 활동 영역으로서의 시공간적 세계의 아주 명확한 질서를 필요로 한다. 이 질서의 척도들이 어디에서 취해지는가라는 문제는 우선 미해결인 채로 남아 있지 않으면 안된다.

언어가 이 생동적 연관들로부터 유리된다는 것은 물론 널리 만연된 현대적인 한 추상이다. 신문과 텔레비전에서 언어는 그것의 생의 연관으로부터 대부분 유리되어 나타난다. 추상적인 언어분석적 고찰에서 유사한 단절이 나타난다. 그럼에도 불구하고 거기에는 전체 생의 연관이 필요하며 우리가 오로지 언어의 사건만을 편견 없이 고찰할 경우 그것은 늘상 나타난다.

2. 실재 상징적 행위로서의 예배언어

그러므로 종교의 실행이 원래의 충분한 의미로 표현되어야 한다면, 회중이 함께하고 사물들을 다룸에 있어서 그 나름으로 생생하게 행해져야만 한다. 신에 대한 관계가 전반적으로 표명되어야 한다면, 그것은 바로 그것의 본질상 언어의 근원적이며 전체적인 것을 요구하며 불충분한 추상들로는 만족하지 않는다. 왜냐하면 신이 신앙하는 자에게는 모든 것을 망라하듯이 그는 또한 모든 것을 요구하기 때문이다. 따라서 언어의 이와같이 요구된 완벽함과 전체성 때문에 언어로서의 기도는 스스로 실재 상징적 행위가 된다.

그리하여 언어의 말은 그러한 행위들에 있어서 행위가 관계하는 사물들의 언어와 연결된다. 이에 대해 아우구스티누스는 다음과 같은 간략한 표현을 창안해 냈다. "accedit verbum ad elementum, et fit Sacramentum, etiam ipsum tanquam visibile verbum"(말씀이 요소에 접근하면 성사가 된다. 바로 그것 마저 볼 수 있는 말씀처럼 된다).[3]

---

[3] Augustinus, *In Johannis Evangelium* 80, 3 (PL 35, 1839).

물론 종교적 맥락 안에서 실재 상징적 행위는 일상적인 말함에 비하여 독특하게 변경된다. 종교적 맥락 안에서 실재 상징적 행위로서의 언어는 모든 내재적 기능적인 연관들로부터 자유롭게 된다. 그렇게 하여 그것은 탈목적인 것이 되는데, 적어도 목적이라는 말로 내재적인 목적이 이해될 경우에 그렇다. 이 탈목적성으로부터 예배의 실재 상징적 행위와 놀이의 유사성이 나온다.

그럼에도 불구하고 종교적 맥락 안에서 실재 상징적 행위의 해방은 언어 사건의 감소가 아니라 증가를 의미한다. 왜냐하면 이제 문제가 되는 것은 모든 말들과 몸짓들 그리고 행위들보다 비교할 수 없을 만큼 더 큰 신비를 말하고 행위하면서 관계하는 것이기 때문이다. 이 "Deus semper maior"(언제나 더 크신 하느님)는 언어와 생생한 몸짓이 증가됨으로써 일체의 목적들을 능가하여 나타내진다. 사람들은 축제적인 분위기에 의해서 더욱더 생생하게 나타난다. 예컨대 서 있음, 몸을 굽힘, 무릎을 구부림, 앉아 있음, 일어섬, 손을 벌림, 손을 접음에서 생생한 놀이가, 모든 내재적 목적들을 뛰어넘어선 한 놀이가 이루어진다. 생생한 동작들이 말들을 동반한다기보다는 오히려 그 자체가 언어적 요소들이다. 그리고 회중의 바로 그 생생한 동작들은 증가되는 경향을 가진다. 그래서 회중은 예배적 공간 안에서 예컨대 증가된 형태의 행렬行列로 움직인다. 혹은 예배적 춤의 고조된 모습이 등장한다. 이 모든 것은 생생한 언어 몸짓들이 증가되는 형태들이다. 그리고 이 증가에 의해 엄청난 신비와의 관련이 회중의 "함께 있음"의 공개적인 것이 된다.

그러나 실재 상징적 행위로서의 언어의 "사물-차원"은 예배 안에서 어떠한가? 언제나 문제가 되고 있는 신의 신비는 물론 사물事物이 아니다. 그리고 인간에 대한 신의 관계와 신에 대한 인간의 관계 역시 사물이 아니다. 따라서 사물들 역시 이제 실재 상징적 행위의 맥락에서는 실재적인 **상징들**로서 나타나지 않으면 안된다. 그리고 바로 이 이유로 말미암아 우리는 실재 상징적 행위에 대해 말하는 것이다. 인간은 실재적인 상징들로서의 사물들을 다루는 가운데 자신을 해석함으로써 자신의 종교적 활동을 특별하고 매우 구체적인 방식으로 드러나게 해석하는 것이다.

사물들의 사용 안에서 신에로 향한 인간의 운동과 인간에로 향한 신의 운동이 드러난다. 그런데 인간은 언제나 그의 세계 내에 존재하고 그의 세계와 더불어 존재하는 인간이므로, 사물들은 그것들의 움직임 안에서 또한 신 앞에 있으며 신을 향해 움직여진 것으로서의 세계를 가리키고 또 세계를 넘어서 있으면서도 세계에로의 경향을 지닌 신을 가리킨다. 그것들은 예배의 생동적 행위에로 받아들여짐으로써 그렇게 하는 것이다. 그것들은 신과 인간을 그리고 신과 세계를 보여줌과 동시에 은폐한다.

그러나 사물들 역시 내재적인 기능적 연관들에서 풀려나 그것들의 피조물적 기원성起原性에로 마땅히 되돌려져야 한다. 피조물적 기원성에로 이와같이 환원됨으로써, 인간이 인위적으로 만들 수 있는 일체의 것으로부터 이와같이 분리됨으로써 사물들은 비로소 뚜렷하고 의미함축적인 것이 되며 신비의 표징들이 된다. 그것들이 그것들의 피조물적 기원성과 단순성 안에서 나타나면 날수록 그만큼 더 그것들은 또한 모두와 상관이 있는 보편적인 것을 가리킨다. 그러나 그것들이 예컨대 기술적으로 가공되는 즉시 그것들은 이 보편성을 상실하고 특정의 목적들을 위해 전문화된다.

그런 까닭에 사람들은 예배 안에서 예컨대 물과 관계하며, 그래서 제식적祭式的 씻음과 목욕하는 행위들이 있는 것이다. 예컨대 세례의 경우가 그렇다. 이 행위들은 실재 상징적·예배적 행위들이다. 그러나 사람들이 예배의 행위에서 관계하는 것은 향수와 비누가 아니다. 혹은 사람들은 예배 안에서 불타오르는 불과 또 타면서 비추는 등불들과 관계한다. 그러나 사람들이 여기에서 근본적으로 관계하는 것은 그것이 설령 유익한 것일지라도 물리적인 전기 현상이 아니다. 더 나아가 사람들은 예배 안에서 빵과 포도주, 즉 단순하고 보편적인 먹고 마심의 단순하고 원기를 북돋우는 요소들과 관계한다. 그러나 사람들이 예배 안에서 관계하는 것은 고급 과자와 샴페인이 아니다.

왜냐하면 신비를 보존함과 동시에 공개하는 것은 어디에서나 단순하고 근원적인 것이어서, 회중의 단순하고 기초적인 행위들 안에서 다루어지면서 그것은 모두에게 관계될 수 있기 때문이다. 복잡한 것은 전문가들에게는 학문적으로 설명될 수 있는 반면에, 단순한 것은 언제나 그 깊이를 알 수 없는 것이며 보편적인 것이다.

그러한 행위들의 요소들로서의 사물들은 스스로 행위하는 신과 또 그가 회중과 함께 행동하고 회중이 그와 더불어 행동하는 그 방식을 표현한다. 그것들 안에서 신은 회중 한가운데에서 행동한다고 이제 이해되는 것이다. 그런데 그러한 것을 말하면서 그것들은 또한 회중이 된 사람들로 하여금 그 편에서 행동하면서 생활한 신의 영역에로 들어가도록 촉구한다.

그래서 예컨대 사람들의 어둠을 밝히고 그들을 기쁘게 해주면서 빛이 출현한다. 그것은 상징적 행위로 정말 어두컴컴한 공간 안에서 실제로 점화된다. 그럴 경우 그것은 인간의 삶 속에로 신이 들어왔음을 상징적으로 말한다. 혹은 사람을 깨끗이 씻고 생기를 북돋아주는 한에 있어서, 물이 출현한다. 상징적 행위로써 인간이 실제로 씻는 가운데 실제의 물과 정말로 접촉한다. 이로써 그가 깨끗해지고 생기를 얻게 된다는, 즉 신에 의해 소생된다는 것이 의미된다. 그래서 씻음은 동시에 성사聖事, 즉 신의 소생시키는 작용의 그릇이 된다. 혹은 음식과 음료 특히 빵과 포도주가 출현하는데, 인간의 생을 새롭게 하는 한에 있어서 그것들이 출현하는 것이다. 그것들은 성사적 상징들로서 봉헌되고 상징들로서 먹고 마셔지는 것이다. 즉, 상징적으로 회중은 그들의 생을 신에게 봉헌하고 신은 또한 새로운 생명을 베풀어준다. 성사가 제물이 되는 것이다.

그러니까 이미 단순한 기도에서 암시되고 예배 안에서 선포와 기도의 대화를 통해서 나타났던 그것이 이제 새롭게 상징적 행위의 언어 안에서 나타나는 것이다. 신은 행위자로서 인간에게 접근하고 인간들은 스스로 행위하면서 신에게 접근하는 것이다. 그래서 행위들과 그 상징들은 선포적 의미를 가지며, 신이 주도적으로 작용하며 가까이 있음을 선포한다. 동시에 그것들은 기도하는 의미를 가진다. 그것들은 그것들의 사건 안에서 신에게 기도하면서 귀의하도록 사람들을 안내한다. 재차 종교의 순환 논법이 나타난다. 실재 상징적 행위들은 생의 이 순환을 실행하고 그것을 자신의 언어 안에서 늘 더 위대하며 결코 완전히 파악될 수 없는 바로 그것으로 드러낸다. 그렇게 하면서 실재 상징적 행위들은 예배와 그것의 모든 말들의 사건 전체를 모은다. 회중의 기도와 선포 역시 실재 상징적 행위에 편입된다. 그리고 이 행위 안에서 그것들이 표현하는 그것이 출중하고도 충만되게 비로소 나타난다. 왜냐하면 실재 상징적 행위 안에서 그것들이 이미 말로써 뜻했던 바로 그것이 현실적으로 실행되기 때문이다. 그래서 이 행위는 기도의 말과 선포의 말이 뜻했던 것을 모아서 그것을 전체 예배적 사건에로 가져오는 것이다.

3. 예배의 활동 공간으로서의 거룩한 시간들과 장소들

실재 상징적 행위로서의 예배의 언어에는 마찬가지로 세계가, 그러니까 행위가 이루어지는 그 활동 공간이 속하는데, 그러한 활동 공간으로서 세계는 행위에 함께 속한다. 그것은 시공간적으로 펼쳐져 있는 세계이다.

즉, 예배적 행위가 완전히 형성되려면 공간-시간의 활동 영역에 행위가 또한 예배적으로 적응될 필요가 있다. 어떤 시간들도 어떤 장소들도 모두가 완전히 형성된 예배적 행위에 똑같이 적합한 것은 아니다.

현대인의 의식에는 시간은 스스로는 아무런 선호된 위치를 제시하지 않는 차별없는 연속체의 특성을 갖는 한 차원으로서 나타날 뿐이다. 그것은 말하자면 무형의 것으로, 그리스인들의 *Apeiron*(무제한적인 것)으로서 나타난다.

그러나 우리가 시간을 자연적으로 그리고 단순히 하늘과 땅의 상호작용에서 비롯된 것으로 이해하고 이 상호작용을 신적 선물로서, 더구나 신 자신의 상징적 출현으로서 이해할 경우 모든 것은 달라지게 마련이다.

빛이 하늘에서 떠오르고 짐으로부터 그리고 마찬가지로 하늘에서 비가 사멸할 인간의 거처로서의 땅 위에 결실을 맺는 선물들을 베풀고 다시 고갈됨으로부터 시초의 질서구조는 시간의 경과가 된다. 지난날 사려깊은 사람들은 그러한 구조에서 그들이 변화 안에서 되풀이되는 특정의 날들을 좋아하는 날들로서, **축제들**로서 확정지을 수 있게 하는 암시들을 알아들을 수 있었다. 그럴 경우 축제는 시간의 전체를 나누고 질서지음과 동시에 이 전체를 능가하여 뛰어나면서도 이 전체를 명확하게 함으로써 특별하고 충만된 시간으로서 나타난다.

그럴 경우 축제는 신이 인간에게 가까이 있음과 또 인간이 신에게 가까이 있음을 말해주는 시간적 상징이며, 그 안에서 공개적으로 영원永遠이 나타나는, 즉 시간의 사라짐 안에서 분리되고 들어높여진 시간이다. 그것은 예배, 기도, 그리고 실재 상징적 행위들의 선호된 시간이다. 이 시간에 이 행위들로써 신이 인간과 그리고 인간이 신과 함께하는 결속이 적절하게 경축된다. 따라서 이 시간은 회중의 예배적 행위들이 펼쳐지는 자체로 예배적 특징을 지닌 영역이다.

사람들이 예전에는 주간週間을 예컨대 안식일 또는 주일에 의해서 그리고 해〔年〕를 부활절, 성령강림과 성탄절과 같은 축제들에 의해서 특징지을 수 있었다는 것은 상징 형성의 신비들에 속한다. 그런데 이 축제들도 또 그것들의 기저에 놓인 경험들도 우리의 일상적 관습들에 의해서 상당히 평준화되어 있을지라도, 우리가 그것들을 감히 없애고자 하지 않는다는 사실은 주목을 끈다.

시간의 예배적 기본 상징으로서의 축제에 필요한 것은 공간의 기본 상징으로서, 공간의 분리되고 높여진 자리로서, 예배 사건의 자리로서의 신전이나 교회 공간이다.

일반적으로 알려진 바에 따르면 현대인들은 공간 역시 우선은 한계없고 구분 없는 순수한 차원으로서 펼쳐져 있다고 간주한다.

그러나 공간이 하늘의 선물들, 즉 빛과 비 가운데에서의 인간의 거주를 신으로 말미암아 떠받치고 가능케 해주는 사람들에게 베풀어진 거처라고 자연스럽고 단순하게 이해될 경우, 그것은 마찬가지로 다양하면서도 무질서하지 않게 구분되어 나타난다. 그럴 경우 사람들은 지난날 이 특정의 공간들을 사람들을 위한 신의 현존의 출중한 장소들로 경계지으라는 암시를 그러한 연관에서부터 받았을는지 모른다.

그래서 성스러운 구역, Temenos, 신전 또는 교회의 장소, 공간, 건물, 신이 현존하는 집인 동시에 신의 회중이 모이고 축제가 예배적으로 거행되는 장소와 공간이 나타나는데, 이 축제에서 신과 인간의 유대가 경축된다.

게다가 또 경계지어진 성스러운 공간으로부터 인간들의 거처들의 전체가 질서와 광휘를 얻는다. 본신전(本神殿)으로부터 사람들은 지난날 로마 시대의 도시들에서 길을 놓았으며 중세와 바로크 시대의 교회 건축들은 그것들이 속해 있는 그 도시들의 질서를 규정했던 것이다. 예배를 위해 따로 된 공간은 그것이 분리되었음에도 보편적인 것이며 전체 공간을 규정하는 것이다.

그러나 동시에 전체 공간 안에서 성스러운 영역과 세속적 영역 사이의 구별이 그렇기 때문에 생긴다. 성스러운 것으로부터 여타 공간이 세속적인 것으로서 규정된다. 하지만 그것은 동시에 성스러운 것에 의해 함께 두루 비추어진 것으로서 규정된다. 그러나 그럴 경우 세속적인 영역으로부터 성스러운 영역에로 넘어감으로의 문턱에 어떤 특별한 의미가 부여된다. 성스러운 공간들을 형성하는 데에 기초적인 경험들 역시 우리에게는 대부분 낯선 것이 되었음은 틀림없다. 그래서 결국 우리들의 교회들 역시 자체로 비장소적인 것이 되어버린 도시들 안에서 자주 비장소적으로 있다. 그리하여 옛 성역들은 거의 관광객들의 볼거리들에 지나지 않을 뿐이다. 그러나 바로 이 경우에 우리는 왜 많은 사람들이 다름아닌 그러한 장소들에 매력을 느끼게 되는지 또 여기에 어쩌면 억압되고 표면적 의식에 의해 부정된 채 성스러운 상징으로서의 공간에 대한 태고적의 친숙함이 작용하는 것은 아닌지 자문해도 좋은 것이다.

신의 집 또는 축제, 신의 현존의 공간적 및 시간적 상징은 모든 상징들의 변증법에 관여한다. 집도 축제도 제한되어 있다. 그렇지만 그것들이 제한된 가운데에서 그것들은 모든 공간들과 시간들을 망라하고 또 우리가 그 안에서 어디에서나 항상 살아가고 움직이며 존재하는 그 무제한적인 것과의 만남의 생생한 활동 공간이 된다.

거룩한 시간들과 거룩한 장소들은 예배에 알맞은 활동 공간을 형성하며, 예배에 적합한 시간과 공간을 형성한다.

교회의 생생한 공간과 축제의 생생한 시간에 회중 안에서 예배로서의 언어가 생기고 말함의 전체가 실재 상징적 행위들 주위로 모아지는 것이다. 교회 공간과 축제 시간은 자체로 그것들의 방식으로 이 행위에 함께 작용한다.

4. 예배언어의 예식화

마침내 우리는 예배와 그 언어를 무엇보다도 독특하고 유별나게 특징짓는 한 요인에 주목하지 않으면 안된다.

우리가 말하고자 하는 것은 그 모든 수준과 표현 형태 안에서 드러나는 예배언어와 예배적 행위의 예식화禮式化이다. 예배 안에서 언어와 실재 상징적 행위들을 포함한 그 표현 형태들이 임의의 사용에서 벗어나 저촉될 수 없는 영역에 들어올려지게 된다. 이제 그 누구도 그것에 손대거나 더 이상 그것을 변경해서는 안되는 것이다. 예배언어와 그것에 속하는 상징적 행위들은 확정되어 침해될 수 없는 예식이 된다. 모든 것을 변화시키는 시간과 그리고 인간의 변할 수 있는 의견들과 기분들의 압력에 맞서 예배의 형태를 보존할 필요가 있는 것이다.

이러한 예식화에 의한 보존은 그 자체로 하나의 상징이다. 왜냐하면 말들과 행위들이 좌우간 상징적으로 신의 영역에로 들어갔기 때문이다. 그것들은 예배 회중이 이해하는 바로는 신의 위력에 의해 접촉되고 개입된 것이다. 신의 영원永遠의 빛줄기가 그것들에 뻗쳐 있으며, 그래서 그 누구도 그것들을 변경하거나 거기에 손을 대어서는 안된다. 시간적으로 지속하고 머문다는 것은, 그것들이 늘상 같은 형태로 되풀이한다는 이것은 스스로 신의 영원의 현존의 한 상징이 된다. 무엇보다도 거기에서부터 예배의 형태들의 예식화와 그 거대한 전통적 잠재력이 설명된다.

이것은 회중과 관계된 한 측면을 동시에 가진다. 회중 스스로 자신이 신의 현존의 장소임을, 영원한 신이 비추는 영역임을 안다. 그렇기 때문에 회중은 시간 안에서 세대와 시간들의 변천을 넘어 동일한 자신으로 머물기를 바란다. 회중은 산 자들과 죽은 자들의, 현재의 사람들과 지나간 사람들의 더 거대한 공동체 안에서 자신이 동일한 것으로 머물러 있기를 바란다. 신의 회중이 갖는 이 포괄적인 동일성 역시 예배의 형태들의 예식적 보존 안에서 표현된다. 모두가 거기에서 같은 정신이라고 경험하는 그런 형태들과 모습들 안에서 회중은 행위하면서 집단적으로 자아 일치되어 머물고자 한다. 그러니까 예배가 언제나 같은 말들과 형태들 안에서 되풀이되는 곳에서, 예배가 개인적인 자의에서 벗어난 곳에서, 참석자들이 모두 그 안에서 자신을 세대들이 지나는 동안 내내 자아 일치된 신의 그 회중으로서 늘상 재차 인식하는 곳에서는 그것은 마치 그 안에서 빛나는 신의 영원의 광채에도 적절한 것처럼 신의 면전에서 자신을 이해하는 회중과 그 욕구들에 대부분 적절한 것이다.

예배 사건의 예식적인 견고화와 안정화는 그와같이 이해되며 또 예컨대 유럽, 더 정확히 말하면 서방과 동방의 그리스도교적 예배 안에서 지난날의 예배 언어와 수많은 옛 예배 형태들이 일반적 언어 사용에 반하여 많은 경우에는 일천 년 이상 수천 년 동안 유지되었다는 놀라운 사실 역시 거기에서부터 이해된다.

5. 예식적 예배언어의 긴장과 위기들

물론 이 예식화와 더불어 예배는 한편으로는 개인적 욕구들과, 또 다른 한편으로는 역사의 변화들과 긴장상태를 이룬다. 이 긴장은 예배를 그 역사적 삶 안에서의 예배로서 특징짓는 필연적인 측면이다.

예배가 초기의 순수성을 끈질기게 지닌 곳에서 이 긴장은 시작의 강력함 안에 여전히 지양되어 있다. 그럴 경우 역사는 마치 아무것도 아닌 것처럼 존재하며, 발생된 것은 영원한 순간처럼 존재하며, 개인적인 예배의 욕구들 및 표현들과 집단적인 예배의 욕구들 및 표현들 사이의 차이는 감지되지 않는다. 마찬가지로 상징과 상징된 것 사이의 차이도 또한 지양되어 있어서 더 이상 느껴지지 않는다. 상징적인 사건은 그럴 경우 중재적仲裁的인 직접성인데, 비록 중재된 것이기는 하지만 단계적으로 진척될 필요 없이 그 안에서 직접적으로 신과의 친숙한 관계가 경험된다.

그러나 역사는 계속되는 것이며, 그리하여 역사적 변천은 막을 수 없는 것이다. 개인적인 욕구들도 또한 영향을 끼친다. 그 결과로 예배는 비교적 후대에 와서는 고풍스러운 것이 되고, 더 나아가 달라진 시대에 경의롭고 고풍스런 형성물이고자 할 것이다. 이제 예배와 역사적 시기 그리고 이 시대를 살아가는 인간 사이의 차이가 싹튼다. 그와 동시에 상징과 상징된 것 사이의 차이도 싹튼다. 이전 시대에 자명한 것 같았던 것이 각기 무엇을 의미하는지 이제 명시적인 설명과 해명을 필요로 한다. 그래서 차이는 충분히 숙고되어 해명됨으로써 극복되지 않으면 안된다. 또한 개인적인 욕구들도 이제는 예배 안에서 더 이상 자명하게 보존되어 있지 않은 특별한 욕구들로 각성된다. 그래서 중세말과 바로크 시대 등의 기념 기도회의 경우에서 볼 수 있듯이, 예배의 경계 지대들에 또는 예배 외에도 특별한 공간들이 그러한 욕구들을 위해 마련된다.

예배는 이 단계에서 그것의 탁월한 전통적 잠재력에 의해 여전히 오랜 동안 경의롭고 중요한 것일 수 있다. 그것은 또한 여전히 오랜 동안 놀라울 만한 종교적 힘들을 중재할 수 있다. 그러나 그것은 더 이상 자명한 것이 아니며 그래서 위태롭기까지 하다.

예배의 예식화에 의해 예배에 내재하는 역사와 개인에 대한 이 긴장은 더 계속될 수 있다. 그것이 더 이상 견딜 수 없게 느껴질 때에 이르기까지 긴장이 증대될 수 있다. 이것은 특히 인간들의 역사 안에서 획기적인 변화들이 일어나고 거기에서부터 지금까지의 인간의 전체 이해의 토대들이 의문에 붙여지고 바뀌어지는 경우일 것이다.

그럴 경우 때때로 예배와 그 예식 그리고 이와 더불어 종교적 언어와 그 행위 전형들이 전반적으로 근본적인 위기에 빠지게 된다. 이 위기는 예배의 전체 형태를 의문에 붙인다.

위기와 그 현안은 있을 수 있는 이중적인 결말, 즉 부정적이고 긍정적인 결말을 맞는다. 부정적으로 보면 예배는 전반적으로 아주 진부한 것으로서 여겨져 거부될 수 있고 그렇게 되면 아마도 오랜 기간 사라질 수 있을 것이다. 그럴 경우 종교와 신앙과 기도의 수많은 가능성들은 그것의 몰락과 운명을 같이 하게 될 것이다. 이미 종종 예배들과 그리고 이것들과 더불어 신앙이 오랜 기간 역사적으로 활기를 띤 후에 그와같이 몰락했던 것이다.

그러나 근본적인 예배 위기의 순간들이 도태하였을 때에 이런 일이 반드시 있을 필요는 없다. 위기에서 비롯된 긍정적인 결말도 있는 것이다. 이 결말은 물론 쉽게 이루어질 수는 없으며, 또한 신속히 발생할 수 있는 것도 아니다. 그러나 예배는 격렬한 위기로부터 전승된 것의 핵심적 본질과 새로운 시대의 정신과 언어 사이의 새로운 창조적 종합으로서 새롭게 태어날 수 있다.

이러한 일이 일어나면, 우선 예배와 그 재생에 관심이 있는 모두를 위해, 그러니까 전체 회중을 위해 불확실성이라는 한 영역이 견디어내질 수 있어야 한다. 불확실성의 영역에는 첨예한 대립들이 회중의 품속에 존재할 것이다. 어떤 사람들은 새로운 것이 더 좋다고 생각하면서 진보적일 것이고, 어떤 사람들은 옛것의 생동적 본질 내용을 보존하는 일을 걱정하면서 보수적일 것이다.

그와같이 형성되는 파벌들 사이에서는 오랜 동안 결정이 나지 않을 것이다. 불확실성의 영역은 견디어내질 수 있어야만 한다.

오랜 동안 예식적 예배 안에서 해체되어 있던 개성들을 위해서도 이제 불확실성의 결과로 덜 체계화된 자유지대가 생겨난다. 개인적인 것은 곧바로 확실한 질서를 찾지 못하면서 우선은, 예컨대 오순절 운동들 안에서의 카리스마적인 것으로서 또는 예배의 형태를 갖추려는 개인적인 건설적인 시도들로서 나타날 것이다.

이 모든 노력들과 운동들은, 그것들이 아직은 그렇게 정돈되어 있지는 않더라도, 의미있는 기능을 발휘할 수 있다. 그것들은 말하자면 시대와 시대의 인간들의 노력들과 욕구들의 소재를 드러냄으로써 대화 안에서 최초로 알아볼 수 있게 된다. 그것들에서부터 언젠가 새로운 태어남이 이루어질 수 있을 것이다.

예배와 그 언어가 진정으로 새롭게 태어나기 위해서는 매우 뛰어난 용기와 사려깊음이 요구된다. 매우 뛰어난 용기가 여기에 요구됨은 거기에서부터 비로소 흩어져 있는 불완전한 부분들을 볼 수 있는 역사와 언어의 새로운 지역이 획득되어야만 하기 때문이다. 그럼에도 불구하고 매우 뛰어난 사려깊음이 여기에 요구되는데, 그 까닭은 그것의 새로운 조형이 요구되는 새로운 시대의 새로운 삶을 위해 전래된 예배의 유산이 그것의 순수하고 잃어버릴 수 없는 요소들 안에서 신중하게 수호될 수 있어야 하기 때문이다. 그리고 그것은 무엇보다도 하늘의 선물, 즉 생동적인 영감·은총을 필요로 하는데, 이는 이제 생겨나야만 하는 그것이 단순히 인간의 산물産物 이상의 것이 됨으로써 사람들이 온전한 마음과 그들이 지닌 모든 힘을 다해 그것에 헌신할 수 있기 위해서이다.

6. 예배의 다중적 종합

예배의 실재 상징적 행위의 계기들을 앞서 개진하였던 기도의 상이한 형태들의 그 논의와 관련해서 논의함으로써 우리는 마침내 예배를 또한 그것의 단일성과 전체성 안에서 제시할 수 있는 가능성을 갖게 된다. 이것은 우선 직관의 형태로 행하여져야 할 것이다. 뒤이어 우리는 이 단일성과 전체성을 생동적인 개념으로 표현하고자 한다. 그렇게 되면 예배는 그것의 전체성 안에서 기도의 탁월한 형태로서 명백해질 수도 있을 것이다. 왜냐하면 예배가 그 본질에 맞게 충분히 전개되어 있는 곳에서 그것은 언어로서의 기도가 전반적으로 필요로 하는 그것의 아주 탁월한 가능성을 실제로 보여주기 때문이며, 언어로서의 기도가 어떻게 해서 침묵으로서의 기도조차 필요로 하는 그것의 탁월한 가능성인지를 실제로 보여주기 때문이다. 그 결과 예배는 우리가 종교의 순환논법이라고 일컬었던 그것을 위한 탁월한 가능성이다. 예배는 기도의 요소들과 순환 논법을 충만하게 펼침과 동시에 그것들의 단일성 안에서 그것들을 보존한다. 우리는 이것을 우선 구체적으로 생생히 묘사해 보도록 하자.

좋은 시기, 거룩한 시기가 오면, 신앙인들은 경건한 장소, 화려한 장소에 모인다. 그들은 화려한 옷을 입고 나타난다. 그리고 회중의 책임자이며 사제가 대부분 그러한 차림으로 나타난다. 행렬이 시작되고 모두에 의한 동작이 이루어진다. 모두가 일어서고, 모두가 깊이 절한다. 고조되면 춤이 이루어지고, 노래가 우러나온다. 신의 구원을 공개적으로 알리는 선포가 즉시 울려퍼진다. 그리고 신을 공적으로 찬양하는 회중의 기도가 큰 소리로 응답한다. 그리고 이와 관련하여 거룩한 표지들을 가진 거룩한 행위들이 나타난다. 회중이 그 안에서 사제를 통해 신에게 귀의하고 동시에 신의 구원을 받고 경험하는 그 신비스런 것들이 나타난다. 그것들 안에 예배의 전체가 모이고, 이리하여 이 전체는 그 본래의 절정에 도달한다. 회중은 자신이 신의 영원의 광채에 포함되어 있고 그 안에서 또한 자신과 지나간 세대들과 하나이며, 산 자들과 죽은 자들과 하나임을 경험한다. 거룩한 행위들이 진행되는 동안에 줄곧 새롭게 말씀이 울리면서 거룩한 표지標識들을 선포와 기도로 해석한다. 그리고 노래가 늘상 되풀이하여 울리고, 사람들이 공동으로 하는 생생한 동작이 이루어진다.

이 모든 것이 기도이며, 인간들이 드러나게 가시적으로 신에게로 향함이며 또한 신이 드러나게 가시적으로 인간들에게 관심을 기울임이다. 종교의 순환 논법이 이제는 완전히 공개적으로 전개되는 가운데 재차 나타나서 그것의 장소와 시간으로부터 공간과 시간의, 산 자와 죽은 자의 전체를 비추고 있는 것이다.

예배에는 수많은 형태들이 있을 수 있음은 확실하다. 그리고 모두가 다 대단히 장엄하게 전개된 것일 필요는 없다. 비교적 조용하고 단순한 예배 형태들도 단연 있는 것이며, 적절한 시기에 그러한 형태들이 있어야만 한다. 그렇다고 해서 그것들의 품위가 덜한 것일 필요는 없다.

그와같이 구체적으로 제시된 것을 올바로 실행하기 위해서는 우리는 여기에서 관철되지 않을 수 없는 단일성의 개념에 마침내 주목하지 않을 수 없다. 그것은 이중적 의미에 있어서의 단일성이다. 우선 다양한 현상들의 단일성과 그리고 단일한 것으로서 다양하게 나타나는 것들과 종교의 본질적인 내면성과의 일치가 그것이다.

현상의 다양함에 있어서 단일성에 대해: 사건의 요소들이 폭넓게 세분되고 또 세분된 것으로서 그것들이 따로 떼어져 있다는 것은 예배적인 특성에 속한다. 그래서 다양한 형태가 생기는 것이다. 그런 까닭에 예배는 모든 것이 그 안에서 단순한 것의 간결함에로 모아져 있는 침묵의 기도의 그 잠심과는 가장 동떨어진 것이다.

그렇지만 다양한 것은 함께 단일한 것의 일부를 이루고 있는 것이며 이렇게 함께 하나의 전체를 이룸은 가시적이고 경험될 수 있는 것이 되어야만 한다. 그것은 다수가 단일한 것과 조율되고 그래서 또한 서로간에 일치한다는 것이 볼 수 있게 됨으로써 가시적이고 경험될 수 있는 것이 되어야 한다.

따라서 부정적으로 보면 예배의 요소들은 그저 외적인 취합에 불과한 것으로 머물지 않고, 오히려 그 안에서 모든 것이, 모든 기도, 모든 선포의 말씀, 모든 예식, 모든 동작이 뚜렷이 함께 하나의 전체를 이루는 그 단일한 포괄적 의미 안에 명료하게 모인다는 사실이 유념되어야만 한다. 오로지 그러한 단일성 안에서만, 그러니까 예배가 다양한 것의 일치의 개념을 드러내는 곳에서만 예배는 하나의 의미있는 현상인 것이다.

그러나 나타나는 것의 계기들이 이루는 단일성은 본질적으로 현상의 표현 안에서 드러나는 것과 그것의 현상이 일치함에 뿌리내리고 있다. 이것은 예배의 단일성의 결정적인 개념이다. 그래서 우리는 또한 가장 포괄적인 표현과 가장 감추어진 내면성과의 생동적인 일치를 말할 수도 있다. 즉, 예배는 그것이 내면적인 것 안에서 실제로 살아 있는 것을 외적으로 펼치는 한에 있어서만 그 본질에 걸맞은 것이 된다. 예배 참석자 누구나 일체의 세계를 망라하는 신을 향해 진정으로 모여 있고 오로지 이 모임의 내면적인 현실만을 회중의 여러 가지 말들과 동작들의 일치된 다양함에로 펼칠 경우에 예배는 그 본질에 걸맞은 것이 된다.

이 내적이고 결정적인 현실이 진정한 대월로 충만되고 관통되어 있는 한에 있어서만, 그것이 신의 신비에로 향하고 우리가 신이라고 일컫는 이 신의 신비의 심연 속으로 고요히 물결치는 모든 마음과 생각의 움직임으로 충만되고 관통되어 있는 한에 있어서만, 그리고 이렇게 참으로 내면적으로 실행된 대월이 예배의 형태 안에서 펼쳐지고 공개되고 형태를 취하는 한에 있어서만, 예배는 그 개념에 걸맞고 유익한 것이다.

그리고 이 내면적인 잠심과 대월이 고요함에 의해서, 침묵에 의해서 형성된 것인 한에 있어서만, 그것이 이 소리없는 근저에서부터 "자신을-알림"이 되는 한에 있어서만, 완전한 정적靜寂이 일체의 언어를 능가하는 신의 신비 앞에 고요히 머무는 한에 있어서만, 신의 신비는 말씀과 행위와 상징 안에서 또한 적절히 나타날 수 있다. 더욱이 그 결과 외경심의 이 정적은 표현의 다양한 과정 안에서 마찬가지로 이목을 끌고 표현을 증대시킴과 동시에 억제한다.

대월의 또 다른 측면 역시 개진되어 있을 경우에만, 대월을 하는 사람이 그가 바로 자신의 대월 안에서 그리고 그 표현 형태들 안에서 전적으로 신에 의해서 실현되고 지탱되고 완전히 자신에게 선사되어 있다는 사실을 알고 경험할 경우에만, 이 예배는 완전한 의미에 있어서 성취된 것이다. 왜냐하면 예배란 근본적으로는 볼 수 없는 이 두 개의 일치된 운동, 즉 신을 향한 인간의 운동과 이 운동을 에워싸고 지탱해 주는 인간을 향한 신의 운동의 가시적 그 전개이기 때문이다.

구별될 수 있는 것, 즉 내적 삶과 외적 현상의 일치는 기도와 예배가 원래의 힘 안에서 살아 있는 곳에서만 직접적인 일치이다. 그럴 경우 한편에서 또 다른 편으로 넘어갈 필요가 없다. 그것은 마음이 충만되게 넘쳐흐르고 드러나게 펼쳐지는 단 하나의 운동이다. 하지만 시원적인 생 안에서 하나된 것은 나뉘어질 수 있다. 그런데 말들과 예식들은 그것들 나름으로 진행될 수 있으며 고유하고 격리된 형성물들로서 간주될 수도 있다. 그럴 경우 예배는 그것의 단일성과 그리고 이와 더불어 그것의 개념과 본질을 상실할 위험에 처한다. 그럴 경우 우리들은 이 단일성과 동시에 이 본질이 구출되도록 애쓰지 않으면 안된다.

전체로서의 예배는 그 개념과 그 본질상 내적 삶과 외적 현상의 포괄적인 일치를 토대로 한 다양한 것의 일치이다. 이 단일성이 유지되는 곳에서 예배는 모든 기도의, 더 나아가 모든 종교의 의미를, 즉 신을 향한 인간의 고양高揚과 인간을 향한 신의 운동을, 언제나 하나이면서도 다양하게 나타나는 거룩한 교제sacrum commercium를 펼친다.

⑰

종교의 폐해弊害

종교의 폐해弊害로 우리가 이해하고자 하는 것은 종교가 그 본질에서 벗어나거나 또는 그 본질을 잃어버리면서도 종교의 형태는 유지할 경우 생기는 현상이다. 비본질적인 종교가 종교의 형태를 유지하는 이 독특한 특징 안에서 종교는 종교의 형태마저 벗어버리는 무신론과 구별된다.

1. 폐해가 가능한 이유들

종교의 폐해의 가능성은 세 가지 요인들이 함께 작용함으로써 생겨난다.

폐해를 가능케 하는 첫번째 요인은 종교의 내면성과 표현의 차이에 있다. 이 차이는 침묵의 기도에는 없다. 그런 까닭에 이 기도는 다만 본질적인 것뿐일 수 있거나, 아니면 전반적으로 탈락하지 않을 수 없다. 그리고 그것은 종교를 비판하기 위한 아무런 취약점도 제공하지 않는다. 그러나 언어로서의 기도가 나타나고 다시 말하면 종교적 내면성이 표현되는 곳에서는 사정은 다르다. 여기에서는 사람들은 내적 본질과 그것의 표현을 구별할 수 있다. 이 구별 역시 우리가 보았듯이 종교적 언어가 그것의 원래의 힘 안에서 나타날 경우 취소된다. 그러나 그것이 언제라도 나타날 수 있다는 것은 이 차이의 전제조건이다. 언어의 형태는 실행의 내면성과 대조를 이룰 수 있으며 그럴 경우 비록 공허한 형태로서이지만 그것은 여전히 종교의 형태일 수 있는 것이다. 그렇게 되면 우리가 이미 성서에서 읽듯이 — "이 백성이 입술로는 나를 공경하지만 그들의 마음은 내게서 멀리 떠나 있도다"(마태 15,8; 마르 7,6) — 여기에 종교적 종교비판

277

역시 등장한다. 이것은 대부분 언어적 표현이 그 탁월한 형태에 도달하는 곳에서, 즉 예배 안에서 가능하다. 그런 까닭에 예배는 한편으로는 표현된 종교의 뛰어난 형태이며, 그 안에서 표현은 그 절정과 충만함에 도달한다. 그때문에 예배는 또한 종교의 가장 커다란 위협이기도 하다. 다름아닌 표현의 충만함은 실행된 본질과 대조를 이룰 수 있음으로 해서 외적이고 공허한 것이 되면서도 종교의 형태를 유지할 수 있는 것이다. 그런 까닭에 우리는 표현된 종교의 전개를 예배의 형태들에 이르기까지 숙고해 본 후에 이제 덧붙여 종교와 특히 예배가 "비본질적으로-되어감"에 대해서도 부득이 말하지 않을 수 없다. 그때문에 가장 본질적인 종교비판, 즉 종교적 종교비판 역시 종종 바로 예배에 대한 비판이었던 것이다. "내가 반기는 것은 제사가 아니라, 순종이다"(호세 6,6; 1사무 15,22; 전도 4,17)라고 우리는 종종 성서에서 읽는다.

종교의 폐해를 가능하게 만드는 것은 이와같이 언제나 외면성과 내면성 사이의 차이이다.

그러나 인간 안에서 폐해를 가져오는 적극적인 경향이 없다면 오로지 그러한 이유만으로는 종교의 폐해가 생겨날 수는 없을 것이다. 이 경향에서 이중적 요인이 구별된다. 우선 세계의 표상할 수 있고 포착할 수 있는, 그래서 알 수 있는 것으로 향한 인간의 경향이 있는데, 토마스에 따르면 이것은 "Conversio ad phantasmata"*라고 일컬어질 수 있는 것이다. 이에 대해 우리는 이미 실재 상징적 행위로서의 예배에 관해서 언급하지 않을 수 없었다. 이 경향으로 말미암아 인간은 주로 종교의 표상할 수 있고 포착할 수 있는 요소들에 관심을 기울임으로써 모습을 본질과 본질의 실행에서 떼어낼 수 있다. 표면적인 것에로의 경향은 그 자체로 사람들에게서 종교의 폐해를 적극적으로 가능케 하지만 그러나 그것은 전면에 드러난 요인이다.

그러나 이것 역시 저 혼자서만으로는 종교를 그것의 외형 안에서 유지하려는

---

* 글자 그대로 "환영(幻影)들에로의 전환"이라고 할 수 있는 이 표현으로 토마스가 가리키고자 하는 것은 인간에게 있어서 감성적 직관과 지성적 사유가 단일한 인식을 이룬다는 사실이다. 참조. K. Rahner, *Geist in Welt. Zur Metaphysik der endlichen Erkenntnis bei Thomas von Aquin*, München 2.Aufl. 1957, 4.Kap. — 역자 주.

그 폐해를 발생시키지는 않을 터이다. 이것을 설명하기 위해서는 우리는 그 이상의 요인과 인간 안에 있는 또 다른 더 깊이 잠복해 있는 경향을 고려하지 않으면 안된다. 즉, 대부분 감추어져 있고 이따금씩 돌출하기도 하는 무한하고 절대적으로 "존재하려는—원의"Sein-Wollen, 지식과 권력과 행복에 있어서 무한하고 절대적이고자 하는 원의가 여기에 고려되지 않으면 안된다. 인간 안에는 가장 깊숙히 이 경향이 자리하고 있기 때문에, 그는 일체의 지식과 권력과 행복을 그 모든 한계들을 뛰어넘어 추구하고자 하는 것이다. 이 경향이 있기 때문에, 인간의 이 깊은 경향과 힘들과 결부되어 무한하고 절대적인 것을 신으로 말미암아 약속하는 종교 역시 있는 것이다. 그러나 물론 인간은 그의 이 가장 심오하고 내면적인 일에 있어서 그 자신을 별로 확신하지 못한다. 그래서 이 깊은 경향은 잘못된 길로 빠질 수는 있지만, 그러나 완전히 사라질 수는 없다.

그런 까닭에 인간이 종교를 포기하려고 할 경우에라도 그가 실상 종교를 포기하고자 하지 않는다는 것은 있을 수 있는 일이다. 그러니까 인간이 종교의 본질을 이미 떠났거나 배신하였을 경우에라도, 그것의 외형을 유지하고자 한다는 것은 있을 수 있는 일이다.

종교의 폐해를 가능케 하는 이 세 요인들의 결합으로부터 종교의 폐해의 상이한 형태들이 결과한다. 그것은 내면성과 표현의 차이, 포착할 수 있는 것에로의 표면적 경향 그리고 그 자신을 별로 확신하지 못하면서도 신과 비슷하고자 하는 잠복해 있는 경향의 세 요인들이다.

2. 공허한 확대 재생산

이에 따라서 종교의 폐해의 첫번째 모습은 종교의 표현, 다시 말하면 종교적 언어의 **공허한 확대 재생산**wesenlose Multiplikation에 있다. 그것은 인간이 언어 특히 예배의 포착할 수 있는 것을 고수하면서도 그 안에서 표현되어야 하는 본질적인 것, 특히 신앙과 대월을 소홀히함으로써 이루어진다. 이 태만에 의해서 언어 역시 변화될 것이다. 그것은 특히 무분별하고 꼴을 갖추지 못한 탐닉적인 것이 된다. 왜냐하면 본질적이며 꼴짓는 요소가 좌우간 등한시되었거나 심지어 상실되었기 때문이다. 더 나아가 언어는 그 깊이, 즉 그것의 상징력을 상실할 것이다. 왜냐하면 좌우간 여전히 계속해서 종교적 언어를 사용하는 인간이 그것의 포착할 수 있는 것에 매달리고 있기 때문이다. 그래서 언어는 바로 포착할 수 있는 것이 되고, 일차원적인 것이 됨으로써 신비는 언어에서 사라진다.

하지만 언어는 그것이 이전에 지녔던 고귀함에 대한 기억을 간직하는 것이며, 그것을 사용하는 사람은 그가 이전에 믿었고 계속해서 믿기를 아직도 완전히 중지하지 않으려는 그것의 매료시키는 것에 대한 기억 역시 간직하고 있다. 그런 까닭에 종교적 언어는 포기되지 않는다. 그 반대로 그것은 계속해서 사용되며 더 정확히 말하자면 그것의 포착할 수 있고 자유롭게 처분할 수 있는 것이 막연히 증대된다는 의미로 계속 발전된다. 기도들이 점점 더 발설되면 될수록, 예배 행위들이 점점 더 실행될수록, 이 "점점 더"는 막연히 확산되며, 양量은 질質, 즉 신비를 가리키고 그것을 친숙케 하는 상징을 대체하지 않을 수 없다. 그래서 좌우간 스스로 만든 많은 것과 여러 가지 것들이 의미있어 보인다는 인상을 유지할 것이다. 그러나 본래의 본질은 사라진 것이다. 그래서 무분별한 장광설長廣舌이 생겨나지만, 그것은 아마도 대부분 분주하고 무의미한 행위일지도 모른다. 이 현상을 일컬어 우리는 내용 없는 확대 재생산이라 한다.

그것이 신앙과 대월 그리고 신의 위대한 신비에 대한 그것들의 본질적 관계를 소홀히하면서도, 사람들이 종교에서 행할 수 있는 그것, 즉 말들과 예식을 점점 더 종교의 폐해의 한 모습으로서의 공허한 확대 재생산이 되게 하는 한에 있어서, 그러한 현상은 폐해이다. 외형들이 복제됨으로써 인간 자신이 종교의 외형 안에서 중요한 존재가 되어버린다.

그와 동시에 사람들은 인간이 어떻게 신앙과 대월의 중대사를 이런 식으로 회피하게 되는 것인지 질문할 것이다. 이것은 인간의 역량을 시험하는 파악할 수 없는 것에 대한 불안한 두려움과 또 여기에서 따라나오는 결과로서 인간이 스스로 만들 수 있는 그것에로의 불안한 도피인 것일까? 그것은 신앙하면서 신에게 자기를 내맡기는 것을 두려워한 나머지 인간이 손에 쥐고 있는 그것의 외견상의 안전에로 도피하는 것일까? 많은 것이 그것이 사실임을 말해준다. 인간은 실제로 표면적이고 만들 수 있는 것을 고집한다. 왜냐하면 그는 이 수단들 안에서 자기 자신에 대해 확신할 수 있기를 희망하기 때문이다.

그럴 경우 특이하게 애매모호함이 나타난다. 우리가 살펴보았듯이 같은 것을 여러 번 반복한다는 것 자체가 고갈될 수 없는 것의 상징이 될 수 있고 대월의 도구가 될 수 있다. 그러나 그것은 또한 공허한 헛수고 혹은 폐해일 수도 있다.

이 애매모호함 때문에 내용 없는 확대 재생산에서도 하나의 훌륭한 가능성이 언제나 남아 있다. 거룩한 말들은 그것들이 외면적으로 사용되었을 때라도 원래의 구전口傳의 잔여殘餘와 가능성을 간직하고 있는 것이다. 그래서 이런 유의 무의미함에서부터 때때로 순수한 종교가 다시 일깨워질 가능성이 남아 있는 것이다.

3. 이데올로기로서의 종교

불안한 나머지 자신이기를 바라고 자기 자신을 확신하려는 원의로 말미암아 종교가 무분별하게 확대 재생산되어 그것의 파악할 수 있는 총화에로 축소될 경우, 그와같이 시작되는 움직임이 그래도 계속되리라는 것만은 이론의 여지가 없다. 인간이 포착할 수 있게 그의 수중에 있는 것을 빌려 자기 자신을 확신하고자 할 경우, 그는 어느 날엔가는 종교의 귀중한 존립을 내재적 목적들과 노력들의 도구로 만들고 또한 위장시킬 것이다. 그것은 특히 그의 내재적 권력추구의 도구와 위장이 될 것이다. 그럴 경우 종교는 그 모습들 안에서 도구화되는 것이다. 그것은 종교의 수단들을 갖고서 권력을 증대시키고자 하는 인간의 도구가 된다. 그러나 동시에 권력은 그것이 명망이 있는 것으로 나타나기 위해서는 위장되어야만 한다. 다름아닌 종교의 외형에서 경외심을 갖게 하는 것이 모색됨으로써 권력 자체가 경외심을 갖게 하는 것으로 나타나도록 하는데, 이 권력은 경우에 따라서는 사악한 권력이기도 하다. 그럴 경우 종교는 권력의 이데올로기가 되며, 이 이데올로기는 종교의 폐해가 증대된 것이다.

　권력의 이데올로기로서의 종교와 거의 유사한 것은 심미학적審美學的 이데올로기로서의 종교이다. 여기에서도 종교는 도구화된다. 즉, 심미학적 욕구충족의 도구가 된다. 종교가 그것에 적합하게 나타나도록 하는 것은 그것의 표현 형태들의 아름다움인가? 표현 형태들은 그것들의 종교적 의미연관과 분리되어 미적인 것에 대한 욕망 안에 자리잡고 있을 수 있는 그 자기확인을 위해 사용된다. 그러는 사이에 진정으로 아름다운 것이 그렇게 되면 진정으로 종교적인 것과 마찬가지로 망각된다. 참으로 아름다운 것은 변함없이 진리의 광휘Splendor veri이며, 순수하고 본질적이고 그 점에서 참다운 성의 프리미엄인 것이다. 그것과 분리된다면 아름다운 것은 자체로 내용 없는 것이다. 그리하여 참으로 종교적인 것이 망각된다. 왜냐하면 참으로 종교적인 것은 변함없이 진정한 신앙과 대월에 있는 것이지, 분리된 채 외관상으로 그러한 것들에 있는 것이 아니기 때문이다.

　그러한 이데올로기들의 뿌리는 근본적으로는 자기 자신과 자신의 권력 그리고 그 목표들에 대한 인간의 신앙이다. 이 목표들은 단연 심미학적 욕망에도 있다. 그러니까 그 뿌리는 엄밀히 말해 신에 대한 신앙이 아니다. 이것이 함께 작용할 수 있기는 하다. 그러나 그것은 더 이상 결정적 역할을 하지 않는다. 이데올로기화된 종교의 뿌리며 주도 원리로서의 자기 자신에 대한 신앙으로부터 세계의 지평 안에서 자기를 관철하고자 하는 원의가 생겨난다. 그럴 경우 이 의지는 종교와 그것이 신에 대해 가지는 관계의 모습들을 수단으로서 이용한다. 이로써 겉보기에 신뢰할 만한 전통이 보존되고 악이라는 그 반대의 허상이 회피된다. 그렇게 되면 내재적 권력과 욕망과 그 요구들이 종교의, 심지어 신 자신의 요구들로서 나타나게 된다.

　이 표리부동한 노력 깊은 곳에는 우리가 늘상 만날 수밖에 없는 것으로서 전능하고 그러니까 신과 같고자 하면서도 그 자신이 갖고 있는 내재적 수단으로는 그렇게 되기에 충분하지 못함을 근본적으로는 불안해하면서 알 수 있는 인간의 그 충동이 놓여 있는 것이 아닐까? 그리고 이 원의와 이 불안해하는 앎

때문에 인간은 자기 자신을 확신하기 위해서 거듭 지고至高의 것, 종교 또는 심지어 신에게 손을 뻗칠 수 있는 것이다. 그럴 경우 이것은 종교에서 손에 넣을 수 있는 것, 즉 말, 예식, 제도에 달려듦으로써 생긴다는 것은 당연한 결과이다. 그것과 결합되어 있는 권리 요구를 손에 넣고자 함으로써 그러한 일이 더욱더 생길 것이다. 이 점에 있어서 종교의 이데올로기적 왜곡 역시 일찍이 종교의 본연의 모습이었던 그것의 잔여 없이는 살아가지 못한다.

그것의 섬뜩한 점은 이 이데올로기적 왜곡이 대개 극적으로 발생하는 것이 아니라, 오히려 거의 눈치채지 못하게 숨어들고 바로 이 점에 있어서 그것의 이데올로기적 본성을 감춘다는 사실이다. 그렇다면 여기에 이데올로기의 비판이 당연히 시작되는 것이며, 감추어진 것을 드러내어 그 진실을 그것에 알리려고 한다. 이데올로기 비판이 예언자들이나 그밖에 종종 성서에서처럼 자체로 종교적 동인動因에서 나올 경우 그것은 종교적 인간으로 하여금 종교성의 왜곡을 깨닫게 하여 그를 정화되고 본질적인 종교에로 소생시키고자 함으로써 종교의 정화를 꾀한다. 그것은 종교에 기여한다.

그러나 종교비판은 오늘날 대부분 종교 외부에 있는 관점에서부터 제기된다. 즉, 사회학적이며 사회비판적 관점에서부터 제기된다. 특히 이런 유의 이데올로기 비판의 원조인 칼 마르크스에게서 그렇다. 그러한 비판에 따라서 보면 종교는 일반적으로 억압된 계층이 그들의 운명과 화해하기 위해 필요로 하고 또 지배계층 역시 자신들의 지배를 견지하기 위해 필요로 하는 이데올로기로서 나타난다. 이런 유의 이데올로기 비판은 그것이 순수한 종교를 이데올로기로서 치부하고 종교의 순수하고 비이데올로기적 가능성들을 고려하지 않는다는 객관적인 오류를 범하고 있다. 또한 이런 유의 이데올로기 비판은 종종 자신의 반종교적 관점을 정당화하는 데에 소용되며 그래서 자체로 이데올로기의 혐의를 지닌다.

막스 호르크하이머처럼 칼 마르크스에 의해서 영향을 받았지만 정신의 비교적 뛰어난 개방성을 간직한 최근의 사상가들은 이를 비교적 섬세하게 인식하였다. 그러나 그들에 대해서도 다음과 같은 사실, 즉 이데올로기로서의 종교는

그것의 가능한 순수한 본질을 전제하는 종교의 폐해의 한 형태라는 사실이 지적되지 않으면 안된다.[1]

4. 종교적 광신

이데올로기로서의 종교는 갈 데까지 극도로 증대될 수 있다. 그럴 경우 거기에서 종교적 광신Fanatismus이 생겨난다. 종교적 광신은 자신이고자 하는 인간의 유한한 원의가 종교의 형태들 안에서 절대화될 경우 생긴다.

이 지극히 위험스러운 절대화는 그 홀로 절대적인 신의 신비스런 심연에 대한 인간의 관계에서부터 해석될 수 있다. 근본적으로 문제되고 있는 것은 우리가 이미 알고 있는 동인動因과의 관련이다. 그러나 그것은 사안의 중요성 때문에 더 자세히 개진되어야 하겠다.

즉, 인간이 신의 이 엄청난 심연과 마주한다면, 그는 신앙 안에서 이 신비에 자신을 내맡길 수는 있지만, 그러나 그 일로 또한 불안을 견뎌내지 않아도 될 정도로 자신의 문제에 확실한 것은 아니다. 늘상 우리는 불안에 봉착한다. 키에르케고르는 그것을 "공감적 혐오감"sympathetische Antipathie과 "혐오적 공감"antipathetische Sympathie이라고 불렀다.[2] 불안은 공감이다. 왜냐하면 인간은 그의 마음의 모든 정열을 기울여 진리와 행복의 무조건적인 것을, 그러니까 본래는 신을 소유하고 싶어하기 때문이다. 그러나 신은 그에게 때때로 거대한 무無처럼 생각된다. 그런 까닭에 불안은 또한 동시에 혐오감이다. 왜냐하면 진리와 행복의

---

[1] 이데올로기 개념의 역사에 대한 개관과 이에 대한 가장 중요한 문헌 정보를 N. Birnbaum은 *RGG*, Bd. 3 (Tübingen ³1959) 567-572에서 제공한다. 호르크하이머에 대해서는 특히 *Kritische Theorie. Eine Dokumentation*. A. Schmidt 간행, 2 Bde (Frankfurt a.M. 1968)을 참조하라. 특히 제1권 375와 그 이외의 여러 곳을 참조하라 — 여기에서 문제였던 것은 유포된 사회학적 및 사회비판적 이데올로기 비판과는 달리 종교철학적 단초에서 유래하는 이데올로기 개념을 개진하는 것이다.

[2] S. Kierkegaard, *Der Begriff Angst*, §5. 독어판. 수록: S. Kierkegaard, *Philosophisch-theologische Schriften*, 간행: H. Diem u. W. Rest. 여기에서: *Die Krankheit zum Tode – Furcht und Zittern – Die Wiederholung – Der Begriff Angst* (Köln – Olten 1956) 487-492, 특히 488을 참조하라.

이 무조건적인 것에 도달하기 위해서는 인간은 결코 파악할 수 없고 그때문에 그에게 때때로 무로서 나타나는 신비에 완전히 귀의(歸依)하지 않으면 안될 것이기 때문이다. 그런데 그는 이 무에 기가 질리는 것이다. 그래서 공감과 혐오감은 균형을 이루고 있다. 그렇다면 사람들에게 신앙을 모험하는 것은 그것을 상실하는 것과 똑같이 때때로 끔찍스러운 일인 것처럼 보일지도 모른다. 이와같이 생겨나는 긴장은 키에르케고르가 아주 명백히 인식하였듯이 도약(跳躍)에 의해서만 풀릴 수 있다. 그것은 신앙의 결단의 도약이든가 아니면 그 반대의 도약, 즉 신앙의 거절이다.

신앙이 거절되더라도 인간에게 신으로부터 약속되었으며 인간이 그의 마음의 온 정열을 기울여 열망하기를 그만둘 수 없는 진리와 행복의 그 무조건적인 것에 대한 기억이 남아 있다. 그러나 신앙을 거절했기 때문에 그는 이제 신을 포기한 것이다. 그래서 이 관점에서 보면 모든 것이 사라진 것 같다. 그러나 인간은 어떤 경우에라도 모든 것을 상실하고자 하지 않는다. 그렇기 때문에 그는 최후의, 근본적으로는 절망적인, 즉 그 자신의 힘들과 가능성들을 가지고서 무조건적으로 진리와 행복의 무조건적인 것을 생산할 수 있는 한 가능성에 사로잡힐 수 있다. 그래서 그의 유한한 의지는 무조건적인 것에 대한 무조건적이고 그 점에 있어서 무한한 열정에 의해 불붙게 될 것이다. 그리고 이 무조건적인 열정은 인간이 그의 유한한 의지를 관철하기 위해 장악할 수 있는 모든 것에로 확산된다.

인간은 그와 동시에 자신의 의지가 유한하고 조건지어져 있으며 그의 가능성들 역시 마찬가지임을 남몰래 알 것이다. 그러나 이 앎은 그를 다시 불행하게 하기 때문에 그는 그것을 억압하고 비록 기만적일지라도 겉보기에는 이 유한성이 전혀 존재하지 않는다는 인상을 적어도 일깨우지 않으면 안된다.

억압과 허상의 이 필요성으로 인해 그의 유한한 의지와 그의 유한한 조처들은 훨씬 더 격렬하게 격앙될 것이다. 조건지어진 것, 즉 그의 의지와 조처들이 무조건적인 것임을 입증한다는 것을 인간은 이제 자기 자신과 세계에 보여주지 않으면 안된다. 그러니까 그는 일체의 한계에 맞서 가차없는 격정으로써 그가 세계의 주인이며 말하자면 세계의 신이라는 것을 시위하지 않으면 안된다.

그런데 이것은 다시금 종교의 도움으로, 더 정확히 말해 마음대로 처리되는 비축된 말씀들과 예식들을 사용하여 가장 잘 이루어질 것이다. 그래서 인간은 신의 이름으로 말하고 행위한다고 주장할 것이고 자신의 격앙된 유한한 의지에 종교적 형태를 부여할 것이다. 그래서 그는 신앙과 대월을, 진정한 단 하나의 절대자에 대한 생동적 관계들을 특이하게 전도시킬 것이다. 그는 신앙하고 기도한다고 주장하기는 하겠지만, 그러나 절대자의 요인을 신으로부터 없애어 그 자신 쪽에로 끌어들일 것이다. 그래서 그는 스스로 절대적이기를 원하는 것이지 다른 이, 즉 신이 절대적이며 자신의 권리 주장을 제한하고 의문에 붙이는 것을 근본적으로는 원하지 않는다. 그때문에 그가 실제로 신앙하는 것은 단지 자기 자신일 뿐이며 자신의 힘으로 그가 세계의 신일 수 있다는 이 사실일 뿐일 것이다. 그러나 그는 신을 신앙한다고 사칭할 것이고 어쩌면 또한 그와같이 생각할 것이다.

따라서 그는 자신과 타인 앞에서 종교의 외형을 유지하고, 심지어 증대시킬 것이다. 그러나 그는 실제로는 그것을 자기 자신과 자신의 의지 그리고 자신의 조처들에 대한 절대적 신앙에로 전도시킬 것이다. 그럴 경우 신의 절대적 권리가 변하여 강압적으로 확정된 종교 형태 안에서 인간의 절대적 권리가 되어버린 것이다.

따라서 인간은 자신과 모든 사람들에 대해 강압적으로 될 것이다. 그는 다른 그 누구의 고유한 권리도 인정할 수 없을 것이며 그래서 어느 누구에게나 자신의 견해를 관철하고자 할 것이다. 신에 대한 진정한 신앙이 신과 더불어 모든 것과 모든 이를 믿음으로써 위대한 자유를 획득하는 것이라면, 신에 대한 광신적으로 전도된 신앙은 자기 자신 이외에는 그 누구도 믿지 않고 모든 이를 불신하고 위협함으로써 폐쇄적이고 옹졸하고 억압적인 것이 된다. 그러니까 그는 절망적인 나머지 공포를 유포시키며 지배하려는 경향을 띠게 될 것이며 그것도 올바른 신앙의 이름으로 그렇게 될 것이다.

이렇게 종교의 본질은 가장 예리하게 그것의 폐해로 뒤바뀌고 이 폐해는 그 최악의 상태로 몰아넣어진다. 그리고 이 모든 것은 필히 어떤 암울한 결말을 초래하지 않을 수 없다.

그와 동시에 광신자들 역시 종교의 순수한 가능성에 대한 기억으로 살아간다는 것이 분명해진다. 게다가 이 순수한 가능성은 여전히 그 안에 살아 있는 것이다. 그러나 그는 이 가능성을 강제로 전도시킴으로써 많은 이들에게 공포가 된 것이다.

광신적인 종교적 인간은 좌절할 때까지 그의 절망적 길을 걸을 것이다. 그는 언젠가 실패할 것이다. 왜냐하면 그는 유한하게 존재하기를 중단할 수 없기 때문이다. 그래서 그의 무조건적이고 절대적인 요구는 그의 진실, 즉 그의 유한성이 틀림없이 벌이는 복수의 제물이 될 것이다. 그가 요구한 영원과 무조건성은 그의 종말의 날이 도래하면 수포로 돌아가고 말 것이다. 따라서 광신자의 절대적 입장은 마침내 종말과 죽음의 절대적 부정否定으로 말미암아 필연적으로 수포로 돌아가고 말 것이다.

그러나 거기에 이르는 동안에 광신자는 아마도 종교의 순수한 가능성들 역시 많이 파괴하였을지 모른다. 하지만 종교는 그러한 붕괴로부터 다시 소생할 수 있다.

그리하여 그것의 공포를 수반하는 광신과 마찬가지로 신앙이 불안으로부터 생겨날 수 있음은 놀라운 일이다.[3]

5. 종교의 혼합된 현실

종교의 폐해에 대해 생각해 봄으로써 우리는 종교가 사람들 가운데에서 언제나 인간의 최고의 가능성들과 그 가장 암울한 가능성들 사이에서 위험스런 상태에 처해 있음을 알 수 있다. 우리는 순수한 본질을 배경으로 하여 이 폐해를 개념화하려고 해보았다. 이 시도는 결과적으로 본질의 경우나 폐해의 경우나 정확한 모습으로 나타나는 듯한 인상을 가져올 수밖에 없다.

---

[3] 나는 몇몇 이전의 연구에서 부분적으로 이러한 관련을 제시해 보고자 했다. *Thomas von Aquin über das Böse*, 상게서; *Nietzsches Atheismus und das Christentum*, 상게서; *Vom Wesen und Unwesen der Religion*, 수록: *Auf der Spur des Ewigen*, 상게서, 279-296을 참조하라.

하지만 우리의 역사 안에서의 종교적 삶의 현실을 일별해 보면 그것은 우리의 잘못을 바로잡아 준다. 현실적 역사는 언제나 가능성들과 현실들의 폭넓고 다양하게 혼합된 조류 안에서 움직인다. 그리고 명암明暗이 흔히 나뉠 수 없게 뒤얽혀 진행된다. 그런 까닭에 우리는 다음과 같이 말하지 않으면 안될 것이다. 역사 안에서의 종교의 삶은 어느 곳에서나 예외없이, 비록 그것이 언젠가 완전한 순수성 안에서 도달될 수 있는 것은 아니더라도, 종교의 순수한 본질에 의해서도 움직여지고 이끌려져 있는 것이다. 그러나 마찬가지로 역사 안에서의 종교의 삶은 어느 곳에서나 예외없이 종교의 폐해에 의해서도 위협되고 감소되어 있다. 그래서 순수한 본질이 발산하는 어떤 불꽃이 폐해의 잿더미 속에서 여전히 불타고 있지 않을 만큼 또 순수한 가능성이 거기에 간직되어 있지 않을 만큼 그토록 타락한 종교적 폐해의 출현이란 우리의 역사적 생존의 구체적 현실 안에서는 아무것도 존재하지 않을 것이다. 그러나 사실상 존재하는 그대로의 모습이 간단히 순수 종교의 드러난 형태라고 간주될 수 있는 그러한 탁월하고 빛나는 종교 출현이란 역시 아무것도 존재하지 않을 것이다.

이것은 우리가 그리스도교를 그것의 순수한 원천에서가 아니라, 역사 안에서의 그것의 구체적인 삶 안에서 고찰할 경우에 그것에 대해서도 단연 해당된다. 그리스도교 역시 이 세계를 통과하는 순례의 도상에 있음으로 말미암아 거울과 수수께끼 안에서, 고양高揚과 영락零落 안에서 자신의 신비를 지니고 있는 것이다.

따라서 종교는 그것의 역사를 살아가면서 그것의 폐해의 방향에서 벗어나 그것의 참 본질에로 방향을 돌리기 위해서는 인간 편에서의 지속적으로 주의깊은 노력과 수고를 필요로 한다. 본질과 폐해의 개념에 대해 숙고해 봄으로써 종교적인 인간 편에서의 이 노력과 수고는 그것이 나아갈 방향을 얻을 수 있을 것이다.

물론 지속적으로 이루어져야만 하는 이 교정 과정에서 결정적인 것은 비록 자신들이 해야 할 몫을 행하도록 그들이 환기되고 있다 하더라도 인간들 편에서 발생할 수는 없을 것이다. 결정적인 것은 언제나 신의 신비로 말미암은 죄의 용서와 높은 곳으로부터 오는 빛에 의한 인도, 우왕좌왕하는 불확실한 역사적 삶 한가운데에서 어떤 섭리攝理이다.

맺는 말
끝없는 끝맺음

우리는 종교철학의 마지막 단계에 와 있다. 우리는 종교인 바 그것을 사유함 안에서 모사模寫해 보고자 하였다. 우리는 이러한 시도에서 본질적인 것에 주목하였으며, 그런 까닭에 기준들을 모색하였고 종교의 폐해를 종교의 본질과 구별지었다.

그러나 결국 우리는 종교문제에는 끝맺음이란 있을 수 없음을 말하지 않을 수 없다.

우선 우리들 인간인 바 그것이 결코 마무리되지 않기 때문이다. 우리는 인간적인 것의 기복起伏, 불안과 희망, 내적인 것과 외적인 것, 말함과 침묵, 지고의 광휘와 칠흑 같은 어둠, 가장 환하게 빛나는 "예"와 가장 어둡고 숨겨진 "아니오"를 유랑하지 않으면 안된다. 우리는 인간과 더불어 또한 인간의 전체 세계를, 무와 모든 것, 하늘과 땅 그리고 참으로 무진장한 여러 가지 종류의 형상들과 모습들을 유랑하지 않으면 안된다.

그러나 이 모든 것을 가지고 인간의 마음과 인간의 풍부한 세계를 남김없이 이용할 수 있다고 누가 말할 것인가? 이런 점에서는 아무도 끝장을 보지 못한다.

우리가 신이라는 간략한 낱말로써 모든 종교의 중심점이라고 지칭하는 그것은 한층 더 끝이 나지 않는다. 우리가 침묵하는 깊은 명상에 잠길 수 있더라도 그 끝을 보지 못한다. 우리가 언어의 모든 방식들을 섭렵하고 세계와 가능한 상징들의 모든 형태들을 동원할 수 있더라도 그것을 끝장내지는 못한다. 신성神性의 바다는 고갈될 수 없다.

그러나 우리가 유한한 말들과 생각들 이외에는 한없는 것의 주위를 맴돌 수 있는 수단이란 달리 없기 때문에, 우리는 이 생각들에 종지부를 찍지 않으면 안된다. 그러나 이 모든 말들과 생각들이 마침내 "다함없는 그것"에 뒤처지지 않을 수 없다는 사실을 고백하지 않고서는 우리는 그렇게 하고자 하지 않는다.

종교의 문제에 있어서 우리는 또 다른 의미로써도 끝장을 보지 못한다. 왜냐하면 종교 자체가 아무런 결말을 보지 못하기 때문이다. 정신이 완전히 탈진되고 영락된 곳에서 종교는 언제나 또다시 일어난다. 그리고 재차 새로운 형태로 그렇다. 꽁뜨Auguste Comte의 예언은 다만 현대 세계의 전면前面에서만 옳았음이 증명되었다. 하지만 깊은 곳에서 마음은 신과 접촉해 있는 것이다. 그리고 이 깊은 곳에서부터 되풀이해서 인간의 역사적 삶 안에서 새로운 종교 형태들이 떠오르거나 아니면 오랜 종교 형태들이 새로운 빛 안에서 빛난다. 물론 종교는 그 역사적 생 안에서 종종 그리고 바로 오늘날에도 논쟁의 여지가 있기는 하다. 그것은 언제나 논쟁중에 있다. 그러나 그것은 몰락하지 않는다. 빛이 소멸하였다고 사람들이 생각할 그때에 그것은 갑자기 여기저기에서 새롭게 번쩍이고 깜박인다. 그것은 끝난 것이 아니다.

마침내 그것이 사멸할 인간들 틈에서 살아가는 한에 있어서 종교 자체는 자신의 임시성臨時性을 알며 그것을 증언한다는 의미에서 종결되지 않는다. 종교는 결코 완성된 것이 아니다. 그것은 언제나 본질과 폐해, 상승과 하락, 신앙과 회의 사이를 오락가락한다. 그리고 언제나 종교는 또한 자신의 기도와 예배를 끊임없이 되풀이하지 않으면 안된다. 그것으로써 종교는 자신의 임시성을 증언한다. 왜냐하면 종국적인 것은 반복될 필요가 없기 때문이다. 그렇기 때문에 쉐풀러가 예배의 "책임성있는 임시성"에 대해 말한 것은 당연하다.[1] 반복들, 특히 예배의 반복들은 기다림과 희망함과 같은 것이다. 그것들은 밤중에 간헐적으로 비추는 등불들과 같으며, 덧없이 스쳐가는 시간의 흐름 속에서 영원을 선취先取하는 것과 같은 것이다. 자신과 자신의 지상의 업적을 완성되고 종결된 것으로 간주하는 종교가 있다면, 그러한 종교란 착각에 빠진 것일 터이다. 유한한 것 안에서는 아무런 끝과 완성도 없는 것이며, 다름아닌 종교에 있어서도

---

[1] R. Schaeffler/P. Hünermann, 상게서, 26을 참조하라.

역시 아무런 끝과 완성도 없는 것이다. 종교는 진정으로 무한한 것을 알고 있으며, 바로 그때문에 그것은 자신의 임시성을 가장 강력히 느끼고 있는 것이다. 그것이 일시적인 모습들 안에서 끝을 선취할 바로 그때에 종결될 수 없음을 종교는 알고 있는 것이다.

 그런 까닭에 위를 향해 그것들의 진정한 끝에로의 한 지양이 그것들의 본래의 끝, 즉 신으로부터 모든 종교에 확약되어 있음은 좋은 일이다. 한데 이것은 더 이상 인간의 업적이 아니다. 요한 묵시록의 말씀들(21,22)에 따르면 천상 예루살렘에서는 아무런 성전도 목격되지 않는다. 시간 안에서 영원자를 임시적으로 반영하는 종교는 끝나고 순수한 현재에로 들어높여진 것이다. 오로지 순수한 현재 안에서만 끝없는 끝맺음das Ende ohne Ende이 있는 것이다.

역자 후기

이 책의 번역 대본은 Bernhard Welte, *Religionsphilosophie*. Freiburg i. Br. 1980년도 제3판이다. 다른 언어를 우리말로 옮기는 데에 따른 어려움이란 새삼스러운 사실은 아닐 것이다. 그러나 여기에 소개되는 작품과 관련하여 옮긴이는 이러한 사실을 개인적으로 깊이 느끼지 않을 수 없었다. 그러나 이러한 한계에도 불구하고 저자의 깊은 생각이 독자 여러분에게 조금이나마 전달될 수 있기를 옮긴이는 기대해 본다.

소개되는 작품의 주제는 종교철학이다. 구체적으로 우리가 살아가는 현실 속에서 종교는 어떤 위상을 갖고 있는가? 점차 과학화되고 합리화되어 가는 현대세계 안에서 종교는 과연 어떤 의미를 지니는가? "이성의 광장" 앞에서 종교의 존재 이유는 무엇인가?

무신론적 종교비판과 관련하여 우선적으로 떠오르는 인물은 아마도 니체일 것이다. 그것은 니체 자신이 가장 예리한 종교비판자였을 뿐만 아니라, 그 비판이 가져올 결과를 스스로의 삶에서 누구보다 예리하게 예감하였던 인물이었기 때문이다. 그의 종교비판은 다음과 같은 간결한 표현 안에서 집약적으로 예고되고 있다. "가장 커다란 최근의 사건 ― '신은 죽었다', 그리스도교적 신에 대한 신앙은 믿을 만한 것이 못 되었다라는 것은 이미 그 첫번째 그림자를 유럽에 드리우기 시작하였다."[1]

지금까지 인간이 추구하는 가치들의 근거와 이상으로 여겨지던 신이 실은 "생과는 대립된 것"으로 이해되었다면 이 신을 신봉하는 종교는 니체의 주장대로 분명 "허무주의적"일 수밖에 없을 것이다. 그러나 이른바 "역사적 필연성"이 되어버린 허무주의란 사실 신 자신이 인간의 생을 억압하였기 때문이 아니라, 오히려 인간이 스스로 그의 생을 소외시킨 결과가 아닐지? 이러한 의구심이 점차 그 확실성을 더해만 가는 여러 가지 징후들이 오늘날 도처에서 발견된다. 지난날 "신비"의 이름으로 인간의 권리가 부당하게 억압되었다면, 오늘날 그에 대한 단순 대응논리, 다양한 형태의 "신비의 해체 시도"가 빚어

---

[1] 『즐거운 학문』 제5권 "우리들 겁 없는 자들", 343, 수록: Friedrich Nietzsche, Sämtliche Werke. Kritische Studienausgabe in 15 Bände. 간행: G. Colli u. M. Montinari, Bd. 3, 573쪽.

낸 스스로 감당해 낼 수 없는 결과들에 우리들은 직면해 있는 것이다.

그 통일된 개념을 획득하기란 거의 불가능해 보이는 "인간성"의 상실이 우리 시대에 무엇보다도 두려움으로 다가오는 듯하다. 거대한 우주 안에서 한없이 왜소하기만 한 인류가 자연을 향해 오래 전에 내디뎠던 대장정의 역사가 이제 그 무한한 잠재력의 첫 모습을 내비추는 새로운 희망의 시대의 문턱에서 사람들은 그에 못지않게 점점 알 수 없는 것이 되어만 가는 자신에 대해 커다란 두려움에 사로잡혀 있다.

그러나 이러한 두려움은 본래 어디에서 기인하는 것일까? 두려움이란 흔히 우리가 어떤 사실을 직시할 수 없는, 또는 더 정확히 말해 직시하고자 하지 않는 곳에서 그 위세를 떨치게 마련이다. 그러나 무엇이 우리에게서 자신을 직시할 용기를 빼앗는 것일까? 그 숨겨진 이유는 어쩌면 키에르케고르가 말하였듯이 "공감적 혐오감"과 "혐오적 공감"이라는 인간 실존의 근원적 불안에 있는 것은 아닐까?

인간은 "그의 마음의 모든 정열을 기울여 진리와 행복의 무조건적인 것을" 소유하고자 한다. 그러나 이렇게 하기 위해서 인간은 결코 파악할 수 없고 그때문에 그에게 때로는 "무"처럼 나타나는 그 무조건적인 것에 완전히 귀의하지 않으면 안될 것이다. 하지만 바로 이 무와 같은 무조건적인 것이, 불확실성 자체가 그를 압도하는 것이다. 우리는 말하자면 무의 "거울 안에서 자기 자신을 알아보기를 본능적으로 두려워하는" 것이다(E. Biser).

이와같이 생겨나는 긴장은 그러나 대부분의 경우 적극적으로, 즉 키에르케고르가 지적하였듯이 도약의 방식으로 — 신앙의 결단 아니면 그 반대로 신앙의 거절로서 — 그 해결이 모색되기보다는 차라리 자기 자신에 대한 무관심 안에서 억압되고 회피된다. 하지만 무관심이야말로 문제 해결을 가장 어렵게 만드는 또 하나의 교묘한 거절일 것이다. 그래서 지난날의 적극적이고 투쟁적인 여러 종류의 종교비판 이론들로부터 오늘날 만연되어가는 종교 무관심에 이르기까지 종교에 대한 다양한 형태의 태도들은 단순히 신에 대한 태도일 뿐만 아니라, 결국 자신에 대한 인간의 태도 표명의 또 다른 형태라고도 할 수 있을 것이다.

이러한 태도들의 배후에는 물론 언제나 신에 대한 여러 가지 굴절되고 왜곡된 오해들이 숨겨져 있음은 분명하다. 그래서 종교와 신앙이 한때 "인간의 삶을 간섭하기만 하던" 것으로 느껴졌다면, 이제 그것은 "인간의 삶에 더 이상 아무런 근본적 의미를 지니지 못하는", 고작해야 인간 삶의 채울 수 없는 한 빈틈, 불안 속에 여전히 비집고 들어선 "액

세서리화된" 존재를 관리하는 것으로 간주되기도 한다.

신 자신이 이와같이 "생과는 대립된 것"으로 이해되는 곳에서는 종교비판은 분명 그 정당성을 인정받을 수밖에 없을 것이다. 하지만 인간을 억압하고 그에게서 생의 충만을, 실존의 영예를 빼앗는 그러한 신이 과연 진정한 의미의 신, 더구나 그리스도교적 의미의 신일까? 신을 신앙한다는 것은 인간에게 본래 무엇을 뜻하는 것일까? 이러한 물음들은 우리로 하여금 오늘날 현대인의 의식에 또 하나의 이데올로기로 자리매김하는 바로 그 허무주의적 태도 안에서 신에 대한 무관심이 아니라, 오히려 역설적으로 신에 대한 깊은 열망을 감지할 수 있기를 요구한다. 왜냐하면 인간이 그 배후에서 "약속된" 충만을 어떠한 형태로이든 이미 예감하지 않았다면 그에게 있어 공허와 환멸이란 도대체 가능하지 않을 터이기 때문이다.

세속화와 비신성非神性이 삶의 토양이 되어버린 오늘의 종교 현실 안에서 저자는 신앙할 수 있는 이유와 그 정당성을 매우 신중하고 사려깊은 숙고들을 통해 우리에게 제시하고 있다. 이렇게 함으로써 신앙이 인간에게 삶을 위한 진정한 기쁨과 힘이 될 수 있음을 저자는 역설하고 있다. 저자와 함께 사색하는 가운데 이 신앙의 기쁨과 힘이 우리 안에도 되살아날 수 있기를 기대해본다.

다음과 같은 몇 가지 변경 사항이 번역 과정에서 있었다. 이해를 돕기 위해 원문에는 없는 " "기호를 번역 본문에 추가하여 사용하였다. 또한 본문의 장절(기호)의 일부 내용(예컨대 원문에서 §12 마지막 부분에 속하는 "기도" 부분)을 그 내용에 따라 원문의 배열과는 달리(§13에로) 배치하였다. 이에 따라 각주 번호도 재조정되었다. 또 번역본으로 삼은 독일어 원본 제3판의 §11의 각주 번호 11은 원문에 누락되어 있어 우리말 번역문에서는 생략하였다. 끝으로 독일어 원문에는 미주로 처리된 각주를 우리말 번역문에서는 각주로 처리하였다. 본문의 이해를 돕기 위한 역자의 각주는 본문 해당되는 곳 하단에 별표(*)로 표기하였다.

이 책이 나오기까지 많은 노고를 아끼지 않으신 분도출판사의 강순건 사장 신부님과 직원 여러분들께 이 자리를 빌려 감사의 말씀을 드린다.

1998년 2월 25일 사순절, 재의수요일
옮긴이